KB272804

요즘 메인세대

요즘 메인세대

일러두기

1. 단행본, 만화책 등 출판물은 《 》, 매체명, 드라마, 방송 프로그램, 영화, 곡, 웹 페이지 등은 〈 〉로 묶
   었습니다.
2. 이 책의 본문은 국립국어원의 한글 맞춤법 및 외래어 표기법을 따르는 것을 원칙을 하되, 일부 관
   용적인 표현은 예외를 뒀습니다.

경제적 여유와 압도적 인구수로 문화의 주 소비자가 된 세대

요즘 메인 세대

MAIN GENERATION

이시한 지음

RHK
알에이치코리아

K-브랜드의 설계자, 메인세대

그동안 노골적으로 드러내 놓고 이야기하진 않았지만 모두 알고 있는 그 사실, 지금 대한민국을 움직이는 실세는 누구일까?

MZ의 트렌드와 시니어 비즈니스의 미래 사이에 숨어서 실제로 우리 사회를 움직이는 주류가 있다. 단군 이래 가장 부유하고, 압도적인 인구 비중을 차지하여 정치권의 주목을 받으며, 조직의 결정권자이자 문화의 주 소비자인 세대다.

대한민국에서 사업을 하고 싶다면 이들이 어떤 사람인지 반드시 알아야 한다. 시니어 비즈니스보다 먼저 구현되어야 할 것은 메인 비즈니스다. 앞서 언급한 세대, 이 책에서 '메인세대'라고 명명할 세대의 구성원들이 본격적으로 시니어에 진입해야 시니어 비즈니스로 성공할 수 있다.

《요즘 메인세대》는 당신이 놓치고 있던, 우리 사회가 실제로 움직이는 방향과 그 움직임을 만드는 세대에 관한 이야기다. 그들은 도대체 어떤 대한민국을 만들고 있는 걸까?

여전히 젊은 그들

활동 당시 신비주의를 고수했던 서태지는 은퇴 이후에도 좀처럼 신비주의를 벗어나지 않았다. 그래서 서태지는 아직도 가요계에 돌풍을 일으켰던 미소년 같은 느낌이지만, 놀랍게도 그는 몇 년 후면 환갑을 맞이하는 50대 중반의 나이다.

환갑의 서태지라니! 서태지와 아이들에서 아이들을 맡았던 양현석은 서태지보다 세 살 많으니까 그보다 조금 더 일찍 환갑을 맞이한다. 서태지와 같은 해에 환갑을 맞이하는 유명인으로는 JYP 엔터테인먼트의 박진영이나 대한민국 대표 MC라고 할 수 있는 유재석이 있다. 양현석과 유재석 사이에서는 고현정이 환갑을 맞이한다. 그리고 놀랍게도 가수 이승환은 이미 환갑이다.

잠깐! 그런데 뭔가 이상하다. 환갑이라고 하면 아무래도 단어의 이미지상 나이 지긋한 노인의 얼굴이 떠오르기 마련인데, 앞서 언급한 이들은 어딜 봐도 환갑잔치 상석에 앉아 손자, 손녀들의 재롱을 보던 할아버지나 할머니 같지 않다. 아무래도 연예인이니까 젊어 보일 것이라는 생각이 들지만, 사실 우리 주변에는 환갑을 넘긴 나이임에도 도무지 노인으로 보이지 않는 사람들이 있다.

무엇보다 최근에는 환갑잔치를 하는 사람을 본 적이 없다. 과거에는 환갑이 인생의 꽤 기념비적인 이정표여서 손주들로부터 선물을 받고 일가친척을 비롯하여 동네 사람들까지 다 모아서 축하를 받는 꽤나 큰 규모의 잔치를 벌였다. 하지만 요즘은 친척도 부르지 않고, 그냥 같이 사는 식구끼리 모여서 식사하는 정도다. 43세의 생일과 다를 바 없는, 그냥 61세 생일일 뿐이다.

우리나라는 1960년대까지도 60세 이상 산다는 게 쉽지 않아서 당시에는 65세 이상 인구가 총인구의 2.9%에 불과했다.[1] (참고로 2024년 12월 23일 기준으로 대한민국은 65세 이상 인구의 비중이 20%를 돌파하여 초고령사회의 문턱을 넘었다.[2] 나아가 통계청은 65세 이상 인구가 2036년에 30.9%, 2050년에 40%를 넘길 것으로 본다.[3]) 의학이 지금보다 덜 발달한 탓도 있지만 무엇보다 6·25 전쟁 직후여서 사회적으로 낙후되었기 때문이다. 먹고사는 것 자체가 힘들었다는 말이다. 이때 평균 기대수명이 40~50세 정도였으니 60세면 기대 이상으로 오래 산 셈이다. 그런데 2025년의 기대수명은 83세다. 불과 60~70년 사이에 수명이 20년 이상 늘어났다.

환갑을 넘기는 사람이 많아져서 환갑잔치가 더 이상 기념비적인 행사가 되지 못하니까 본래의 의미가 퇴색된 것은 알겠는데, 환갑잔치 주인공들의 얼굴이 젊어진 것은 늘어난 기대수명만으로는 설명하기 힘들다. 예전에는 50~60세라고 하면 그 나이를 증명하는 얼굴이 뒷받침되는 경우가 많았는데, 요즘은 나이와 외관이 일치하지 않는 사람이 훨씬 많다.

오래 살 뿐만 아니라 젊어지기까지 했다는 것이다. 지난 몇십 년 사이에 도대체 무슨 일이 일어난 걸까?

4060이 젊어진 진짜 이유

지금 40대 후반에서 60대 초반에 이르는 사람을 과거에는 'X세대'라고 불렀다. 한국에서는 조금 더 좁은 범위에서 주로 1970년대 출생자들을 X세대라고 불렀는데, 그렇게 헤아려도 40대 후반에서 50대 중반까지다.

X세대라는 명칭은 기존 세대의 시선에서는 그들을 딱 잘라 정의하는 게 어려워 '도대체 이 사람들은 뭐지?'라는 의미로 미지수 X를 붙여서 만든 호칭이다. X세대의 이전 세대는 '베이비붐 세대'라고 불렸다. 아기가 많이 태어나서 베이비붐 세대로 불렸으니, 인구학적 네이밍이다. 반면에 X세대는 사회·문화적 네이밍이다. 그러니까 특정 세대에 이름을 붙인 것은 베이비붐 세대가 시작이라고 할 수 있지만, 사회·문화적 특징으로 세대를 구분하면서 진정한 세대론이 대두된 건 X세대가 시초라고 할 수 있다.

사회·문화적 분류가 이루어진다는 이야기는 그 세대만의 특징이 있다는 뜻인데, 사실 당시에는 그 차이점이 명확하게 정의되지 않았다. 그래서 특별히 뭐가 다르다고 분명하게 말하기 어렵다 보니, 미지수 X를 붙여서 첫 번째 '세대'의 이름을 'X세대'라고 부르기 시작했다. (이후로는 X 다음인 Y, Z세대로 이어졌다. 다시 A가 되면 언젠가는 알파벳이 겹쳐 버릴 테니, 새로운 시작은 알파, 베타로 이어지는 식으로 가서 알파세대가 된 것이다.)

현재는 시간이 지나 X세대가 이전 세대들과 다른 점이 무엇인지 어느 정도 합의한 상태라고 할 수 있다. X세대는 한마디로 '개인주의'다. 공동체에 해를 가하는 이기주의와는 다른, 나에게 집중하되 다른 사람에게 피해를 주는 것을 싫어하는 개인주의자들의 본격적인 등장이 X세대의 가장 핵심적인 특징이라고 할 수 있다.

1980년대 후반, 무라카미 하루키村上春樹의 소설은《노르웨이의 숲》이라는 제목으로 출간된 초기에는 반응이 없었다가《상실의 시대》라고 제목을 바꿔서 재출간하자 누적 100만 부 이상 판매되었다.[4] 길 잃은 청춘, 목적을 상실한 젊음에 대한 공감이 바뀐 제목에서 우러나왔다.《상실의 시대》의 주인공 와타나베가 바로 개인주의자의 등장을 알리는 상징적 인물이다.

이전 세대는 크게는 사회적 연대의 희망, 작게는 운동권의 목표를 위해 공동체적인 공감을 하던 세대였다. 하지만 이런 '함께'의 느낌을 상실하고 '개인'에게 집중하는 세대가 처음 등장하는 게 바로 '상실의 시대'였다.

한국에서 베이비붐의 마지막 세대가 대학에서 운동권을 형성할 때, 이를 외면하고 대학에서 운동권 색깔을 빼기 시작한 게 바로 X세대다. 1970년대생들이 대학생이 되면서 대학생에 대한 이미지

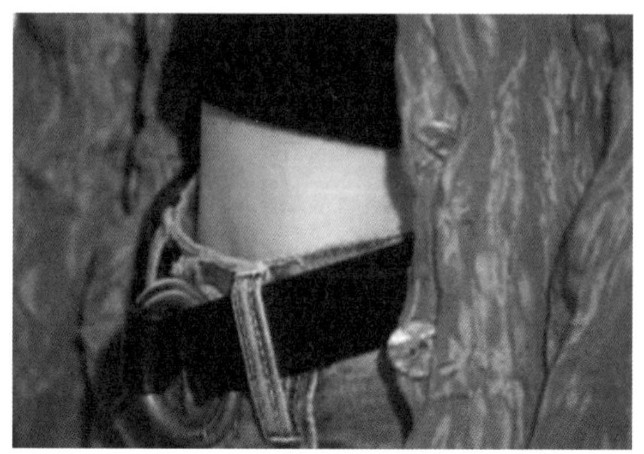

뉴스 인터뷰에 나온 "이렇게 입으면 기분이 조크든요."는 전설적인 밈이 되었다.[5]

가 바뀌었다. '운동은 숨쉬기 운동밖에 안 한다'라며 당시의 사회적 상식에 가까웠던 '대학생은 곧 운동권'이라는 공식을 깬 것이다.

공동체의 목표는 바로 그 '속해 있다는 이유'만으로 태어나면서 저절로 가지게 된, 그래서 편하지만 개인의 의지와는 관계없는 삶의 목표다. 이러한 공동 목표를 거부한 세대들은 (자유에 따른 책임이 늘 그렇듯이) 빈자리에 무엇을 채워 넣어야 할지 몰라 방황하고 혼란스러워했다. 그리고 그 자리에 서서히 '개인'을 채워 넣기 시작하면서 X세대의 형상이 만들어졌다.

개인의 생각, 가치, 취향 같은 것들이 중요해지고, "이렇게 입으면 기분이 조크든요." 같은 짤이 등장하고('타인의 시선을 신경 쓰지 않고 마음대로 옷을 입는다'라는 인터뷰 맥락에서 등장한 말이다), 음악을 하기 위해 고등학교를 중퇴한 서태지가 등장한 시점이기도 하다. 지금도 1990년대의 음악을 들으면 정말 다양한 장르가 공존한다는 느낌을 받는다. 김건모, 신승훈, 이문세가 발라드 장르를 꽉 잡았고, 서태지와 아이들에서 시작한 팬덤 문화는 H.O.T.와 젝스키스를 만나 본격적인 아이돌 문화의 본류가 되었다. 부활과 YB의 록이 〈SBS 인기가요〉 순위에 오르고, 한편에서는 듀스와 현진영의 힙합도 향유되었다. 트로트는 설운도, 태진아 같은 사람들이 여전히 잘되는 데다가, 유재하나 박학기의 포크송도 청자가 많았다. 박정현, 솔리드의 R&B, 이루마의 뉴에이지, 시나위나 백두산의 헤비메탈, 룰라와 클론의 댄스 음악, 심지어 델리스파이스나 크라잉넛 같은 언더그라운드 뮤지션들의 노래까지 대중적인 히트를 쳤다.

그야말로 대한민국 음악계의 르네상스 같은 시기였다. 정말 많은 장르가 대중적으로 성공했고, 다양한 취향을 가진 음악 소비자들에게 공급되었으며, 대부분 사랑받았다. 현재까지도 1990년대 곡의 리메이크가 유난히 많이 나오는 것은 우연이 아니다. 그만큼 뛰어난 곡이 풍부한 시기였다.

X세대는 이러한 시대에 청년으로서 존재했다. 여기에 후기 베이비붐 세대와 Y세대(밀레니얼 세대)도 어느 정도 포괄한다. 이 나이대가 지금의 40~60대다. 이 범위의 사람들은 개인의 취향과 욕망을 감추지 않고 드러낸 세대이자 유용한 개인주의를 처음으로 표방한 사람들이다. 이들의 개인적 성향은 젊은 시절에 반짝 나타났다가 사라진 게 아니다. 자기 자신에게 충실했던 경험은 이들이 나이를 먹고 사회적 중추로 자라면서 더 깊어졌다. 실무를 맡고,

사회적 네트워킹을 본격적으로 시작하면서 자리를 잡자 개인의 가치가 그들의 인생 깊숙이 각인되었다.

자녀를 키울 때도 무조건 대학에 보내지 않는다. 아이들이 행복했으면 좋겠다고 생각해서 대안학교에 보낸 사람들도 있다. '나'의 확장된 형태인 가족과의 시간을 중요하게 생각해서 육아휴직을 쓰는 남성이 처음 생겨난 세대이고, 딸바보들이 유난히 많아서 대한민국의 성비를 남녀 1:1로 만들어 놓은 세대이기도 하다(이들의 자녀가 경제적으로 풍요롭고 가족들의 관심과 사랑을 받고 자란 Z세대다).

지난 몇십 년 사이에 젊음의 샘물이 발견되고 부유한 사람들 중심으로 암암리에 퍼져서, 전반적으로 오래 살고 젊어진 게 아니다. 그냥 젊은 세대가 나이를 먹고 40~60대가 되어 버린 것이다.

이들은 이전 세대가 세월의 풍파를 몸으로 받으며 나이를 먹었던 것과 다르게 30~50대를 겪었다. 건강 관리, 외모 관리 같은 것이 기본값이 되었다. 화장품도 바르고 가끔 전문적인 관리도 받으며 안티에이징에 신경을 쓴다. 건강식품을 챙겨 먹고 지정된 해에 건강검진도 잘 받는다. 돈을 살짝 더 보태 지금은 기본 검진에 포함되지 않는 대장암 검사까지 하며 용종도 빠짐없이 제거한다. 직장 일이 바빠 병원에 갈 시간이 없어 암 진단이 늦어지곤 했던 이전 세대와 다르다. 개인이 건강에 들이는 비용과 시간과 노력이 급상승했고 이와 비례하여 실제로 몸이 건강해졌다. 노화나 장수는 개인의 책임하에 관리 가능한 대상이 되었다.

과거에는 내 몸보다는 회사, 가족보다는 국가라는 거대 담론이 시대를 짓누르고 있었다면, X세대부터는 그 담론이 사라진 경쾌한 여백을 개인이라는 더 소중한 가치로 덧칠했다. 라이프스타일 자체가 개인주의를 지향하는 식으로 전개되었다. 직장에서 스트레스를 받으며 숙명처럼 늙어만 가던 세대가 아니라, 사회생활의 의미를 찾거나 간혹 틀에 벗어난 길도 걸으며 살았던, 아직도 청춘이나 마찬가지인 마음을 가진 세대라는 말이다.

《건담》 시리즈부터 《귀멸의 칼날》까지 각종 애니메이션 피규어를 모으고, 고가의 자전거나 스피커를 사며, 때로는 캠핑도 다닌다. 장기 휴가를 받아서 혼자 히말라야에 다녀오기도 하고, 한 달에 한 번씩 야구장에 가서 치맥을 먹으며 마음껏 소리를 지르기도 한다. '아이들이 좋아해서'라며 가족들을 에버랜드에 데려가지만, T익스

개그맨 이상훈은 피규어를 수집하는 취미로 유튜브 채널을 만들었다가 오프라인 박물관까지 운영하고 있다.[6]

프레스를 타면서 아이들보다 훨씬 더 즐겁게 소리 지르기도 한다. 이전 세대에 비하면 직장에서 스트레스를 덜 받거나, 적어도 자신만의 스트레스 해소법을 만들어 스트레스에 대비한다.

전반적으로 X세대가 더 젊어지고, 더 건강하며, 결과적으로 더 오래 사는 것은 우연이 아니다. 성향, 가치, 노력, 관심, 비용, 그리고 마침 그에 맞춰 발달한 의학 기술이 복합적으로 작용한 결과다.

시니어라는 규정은 틀렸다

40~60대의 행동을 규정하는 표준이 존재하는 것은 아니다. 하지만 우리 사회에는 한동안 중·장년층이라면 '이 정도 자세와 태도는 가져야 한다'라는 기대와 압박이 있었다. 이른바 '어른으로서의 상'이다. 그런 상에 맞게 드라마나 영화 같은 곳에서도 동일한 연령대의 캐릭터들은 어느 정도 어른스럽게 묘사되었다.

하지만 첫 번째 세대론의 대상인 X세대는 이러한 '어른'의 기준을 신경 쓰지 않았다. 오히려 그런 어른이 되는 게 '꼰대'가 되는 길이라 여겨서 어른의 역할과 표준적인 상을 거부했다. 사실 X세대의 특징을 생각하면 거부했다기보다는 사회적 역할을 그다지 신경 쓰지 않았다는 게 더 맞는 표현이긴 하다. X세대는 나이에 맞춰 자신의 성향을 바꾸는 대신, 새로운 표준을 만들었다. 그러자 다양한 가치와 기준을 가진 사람들이 40~60대의 나이에 그 잣대를 그대로 적용하기 시작했다.

게다가 이들의 주요한 특징은 현재 대한민국에서 가장 돈이 많은 세대이며, 조직에서 결정권자의 위치에 있고, 가정에서 행사의 주도권을 잡고 있다는 것이다. 아이들이 명품에 혹해 구찌를 입고 싶다고 해도, 결국 구찌를 사 줄지 말지 결정하는 것은 그들의 부모다. 트렌드를 선도하는 것은 2030이지만, 그 트렌드에 돈을 쓰는 것은 4060인 것이다. 최종 결재가 떨어지지 않으면 트렌드는 제안되기만 할 뿐, 실행될 수 없다. 그런 면에서 대한민국 트렌드의 최종 결재권자는 4060이다.

이 4060을 '중·장년'이라는 기존의 개념으로 이해했다가는 거의 모든 측면에서 당황스러운 장면을 마주할 것이다. X세대가 4060으로 변화한 것이 아니라, 세월이 흘러 자연스럽게 4060이라는 나이가 되었을 뿐이다. X세대는 나이가 들어서도 자신들의 특징을 버리지 않았다. 그래서 우리는 현재 어른 같지 않은 어른, 나이를 먹지 않은 어른, 30대처럼 보이는 50대를 만난 것이다. 외모뿐만 아니라 성격, 취향, 매너까지 말이다.

이 새로운 세대는 기존의 나이 개념으로는 살 이해할 수 없다. 예전에는 '중년'이라고 하면 특유의 분위기가 느껴졌는데, 이 세대에게서는 도무지 그런 분위기를 읽어낼 수 없기 때문이다. 그래서 '신중년'이라는 말을 만들기도 한다. 하지만 이런 식의 개념으로는 이 세대를 절대 이해할 수 없다. 이들은 스스로를 신중년이라는 범주에 속하지 않는다고 생각하기 때문이다.

영 시니어, 액티브 시니어, 신중년 같은 신조어들은 틀렸다. 금융권이나 정부 차원에서는 위의 분류를 통해 새로운 경향을 반영하려고 발 빠르게 움직이는데, 이런 표현을 쓰고 있다는 것 자체가 일단 현 상황을 제대로 이해하지 못했다는 의미다. 해당 신조어들은 나이라는 절댓값을 기준으로 현상을 볼 때 생긴 말이다. 그러나 기존의 X세대가 나이를 먹어서 지금의 모습이 나타났다는 사실을 고려해서 보는 것이 맞다. 그래야 수많은 의문이 풀리고, 이후의 트렌드 흐름과 사회의 방향성이 보인다.

그 방향성을 보면 당분간 보수당이 집권하는 일은 쉽지 않을 것이며, 서비스나 상품명에 시니어라는 말을 넣고 성공하는 제품도 없을 것이다. 더욱 중요한 것은 이 특수한 상황을 고려하지 않고 정책을 만들어서 유권자나 소비자 들을 만족시킬 일은 더더욱 없다는 사실이다. 그러니까 일단 시니어라는 말부터 내다 버려야 한다. 지금의 중·장년층은 죽을 때도 청년으로 죽을 것이다.

왜 메인세대인가?

이 전대미문의 현상을 이해하려면 기존의 네이밍은 적절하지 않다. X세대가 청년이었을 때와 4060이 되었을 때가 같을 수 없기 때문이다. 그리고 이러한 위화감에서 발생하는 새로운 특징들도 있고, 그들이 겪은 잔혹하리만치 가파른 변화의 속도에 대한 경험적인 왜곡도 있다. 그리고 무엇보다 이런 변화를 겪었던 세대가 단지 X세대만 있는 게 아니라, 베이비붐에 해당하는 60대와 Y세대에 해당하는 40대도 있어 범주가 꽤 넓은 편이기도 하다.

그래서 지금 우리 사회를 중추적으로 이끌어 가는 이 세대에 '메인세대Main Generation'라는 네이밍을 붙이기로 한다. 사회, 경제, 문화, 정치 어떤 면을 봐도 우리 사회를 이끌어 가는 이들이 바로 40대에서 60대다. 가장 많은 인구수를 가졌기에 정치권의 지지를 최우선으로 받는 세대이며, 생애주기로 보자면 가장 부유한 연령대이기도 하다. 그리고 대한민국이 개발도상국에서 선진국으로 진입하는 시기에 가장 활발히 사회생활을 했기에 누구보다 부를 축적할 기회와 가깝기도 했다.

열심히 하면 그에 비례한 성과를 얻을 수 있었던 마지막 세대인 만큼 자신감과 성취감이 있으며 IMF, 경제위기, 팬데믹까지 다 겪은 세대이기 때문에 어려움 속에서 그것을 이겨 냈을 때의 벅차오름을 잘 아는 사람들이기도 하다.

인터넷을 배워서 쓰기 시작했고, 스마트폰도 적극적으로 업무에 활용했으며, 심지어 AI도 가장 잘 활용하는 사람들이 바로 이 메인세대이기도 하다. 이들은 기술의 열매를 가장 잘 활용해서 자신의 커리어와 부를 축적한 사람들이다. 학습의 효용을 누구보다 잘 알기 때문에 나이가 들수록 저하되는 학습 능력을 의지로 커버하며, 일정 수준 이상의 학습 능력을 유지한다.

메인세대라는 네이밍은 이러한 이유 때문도 있지만 무엇보다

40~60대가 인생의 황금기, 가장 메인이 되는 나이라는 이유가 크다. 어른들의 기대에 따라 살아야 했던 10~20대, 자식이 태어나서 자식에게 라이프스타일을 맞춰야 했던 30대를 넘어, 이제야 나 자신의 인생에 집중할 여유와 여백을 얻은 나이가 바로 4060이다. 축적한 재산과 사회적 네트워킹이 있어, 마음만 먹으면 무엇이든 실천할 수 있는 나이이기도 하다. 이렇듯 개인에 초점을 맞추면, 인생에서 가장 즐거운 시기이자 황금기일 수도 있는 시기여서 메인세대라고 부르자는 것이다.

하지만 메인세대는 가장 고민이 많은 시기이기도 하다. 청년들이 취업하는 나이가 갈수록 뒤로 밀리고 있어 아직 자식 양육의 부담에서 벗어나지 못했고, 부모님을 부양하는 부담도 가중되고 있다. 그런데 사회적으로는 '은퇴당하는 연령'이 점점 앞당겨져서 나 자신의 앞날에 대한 걱정도 심각하다. 위아래로 걸리는 하중에, 양 옆으로도 압박당하는 게 4060이다. 메인세대라는 네이밍에는 이런 고민에 치이지 말고, 이 시기를 황금기로 만들어야 한다는 모토적 성격도 약간 있다.

메인세대를 '영 시니어'라고 부르며, 시니어 비즈니스에 넣어서 판단하려고 하는 관점은 그들의 특징과 상황을 전혀 반영하지 못했다. 그런데 메인세대를 정확하게 알지 못하면 대한민국의 미래를 알 수 없으며 그 어떤 비즈니스 아이템으로도 대한민국에서 성공할 수 없다. 메인세대에게 통해야 대한민국에서 통한다. 가장 많은 인구와 가장 풍부한 경제력, 그리고 가장 많은 고민거리를 가진 세대이기 때문이다. 한국에서 무언가를 하려면, 또 K-브랜드로 전 세계에 접근하려면 K-브랜드의 실제 결재자이자 설계자인 메인세대를 이해해야 한다.

《요즘 메인세대》에서는 메인세대를 자세하게 이야기하고 분석할 것이다. 이 책이 앞으로의 대한민국을 정확하게 이해할 수 있도록 도움으로써 거기에 맞춰서 비즈니스를 하거나, 정책을 만들거나, 고객을 확보하거나, 적어도 돈의 흐름을 파악하는 데 결정적 역할을 할 것이다.

트렌드 하면 다들 2030에 한정해서 최신 트렌드만 이야기하거나 아예 7080에 집중하여 시니어 트렌드를 이야기한다. 트렌드의 결재권자, 뒤에 숨은 진짜 고객에 대해서 이야기하는 경우는 많지 않다. 우리는 이 책에서 바로 대한민국의 실세이자, 돈을 쓰는 사람이자, 인생에서 가장 빛날 수 있는 시기이지만 오히려 방황하는 메인세대를 만날 것이다. 이들을 알아야 대한민국을 설계할 수 있고, 대한민국에서 비즈니스를 할 수 있고, 대한민국에서 문화를 이끌어 갈 수 있다.

차례

1부
메가트렌드를 창출하는 메인세대의 4가지 특성

01 한국 사회를 좌지우지하는 실질적 힘

02 디지털 시대의 능숙한 학습자들

03 잘하는 것은 알지만 취미는 없는 세대

2부
변화의 물결을 만든 다이내믹 메인세대

<u>01</u> 유재석은 왜 여전히 톱 MC인가?

<u>02</u> 다양성을 인정하면서도 완전히 수용하지 못하는 이중성

4부
메인세대가 바꿔 놓을 노동과 산업

01 메인세대의 경제적 특성

02 메인세대, 부동산 자산은 어떻게 관리할까?

03 금융산업의 판도가 완전히 달라진다

MAIN GENERATION

1부

메가트렌드를 창출하는 메인세대의 4가지 특성

서로 다른 사람들을 하나로 묶어 파악하기란 바람을 손안에 잡아 가두는 일과 비슷할 것이다. 하지만 바람에도 분명한 기척이 있고, 지나간 자리에는 자취가 남는다. 4060을 메인세대라는 이름으로 묶었지만, 사실 이들은 너무나 다르다. 40, 50, 60이 다르고, 또 거기에 속한 개인들이 다르다. 그래도 이들을 거대한 단위로 묶어 보면, 움직이는 방향과 그에 따른 흔적이 분명하게 존재한다. 그중 너무나 명확하고 영향력도 뚜렷한 4가지 경향성을 통해 메인세대의 형체를 파악해 보자. 메인세대를 이해하는 4가지 키워드는 다음과 같다.

Mastery 지배력

Adaptive 적응력

Inward 내면화

Nomadic 유목성

앞 글자만 따면 '아주 우연하게도' MAIN이 된다.

표를 가진 쪽으로 바람이 분다. 대한민국 인구 피라미드의 가장 두툼한 허리, 메인세대가 그 바람의 방향을 정한다. 국가 정책은 필연적으로 가장 많은 표를 가진 메인세대를 중심으로 설계된다. 그리고 메인세대는 경제력도 있다. 수도권 부동산 급등기와 저금리 국면을 거치며 순자산이 50대 이상에게 쏠렸고, 주식·부동산은 물론 고액의 가상자산 보유층도 4050의 비중이 압도적이다. 앞으로 부모 세대의 상속까지 이어지면 '역대 가장 부유한 세대'라는 지위는 공고해질 것이다. 조직 내에서도 메인세대는 결정권자의 비중이 높아 대기업·공공부문·중소기업 경영의 실질적인 축을 이루기도 한다. 이 모든 것이 한 문장으로 모이면 이렇다.

'메인세대는 현실의 중력이다.'

'Mastery'는 지배력, 장악력이다. 숫자와 권한, 그리고 경험이 모여 사회의 무게 중심을 만든다. 그리고 메인세대의 경쟁력은 'Adaptive', 적응력에서 나온다. 이들은 PC 통신으로 밤을 지새우고, 삐삐와 시티폰을 거쳐 스마트폰으로 업무를 보고, 이제는 AI를 부린다. 이들에게 위기는 순환하는 계절처럼 돌아왔다. IMF, 글로벌 금융위기, 닷컴 버블, 코로나19 팬데믹 등. 날씨는 매번 달랐지만, 이들은 비가 오면 우산을, 눈이 오면 타이어체인을 꺼내 들었다.

위기를 통과하는 생존 전략을 몸으로 터득했고, 디지털이라는 도구를 체화해 자기 몸에 장착했으며, 필요하면 책·강의·툴로 즉시 학습하여 성과로 전환하는 '능숙한 학습자'로 변모했다. 배우는 법을 배운 세대, 적응력은 이들에게 미덕이 아니라 생활의 기술이다.

그러나 자녀가 집을 떠나고 직함의 모서리가 둥글어질 즈음, 메인세대는 거울 앞에서 주춤한다. 거울 속의 자신에게 "너는 무엇을 잘하니?"가 아니라 "너는 무엇을 좋아하니?"라고 물어보지만 대답은 없다. 잘하는 일로 여기까지 왔지만, 좋아하는 일로 인생의 다음 장을 쓰려면 마음의 지도를 다시 그려야 한다.

가족 중심의 삶에서 개인의 취향과 의미를 찾는 국면으로 이동했으며, 취미 탐색·인문학 강연·독서·여행(장기 트레킹, 한 달 살기 등) 같은 내면 회복에 집중하는 활동이 늘어났다. 육아와 가사에 적극적으로 참여했던 세대적 특성은 자녀와의 유대 강화로 나타났고, 자녀의 독립 이후엔 공허함을 '배움'과 '취향 탐색'으로 메우려는 경향이 뚜렷해졌다. 'Inward', 내면으로의 항해는 늦었지만, 그래서 더 맑다.

메인세대의 시간은 하나의 직선이 아니다. 아날로그에서 디지털로, 후진국에서 선진국으로, 골목의 분식집에서 메타버스 회의실로 이어진 커다란 곡선이다. 〈프렌즈*Friends*〉를 보며 뉴욕을 꿈꾸던 청년은 〈오징어 게임〉과 케이팝이 전 세계를 뒤흔드는 장면을 직접 목격하는 중년이 되었다. 격변은 이들에게 사건이 아니라 일상 속 풍경이었다. 그래서 'Nomadic', 유목은 떠돌이를 뜻하지 않는다. 변화라는 대륙을 가로지르는 법을 아는 사람, 나아갈 방향을 잃지 않는 사람을 의미한다. 디지털 사용 능력, 위기 대응 능력과 뛰어난 회복탄력성은 메인세대의 기본값이다.

결국 메인세대는 이렇게 정의된다. 인구와 조직 권한, 자산을 바탕으로 현실에서 권력을 쥔 세대이자, 디지털 변화기에 학습 및 적응으로 성과를 내는 실전형 세대이자, 인생의 전환점 이후 삶의 의미와 취향을 재발견하는 내면 탐색 세대이자, 그리고 전 세계적 격변을 일상처럼 겪은 경험 기반의 유목적 세대다.

앞으로 AI, 휴머노이드, 양자 컴퓨터, 우주 개발 등 또 다른 변곡점이 닥쳐도 이들은 학습 → 적응 → 활용의 루프를 통해 변화를 자기편으로 만드는 방식으로 중심을 유지할 가능성이 크다.

01

Mastery
한국 사회를 좌지우지하는 실질적 힘

역사상 가장 부유한 세대

여야를 하나로 묶은 힘

2024년 12월, 대한민국 역사에서 멸종한 줄 알았던 계엄이 등장했고, 그 때문에 온갖 사회 이슈가 다 빨려 들어갔다. 이후로 약 6개월간 후속 사건들이 몰아치면서 기술, 경제, 사회 모든 면에서 대한민국 사회가 멈췄다.

그런데 이 얼어붙은 국면에서도 국회가 추진했던 법안이 있었다. 상속·증여세 완화 내용을 담은 개편안으로, 구체적으로는 기초공제·인적공제를 확대하는 내용이었다. 특히 배우자 공제 한도를 기존의 5억 원에서 10억 원으로 늘렸다.

살벌한 계엄 정국 속에서도 살얼음 덮인 호수 위를 조심스럽게 걷듯 논의가 조금씩 이어졌는데, 아무래도 계엄이라는 압도적인 신스틸러를 이길 수는 없었기 때문에 결과적으로 무산되었다. 그래도 여야가 극도로 대립하는 상황에서 합의를 위해 대화와 협상을 하는 법안이 있었다는 게 놀라웠다.

그런데 여기에 더 신기한 일이 있다. 이 삼엄한 정국에도 여야 합의로 통과된 법안이 있었다는 것이다. 바로 국민연금 개편안이다. 보험료율을 현행 9%에서 13%까지 단계적으로 올리며 소득대체율을 현행 40%에서 43%로 올리는 안이었고, 이 내용대로 2025년 3월에 국회 통과까지 마쳤다.

12·3 비상계엄으로부터 4개월이 지났지만, 이 시기는 대통령 탄핵에 대한 이견 때문에 주말마다 광화문 광장이 두 쪽으로 갈릴 때여서 여야 대립이 더욱 심한 상황이었다. 이럴 때 여야가 대화를 통해 합의한 법안이 있다는 것은 그야말로 대한민국 정치의 희망처럼 보였다. 정치적으로는 냉랭해도 국민을 위한 정책은 돌아간다는 증거가 아닌가?

하지만 안타깝게도 이런 긍정적인 해석은 대중들이 느끼는 경험적 진실과 큰 차이가 있다. 국민의 행복을 위한 정책 추진은 멈추더라도 자신을 위한 행보는 멈추는 법이 없는 사람들이 정치인이라는 것이 우리의 상식에 가까운 얘기니 말이다. 여야가 대립이 극심한 상황에서도 합의한 이유는 다른 곳에 있었다.

가장 많은 표로 정책을 좌우하는 세대

그러면 진실은 뭘까? 정치가 멈췄을 때도 법안 논의가 이뤄지고, 통과가 전망되고, 실제로 통과한 법안도 있었던 이유는 이 법안의 가장 큰 수혜자가 메인세대였기 때문이다.

메인세대에게 상속과 증여는 당장 해결해야 할 문제 중 하나다. 얼핏 보면 그들이 자식에게 재산을 상속하거나 증여하려면 아직 시간이 한참 남았는데 왜 그리 급한지 의아할 수도 있다. 그러나 사실 메인세대가 자식에게 상속하려는 게 아니라, 그들의 부모로부터 받으려고 하기 때문에 급한 것이다.

메인세대의 부모는 보통 80~90대로, 상속 및 증여가 조금씩 개시되는 연령대다. 그러니까 상속·증여세 완화는 재산을 최대한 많이 물려받을 수 있도록 만들어 줌으로써 메인세대에게 직접적인 혜택을 준다. 메인세대는 현재도 재산이 어느 정도 있는 세대인데, 이들은 상속·증여세 완화를 통해 더 많은 재산을 쌓을 수 있다. 부의 분배를 강조했던 정당 측에서는 마냥 찬성할 수도 없는 상황이다. 그래서 바로 통과되지는 못했지만, 어떤 형태로든 이에 대한 액션은 있을 것이다. 정치인으로서는 메인세대를 의식하지 않고 표를 수성하기 힘드니 말이다.

이에 대한 증거는 국민연금 개편안을 보면 더욱 확실하게 찾을 수 있다. 보험료율을 올리는 대신 소득대체율을 올리는 방향은 청년 세대의 강한 반발을 살 수밖에 없다. 20~30대는 증가한 보험료를 오랫동안 납부해야 하지만, 50~60대는 증가한 보험료는 짧게 부담하면서 소득대체율은 인상된 쪽이 적용되어 이득을 보기 때문이다. 그래서 해당 개편안이 통과되자, 청년 세대의 강한 반발이 있었다. 그러나 여야는 상대적으로 50~60대에 유리한 개편안을 그토록 얼어붙은 정국에서도 뜨겁게 손을 맞잡고 통과시켰다.

이 두 가지 사건에서 이후의 정책 흐름을 읽을 수 있다. 바로 메인세대 중심, 메인세대 맞춤이다. 4060에게 유리한 정책들이 추진될 것이며, 정치인들은 4060에게 유리한 공약을 걸어서 표를 얻을 것이다. 이유는 단순명료하다. 4060, 즉 메인세대에게 가장 많은 수의 표가 있기 때문이다.

정치는 원래 한정된 자원을 효과적으로 분배하는 기술이다. 한정된 자원이기 때문에 필연적으로 누군가는 덜 받고, 다른 누군가는 더 받는 차등이 생긴다. 그러면 승자독식 구조인 정치는 결국 표를 가장 많이 가진 층을 중심으로 움직이기 마련이다. 모든 사람을 만족시킬 수는 없다. 그렇다면 가장 효율적인 전략은 가장 많은 사람이 좋아할 만한 공약을 내세우는 것이다. 가장 많은 표를 가진 집단을 파악하는 방법은 대한민국에서는 상당히 명확하다. 이를 파악하기 위해 대한민국의 인구구조를 시각 자료로 만들어 보았다. 다음 페이지를 살펴보자.

만약 당신이 정치인이고, 특정 세대의 지지를 받아야 한다면 고민 없이 50대를 택해야 한다. 두 번째로 많은 60대보다 80만 명 가까이 많고, 세 번째로 많은 40대에 비하면 거의 100만 명 많다.

대한민국 인구구조

90대
35만 명
80대
213만 명
10대 미만
305만 명
70대
435만 명
50대
869만 명
10대
462만 명
60대
784만 명
20대
584만 명
40대
765만 명
30대
664만 명
2025년 5월 주민등록인구통계 기준

10~19세   8.8~9.0%
20~29세   11.1~11.9%
30~39세   13.0~13.5%
40~49세   14.9%
50~59세   16.8%
60~69세   15.2%
70~79세   8.6%
80세 이상   4~5%
40~60대 인구
약 2,400만 명
대한민국 인구의
절반에 가까운 규모
2025년 7월 주민등록인구통계 기준

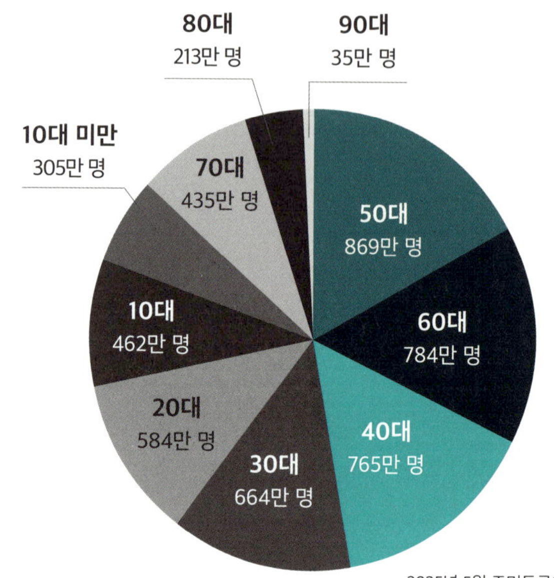

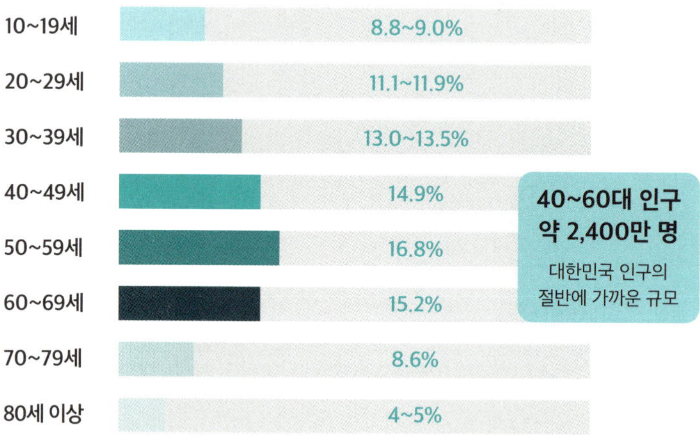

1~3위인 40~60대를 아우르면 대한민국 전체 인구의 47%에 달하는 표를 얻는 것이다(사실 투표권이 없는 만 18세 미만을 제외하면 과반이 넘는다). 그러니까 특정 정치인의 지지 기반이 4060이라면 일단 탄탄한 입지를 가졌다고 평가할 만하다. 제21대 대통령은 49.42%의 득표율로 당선되었고, 2위가 41.15%였다.[1] 그러니 47%라는 수치는 압도적일 수밖에 없다.

앞으로 정치인들은 4060의 눈에 들기 위한 공약을 계속 제안할 수밖에 없다. 그중에서도 인구가 가장 많은 50대가 핵심이다(두 번째로 많은 세대와의 차이가 80만 명인데, 치열한 접전을 펼쳤던 제20대 대통령 선거는 득표차가 불과 26만 표였다[2]). 10년 후에는 자연히 60대에게 어필하는 정책과 공약이 많이 등장할 것이다.

초고령사회가 먼저 진행된 일본을 보면 65세 이상 인구의 비중이 30%를 돌파해서 세계 1위의 고령사회를 이루고 있다. 75세 이상만 집계해도 15% 이상이다. 해당 연령층은 투표율도 높아서 사실상 정치인들에게는 '최대 영향력을 가진 유권자 집단'이다. 일본에서 영향력이 가장 큰 집단으로 뽑히는 게 단카이 세대다. 이들은 제2차 세계대진 이후 1947~1949년에 태어난 베이비붐 세대를 지칭하는데, 약 680만 명(일본 전체 인구의 5.4%)에 달하는 거대한 인구 집단이다.

현재 75세 이상인 단카이 세대가 나이 드는 것에 발맞춰 정책을 추진하다 보니, 노인들에게 유리한 정책이 점점 더 많이 시행된다. 연금 제도를 유지하고, 의료비 부담을 완화하고, 지역 복지 서비스

확충을 강조한다. 이런 정책 기조는 고연령층의 표심을 잡는 데 효과적이지만, 젊은 세대가 '세대 불평등'이라는 불만을 품도록 만들었다. 그래서 일본의 젊은 세대는 이런 정치를 '노인 정치'라고 하며 꾸준히 비판을 제기한다.

일본만큼 고령화가 진행된 것은 아니지만 미국도 고령층을 의식한 정책 제안이나 공약이 빈번한 나라다. 2025년 기준 미국 전체 인구에서 65세 이상은 약 17% 정도인데, 고령화 속도가 빠른 편이어서 2035년쯤에는 65세 이상 인구가 18세 미만 인구의 수를 추월할 것으로 예상한다. 그래도 일본만큼 고령화사회는 아니지만, 미국은 젊은 층의 투표 참여율이 낮다는 점을 고려해야 한다. 달리 말하면 고령층의 투표 참여율이 높아서 보통 65세 이상 투표율이 70% 전후로 나오고, 18~29세 투표율은 40% 안팎이다. 인구로 보면 젊은 층이 많지만, 투표에 참여하는 인구는 고령층이 많다는 뜻이다. 미국 역사상 가장 박빙의 선거였던 2000년, 공화당의 조지 W. 부시George W. Bush와 민주당의 앨 고어Al Gore가 붙었던 대선에서는 플로리다주의 단 몇백 표 차이로 부시가 승리했다.

플로리다주는 날씨가 좋아서 65세 이상의 은퇴자가 많이 거주하는데, 당시 그곳의 고령 유권자 상당수가 사회보장제도 유지, 의료비 안정 등을 중시하며 공화당에 표를 던졌다. 그래서 플로리다주의 선거인단 25명이 단 537표(약 0.009%) 차이로 전부 부시의 표가 되었고, 최종적으로 271명 대 266명을 기록하며 겨우 선거인단 5명 차이로 부시가 당선되었다. 플로리다의 537표가 대통령의 이름을 바꾼 것이다. 이 사건 이후로 미국 정치에서 노인 유권자 공략은 절대 빼놓을 수 없는 전략이 되었다. 미국의 고령화 속도를 보면 이런 경향은 갈수록 더 심화될 것이라 예상할 수 있다.

그러니 한국 정치의 앞날 역시 예정되었다. 표를 얻지 못하면 승리하지 못하고, 승리하지 못하면 결국엔 미미한 '확률'로서 존재할 수밖에 없는 게 정치인이다. 그러므로 진보든 보수든 인구가 제일 많은 연령층의 표를 잡기 위해 노력할 것이며 그게 바로 메인세대다. 따라서 이후의 정책은 메인세대 중심으로 이루어질 수밖에 없다.

압도적인 경제적 파워를 보유한 세대

'Mastery'는 지배력 혹은 장악력이라는 뜻으로, 메인세대의 특징을 나타내는 첫 번째 단어다. 가장 많은 인구 비중을 차지하는 메인세대는 표를 얻기 위한 정치권의 첫 번째 타깃이 되기 때문에 많은 정책적 고려에서 최우선 순위가 되므로 지배력이라는 단어와 어울린다. 하지만 이게 전부는 아니다.

인구가 아무리 많아도 경제력이 뒷받침되지 않으면 그 사회에서 지배력이 있는 세대라고 말하기 어렵다. 그런 면에서 보자면 메인세대는 역사상 가장 부유한 세대다. IMF 외환위기 이후 저금리·유동성 확대 국면을 겪었고, 무엇보다 2000년대 이후 수도권 아파트 폭등기를 거치며 상당한 경제적 이득을 봤다. 서울·수도권 아파트 가격이 급등하기 전에 매수한 사람들이 많아서 자산이 상당히 불어난 것이다. 한국은행과 통계청의 자료에 따르면, 가구 순자산의 60% 이상이 50대 이상에게 집중되었다고 한다.

앞에서 일본은 노인 정치라고 불릴 정도로 나이 든 사람들 위주의 정책이 시행된다고 했는데, 이렇게 된 이유가 온전히 머릿수(사실은 표 수)에만 있는 게 아니다. 지금 일본의 60대는 일본이 전 세계 경제대국 2위를 차지하던 1990년대 당시에 30대였다. 그러니까 60대 이상은 일본 경제의 황금기를 만든 집단으로, 그들은 저축이나 연금 등 노후 준비를 매우 철저하게 했다. 현재 일본의 55세 이상이 가계 금융자산의 70% 정도를 보유하고, 그중 70세 이상이 40%에 가까운 비중을 차지한다.[3] 다시 말해 고령층이 일본의 부를 쥐고 있다.

한국도 비슷한 상황이다. 한국의 메인세대는 대부분 개발도상국에서 태어나 한창 일할 때 선진국의 국민이 되었다. 경제성장의 열매를 원액 그대로 맛본 세대다. 현재 한국의 젊은 세대는 선진국에서 태어나 성장했기 때문에 저성장에 익숙하다고 할 수 있는데, 메인세대는 국가와 함께 경제적으로 고성장을 이뤘다.

2023년 기준으로 대한민국의 연령별 자산 비중을 보면 50대가 약 28%로 가장 부유한 연령대다. 사회적으로 보면 경제활동의 정점인 데다가, 부동산 가격 급등 시기에 이미 주택을 보유했던 세대이기 때문이다. 그리고 60대가 약 26%, 40대가 약 22%다. 그러니까 4060을 합하면 76%다. 70세 이상은 약 14%고, 안타깝게도

39세 이하는 약 10%에 불과하다. 주거비 부담이 커서 부동산 자산 진입이 늦은 탓이 크다.

부동산, 주식 같은 전통적인 자산관리 수단뿐만 아니라 비교적 젊은 세대의 투자 수단이라고 여겨지는 코인조차도 메인세대가 소유한 비중이 압도적이다. 금융감독원이 국내 5대 코인 거래소가 보유한 가상자산을 조사한 결과, 2025년 8월 기준으로 10억 원 초과 보유자를 연령별로 나누면 50대가 3,994명으로 가장 많았다. 다음으로 40대가 3,086명, 60대 이상이 2,426명, 그리고 30대는 1,167명이었다. 20대는 137명이다.[4]

그런데 거래소 전체 사용자 수를 보면 20대가 198만 명으로, 이들이 가진 가상자산의 총량은 4조 원이다. 50대는 205만 명으로 사용자 수는 크게 차이가 나지 않는 데 비해, 가상자산의 총량은 36조 원으로 9배나 차이가 난다. 거기에 290만 명이 참여하는 40대의 가상자산 총량은 33조 원이다. 이렇게 보면 사실상 한국의 자산은 종류를 불문하고 메인세대에게 집중되었다. 그래서 한국의 메인세대는 '역대 가장 부유한 세대'라는 평가가 나오는 것이다.

'행복을 돈으로 살 수 없다면, 혹시 돈이 부족한 것은 아닌지 점검해 보라'는 농담이 있다. 웃자고 하는 얘기인데도 마냥 재미있지는 않다. 사실 지극히 현실적인 말이라서 그렇다. 요즘은 과거보다 돈으로 할 수 있는 일이 기하급수적으로 늘어나는 신금권주의 시대다. 그런데 메인세대는 가장 많은 자산을 가진 세대이니, 그들이 압도적인 지배력을 가지는 것은 당연하다.

지금도 경제적 파워가 상당한 메인세대는 이후 20~30년간 그들의 부모에게서 상속받음으로써 더 많은 재산을 축적할 것이다. 그러니 메인세대는 대한민국 역사상 가장 부유한 세대일 확률이 높다. 이미 선진국에 진입하여 저성장 경제가 기본값이 된 시기에 태어난 메인세대의 자녀들은 역사상 처음으로 그들의 부모보다 가난한 세대라는 말을 듣고 있다.

조직을 장악한 결정권자인 세대

현재 메인세대는 가정뿐만이 아니라 조직에서도 결정권자의 역할을 맡은 경우가 많다. 물론 50대만 되어도 은퇴할 나이라고 해서 구조조정 대상이 되지만, 이 살벌한 단두대를 피하고 조직에 남는 데 성공한 사람들은 이사급이나 본부장 혹은 부장이다. 보통 이들이 50~60대고, 팀장과 차장이 40대다. 그러니 모 아니면 도라는 개념으로 조직에서 나오든지, 높은 직급으로 남든지다.

그런 면에서 보면 대기업과 글로벌 기업을 움직이는 것도, 행정기관이나 공공기관에서 결정을 내리는 것도 메인세대다. 중소기업 대표들도 메인세대가 많다. 스타트업에서는 청년 대표의 모습을 볼 수 있다. 하지만 한국의 스타트업은 벤처 혹한기라고 할 만한 세월을 꽤 오랫동안 겪고 있다.[5] 그렇게 큰 힘은 없다는 뜻이다.

한국은 대기업 위주의 성장 정책을 지속하다 보니, 벤처기업을

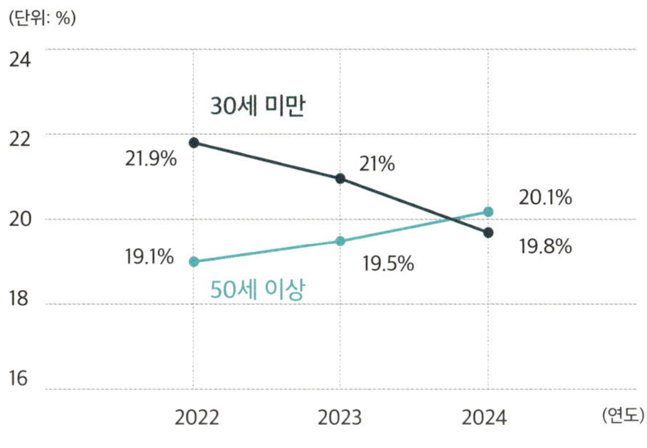

대한민국 500대 기업에서 50세 이상과 30세 미만 직원의 비중

육성하는 것보다는 대기업에서 하청을 받아 안정적으로 공급하는 중소기업을 운영하기에 더 유리한 환경이다. 물론 대기업은 더욱 유리하고 말이다. 대기업, 중소기업의 핵심을 구성하는 메인세대가 한국 경제의 중추가 되는 것은 어찌 보면 당연한 현상이다.

2025년 8월에 기업분석연구소 리더스인덱스가 2022년부터 매출 기준 500대 기업을 대상으로 연령별 인력 구성을 비교한 결과를 발표했다. 거기서 도출된 놀라운 사실은 우리나라 회사에 20대 사원보다 50대 부장이 더 많다는 것이었다.[6] 2024년의 30세 미만 인력 비중은 19.8%였고, 50세 이상 인력 비중은 20.1%였다. 0.3% 차이에 불과하지만 처음으로 두 연령대의 비중이 역전된 것이다.

조직 내 소수라도 결정권자라면 영향력이 지대할 텐데, 심지어 수가 많기까지 하다. 현재 대한민국의 조직은 메인세대가 장악했다. 그리고 앞으로도 그럴 확률이 높다. AI 시대의 한국은 신입사원을 덜 뽑는 방향으로 갈 것이기 때문이다. 미국 같은 나라에 비해 고용 유연성이 약한 한국은 정규직을 내보내기 어렵다. 그래서 기존 직원을 해고하기보다는 신규 채용을 줄일 확률이 높다.

이렇게 인구, 조직에서의 권력 구조. 정책의 초점, 부의 비중 등 여러 요소를 감안해서 메인세대의 핵심적인 특징을 'Mastery(지배력, 장악력)'이라고 보는 것은 합리적인 관점이라고 할 수 있다.

02

Adaptive
디지털 시대의 능숙한 학습자들

AI 활용까지 섭렵한 4060

AI의 실용성을 전도하는 50대

재미있는 현상이 하나 있다. 이를 소개하기 위해 지인의 이야기 하나를 언급할까 한다. 기업교육 이러닝 콘텐츠를 만들고 유통하는 교육업체 RMP의 콘텐츠연구소 소장인 박용근 이사는 50대다. 개인적으로는 상당히 오래 안면을 튼 사이인데, 알아 온 시간만큼 친한 건 아니어서 개인적인 이야기는 잘 모른다. 하지만 확실하게 아는 사실 하나는 교육업체에서 일하는 사람답지 않게 혁신에 상당히 포용적이라는 것이다.

교육업체가 가진 모순이 하나 있다. 혁신에 관한 이야기를 발빠르게 소개하고 교육하지만, 정작 교육업체의 행보는 매우 보수적이라는 것이다. 디지털화를 이야기하면서 우편으로 계약서 서류를 주고받고, 권한 분산을 교육하면서 수직계열화 최상층에 존재하는 소수에게 권한이 집중되어서 결정이 느리다(비슷한 조직으로는 병원과 은행이 있다). 그런데 박 이사는 교육업체 종사자답지 않게 상당히 빠르고 진취적이다. 그래서 기획하고 콘텐츠를 설계하는 헤드 역할을 하는 것이다.

나는 챗 GPT를 한국에 거의 처음 소개한 《GPT 제너레이션》이라는 책을 냈고, 이때부터 강의도 많이 다녔다. 책이 2023년 2월에 출간되었고, 그 내용을 바탕으로 3월 즈음 RMP에서 빠르게 챗 GPT 강연을 제작하고 보급했다. 2023년 3~4월은 한국 사람들이 챗 GPT를 잘 모를 때였다. 그래서 당시의 오프라인 강의는 "챗 GPT라는 게 이런 거예요."라고 알리는 정도였다. RMP에서는 챗 GPT를 어떻게 업무에 적용하면 좋을지, 그것이 비즈니스를 어떻게 바꿀지 예측하는 강연을 신속하게 만든 것이다.

시대를 앞서간 움직임이었다고 할 수 있다. 이 놀라운 추진력 뒤에 박 이사가 있었다. 그는 이후 2년에 걸쳐서 RMP 직원들에게 AI를 전도하는 역할을 했다. 교육기획도 그냥 하는 게 아니라 AI와 대화하면서 아이디어를 찾아가는 식으로 꾸준히 하며 다양한 AI 툴을 사용했다. 그가 20~30대 직원들에게 "제발 AI를 써서 일을 하라."라고 AI의 실용성을 간증하는 모습을 심심치 않게 보곤 했다.

그리고 전도 활동이 빛을 본 순간도 목격했다. 얼마 전에 박 이사와 30대 직원 한 명, 그리고 나까지 셋이 식사할 기회가 있었는데, 그 직원이 AI가 자신에게 맞춤화되도록 회사 공식 계정 말고 개인 계정도 유료로 쓰기 시작했다며 고백하는 내용을 옆에서 들은 것이다. 박 이사는 불쌍한 영혼을 계도해서 구한 사람이 지을 수 있는, 성취감 어린 미소로 고백을 들었다.

50대 임원이 30대 직원에게 AI 사용을 권장한다. 상식적으로 반대여야 할 것 같은 현상은 비즈니스 현장 곳곳에서 실제로 벌어지고 있다. 시스템이 잘 갖춰진 기업일수록, 그리고 개인이 맡은 직무가 매뉴얼대로 루틴을 지켜 돌아가는 업무일수록 AI를 활용하는 직원들의 비중은 떨어졌다. 개인이 AI를 활용해서 할 수 있는 업무 자체가 많지 않기 때문이다. 심지어 AI 등장 초창기에는 회사 내에서 생성형 AI 사용을 금지해서 접속조차 안 되도록 만드는 대기업도 꽤 많았다.

반면 임원은 다양한 기획을 하고, 무언가 새롭게 생각해야 하는 업무가 많기 때문에 챗 GPT의 필요성이 상당하다. 기존 매뉴얼에 없는 것들을 만들어야 하는 임원이라면, 그리고 날마다 새롭게 생성되는 데이터를 분석하고 인사이트를 찾아내야 하는 관리직이라면 AI는 업무를 상당히 수월하게 만들어 주는 도구가 된다.

2023년 상반기, 나는 대한민국 최초로 챗 GPT 전망서를 썼다는 타이틀이 있어서 하루에도 강연을 2~3개씩 다니는 등 정말 바쁜 스케줄을 소화했다. 강연이 3개나 잡히면 보통 새벽에는 CEO

신한은행 최고위급 강연 후 이어진 대담 장면

조찬 모임, 오후에는 기업 강연, 그리고 저녁에는 CEO 네트워킹 모임이나 협회 모임 같은 곳에서 강연하는 식이다.

한번은 책을 출간하고 한 달쯤 지난 4월 무렵에 신한은행에서 임원 대상 강연이라며 섭외가 들어왔다. 신한은행 본사에서 방송 시스템을 활용하여 비대면으로 진행하는 강연이었다. 그래서 어떤 분들이 강연을 듣는지 알 수 없었다. 그런데 한 시간 뒤에 강연을 마치고 질문을 받을 때, 질문자들이 "신한카드 대표 누굽니다.", "신한금융그룹 대표 누굽니다." 하고 자기소개를 하는 게 아닌가. 알고 보니 진짜 고위 임원들만 접속해서 듣는 강의였다(처음부터 알고 있었으면 꽤 긴장하면서 강연할 뻔했지만, 몰랐던 덕분에 조금 편하게 강연했다). 고위급 임원들이 이렇게나 빠르게 챗 GPT에 반응한다는 것이 정말 놀라웠다.

의외로 AI 초창기 때 가장 빠르게, 그리고 열렬하게 반응했던 사람들이 50대다. 임원이나 부장, 그리고 CEO 같은 경우에는 가장 빠르게 AI를 익히려고 했다. 이때만 해도 학생들은 시키지 않으면 AI를 써 볼 생각조차 안 했다. 대학교 강의 시간에 챗 GPT 사이트를 찾아 들어가서 제발 한 번만 써 보라고 아무리 간절히 권해도 안 쓰는 학생들은 학기가 끝날 때까지 한 번도 사용하지 않았다.

배움을 포기하지 않는 세대

그러고 보면 아직도 한국 사람들은 궁금한 게 있으면 AI보다는 네이버에 물어보는 경향이 있다. 지난 20년간 네이버는 구글까지 방어하며 국민의 생활 메이트로 자리를 잡았다. 이런 네이버를 만든 사람이 1967년생 이해진 의장이다. 그와 함께 네이버를 만들었다가 나중에 자기 회사를 세워 성공시킨 사람이 바로 카카오의 김범수 센터장으로, 이해진 의장과 비슷한 1966년생이다.

디지털 전환 시기의 변화에 맞춰 새롭게 주도권을 쥔 사람들은 세계적 부자가 될 수 있는 기회를 얻었다. 미국은 한국보다 조금씩 빨라서 1955년생 빌 게이츠Bill Gates와 스티브 잡스Steve Jobs를 시작으로 구글의 창업자인 1973년생 세르게이 브린Sergey Brin, 1971년생 일론 머스크Elon Musk로 이어졌다. 지금은 1984년생 마크 저커버

그Mark Zuckerberg, 1985년생 샘 올트먼Sam Altman이 세계적 부자 겸 주도권을 가진 권력자의 계열에 합류했다.

컴퓨터, 인터넷, 그리고 모바일이 등장하는 시기에 이들은 변화의 조류를 감지하고, 심지어 그 조류의 방향을 살짝 비틀기까지 했다. 이들만큼 영웅적으로 기록되지 않았더라도 대한민국에서 IT 업계를 꽉 잡은 사람들을 보면, 20~30대보다는 이러한 변화의 시기에 사회생활을 시작했던 40~50대가 많다.

이들은 초등학교 시절에 개인용 PC의 보급을 보았고, 중·고등학교 시절에는 인터넷의 보급을 목격했으며, 대학교 시절에는 삐삐, 핸드폰 등을 썼고, 회사에 들어가 한창 일을 익힐 무렵에는 스마트폰을 활용하기 시작했다.

위에서 언급한 각 포인트는 전 세계적으로 급격한 변곡점을 만든 변화들로, 지난 30~40년 동안은 이런 디지털 변화가 집중되었다. 그리고 당시에 한창 성장하고 있던 메인세대는 이러한 변화 때문에 급격하게 바뀌는 사회 구조에서 살아남기 위해 적응력과 회복탄력성 등 변화에 어울리는 힘을 길러야 했다. 그래서 그 어떤 세대보다 적응력이 뛰어나다.

적응력을 뒷받침하는 것은 학습 능력과 의지다. 변화가 잦고 가파른 시기에 핵심적으로 작용하는 역량은 한 가지 힘이 아니라, 무엇이든 빠르게 배우고 습득하는 학습 역량이기 때문이다. 하나의 역량을 어렵게 습득해서 평생 그것 하나로 먹고살 수 있는 시대는 이미 지나갔다. 어르신들이 으레 하는 "기술을 배우면 평생 먹고산다.”라는 충고는 과거의 산물이다(비슷한 말로 ‘한 우물 파다’라는 말이 있다). 그 어렵게 배운 기술들이 눈에 띄게 빠른 속도로 자동화되고, 저렴해졌기 때문이다.

가령, 과거에는 도장 파는 기술만 잘 배워도 어느 정도 먹고사는 데 지장이 없었다. 하지만 지금은 기계가 다양한 서체를 적용할 수 있으며 매우 빠른 속도로, 심지어 저렴한 가격으로 도장을 파주기 때문에 굳이 도장 파는 기술자에게 맡길 필요가 없어졌다. 그리고 조금 더 생각해 보면, 디지털 인증 방식이 도입되어 도장을 쓸 일 자체가 딱히 없기도 하다.

이런 상황에서 가장 중요한 것은 ‘새로운 것을 빠르게 배우는 힘’이다. 그런 측면에서 엄청난 변화의 시기를 거쳐 온 메인세대는 대개 매우 능숙한 학습자들이다. 학습에 대한 의욕과 실제 성취가 가장 뛰어난 것이 메인세대다. 그들은 배움에 있어서 포기를 잘 하지 않는다(그래서 배울 의욕도 없고, 배우다가 힘들면 쉽게 포기하는 사람을 잘 이해하지 못한다).

배움의 끝에는 항상 열매가 있었고, 땅을 파면 높은 확률로 물이 나왔다. 메인세대는 아무리 파도 물이 안 나오는 구덩이를 마주치면 자신의 노력이 부족했다고 생각하지, 처음부터 아무것도 없는 땅이라는 생각은 잘 하지 않는다. 배움은 언제나 도움을 주었고, 새로운 배움으로 변화의 시기를 잘 버텨 낸 경험이 있기 때문에 새로운 도전을 마주하면 서점으로 가서 책을 사서 읽고, 학원이나 정부기관을 찾아 관련 교육이 없나 살피는 사람들이 메인세대다.

기술 변화를 가장 빠르게 흡수하는 세대

생성형 AI를 가장 많이 사용하는 나이대는 어디일까? 이 책의 제목이나 맥락을 보면 무조건 메인세대라고 할 것 같지만, 그렇지는 않다. 지금은 아무래도 20대가 대학 리포트나 취업을 위한 자기소개서를 작성하기 위해 AI를 적극적으로 사용한다. 그런데 활용의 영역으로 들어가면 메인세대의 활용률이 압도적이라는 게 AI 업계 관계자들이 공통적으로 체감하는 부분이다. 40~50대는 업무에 AI를 이용하고, 그들이 AI로 생성한 결과물은 현실로 구현되어 실제 업무에 적용된다.

메인세대의 활용률이 압도적인 이유는 무엇보다 조직에서 그들의 위치 때문이다. 20~30대는 보통 매뉴얼로 정리된 단위 업무를 맡고 있으며, 변경사항이 있으면 여러 측면에서 협의가 필요하다. 반면 40~50대는 기획, 전략 등 결정 차원의 일을 맡는 경우가 많다 보니, AI 활용이 훨씬 많이 필요하다. 말하자면 4050은 업무의 프로세스와 방법을 결정하는 일을 하므로 AI를 의사결정의 보조라든가 구체적인 매뉴얼 작성에 쓸 수 있다. 2030들은 그렇게 결정된 매뉴얼을 따르는 역할이므로 AI의 실질적 필요성을 느끼는 측면에서 차이가 나는 것이다.

또한 업무 경험이 풍부하면 업무에서 지향하는 목표, 개선하고 싶은 포인트 등 비교적 뚜렷한 목적을 가질 수 있다. AI는 두루뭉술한 질문에는 두루뭉술하게 대답하기 때문에 목적이 뚜렷하고 구체적일수록 효용이 좋다. 그런 면에서 4050에게는 더 적극적으로 AI를 활용할 이유가 있다.

나는 챗 GPT가 처음 소개되었을 때부터 책 또는 강연이나 방송을 통해 줄곧 생성형 AI는 은퇴를 연장하는 기술이라는 점을 강조했다. 주니어들이 주로 맡는 데이터 조사나 정리 같은 업무를 AI를 통해 빠르고 폭넓게 한 뒤에, 그 결과물에 업무적 인사이트를 담아서 방향을 결정하고 수정해서 그럴듯하게 만드는 과정이 사실상 지금 직장에서 처리하는 업무와 똑같은 프로세스다.

또한 조금 슬픈 현상이기는 한데, 4050쯤 되면 회사에서 나갈 시기이기 때문에 퇴사 이후에 무엇을 할지 AI와 상의하고 계획한다. 이 계획이 한번에 만들어지는 것은 아니기 때문에 꾸준히 아이디어를 확장한다든가 고민하는 바를 상담하는 식으로 AI를 활용한다. 한번은 어느 대학의 행정을 맡은 팀장님과 이야기하는데, 피곤해 보이길래 무슨 일이 있냐고 물었다. 그랬더니 곧 다가올 퇴직 이후에 어떤 일을 할지 챗 GPT에게 상의하는 것이 너무 재미있어서 밤을 꼴딱 새웠다는 것이다. 그러면서 내게 AI 전문가시니 AI 활용에 도움을 주는 책을 추천해 달라고 했다. 당장 공부를 시작해서 AI를 더 잘 활용하겠다는 것이다. 그 질문을 받으면서 정말 전형적인 메인세대의 특징이라는 생각을 했다. 새로운 도전 거리가 있으면 일단 책부터 사서 공부하겠다는 생각, 그 새로운 도전을 결국에는 내 것으로 만들겠다는 생각 말이다.

메인세대의 중요한 특징은 그들이 살았던 시대와 깊은 관련이

있다. 그들은 디지털 기기의 변곡점들을 대한민국의 급격한 성장
과 함께 겪었기 때문에 새로운 것에 대한 배움의 열정과 배움의 열
매에 대한 믿음이 있다. 그래서 다른 세대보다도 새로운 시대와 환
경에 적응하려는 의지가 있고 실제로 적응력도 뛰어난 세대가 되
었다.

03

Inward

잘하는 것은 알지만
취미는 없는 세대

내면을 탐색하는 사람들

이제라도 자기 내면을 들여다보기 시작하다

친구 하나는 대학교를 졸업하자마자 대기업에 취직해서 20여 년을 그 기업에 몸담았다. 그러다가 회사 내부의 문제에 휘말렸는데, 마침 스카우트 제의를 받아서 이직했다. 이직 과정에서 1개월 정도 시간이 뜨게 되었는데, 타이밍 좋게 내가 제주도 강연이 있었기에 시간도 있으니 쉬러 오라며 숙소로 초대했다.

강연은 하루뿐이었지만 넉넉히 3박 4일 동안 제주도에 있는 일정이었다. 나는 제주대에서 2년 이상 강의한 적도 있고, 이래저래 제주도에서 강연할 기회가 많아 제주도 여행이 상당히 익숙했다. 그래서 특별히 계획을 세우기보다는 날씨나 시간, 상태에 따라 즉흥적으로 선택하는 여행을 했다. 애초에 맛집을 목표로 삼고 찾아가는 게 아니라, 오름에 갔다가 돌아오는 길에 먹고 싶은 게 뭔지 물어봐서 근처에서 가장 맛있는 집에 가는 식으로 말이다.

이틀째에 노을을 보러 애월에 가려고 했는데, 예상외로 시간이 걸려 본래의 목적이었던 포인트로는 가지 못하고 용두암 근처의 노을 맛집으로 갔다. 2층에 앉아 통창을 불태우는 압도적인 스펙터클로 시선을 사로잡는 노을을 보며 커피를 마시는데, 친구가 좀 이상한 반응을 보였다. 뭔가 감격한 느낌이었다. 아무리 노을이 예뻤다지만 이렇게까지 감격할 일인가 싶을 정도로 큰 반응이었다.

결국 나중에 찾아간 애월 카페. 하지만 이때는 노을이 안 보였다.

"왜 그래?"

"이런 여행이 처음이라서 그래."

"제주도는 많이 와 봤잖아?"

"대부분 회사 출장으로 와서 자유 시간은 거의 없었어. 아니면 가족여행이었는데, 이땐 자유 시간이 더더욱 없었고."

아내에 아이들까지 함께 움직이니 자신이 여행을 책임져야 한다는 부담감에 검색을 통해 꽉 짜인 루트로만 움직였다는 것이다. "여기 좋은데?"라고 말하면서 갑자기 일정을 바꾸거나, 일정 자체가 없어서 '한번 가 볼까?'라는 마음으로 움직이는 여행은 대학교 졸업 이후 20여 년 만에 처음 한다고 했다. (게다가 기껏 계획한 일정을 사춘기 아이들이 좋아하는 일은 드물기도 하다. 열심히 인터넷을 찾아보며 준비했는데 욕만 먹기도 한다.)

20~30대에는 직업이 생기고 결혼도 하면서 '해야 하는 일의 쳇바퀴'가 상당히 커진다. 그러다가 아이가 생기면 쳇바퀴의 크기는 10배가 되고, 그 아이가 학교에 입학할 때가 되면 쳇바퀴의 크기는 뻥 튀겨져 대관람차 크기로 변하기도 한다 이런 굴레에서 벗어나는 건 보통 마지막으로 아이를 학원에 데려다줬을 때다. 그 전에는 가족을 벗어나 친구들과 여행 한번 제대로 가기 어렵다. 그러니 친구와 자유롭게 떠나는 여행이라는 것은 버킷 리스트에나 있는 소망이지, 일상적으로 할 수 있는 일이 아니다.

직장생활의 압박, 자녀 양육, 가정 대소사 등을 다 챙기면서 나의 내면과 마주하기란 쉽지 않은데, 약간의 여유가 생긴 뒤에 어느새 먹어 버린 나이를 인식하면 나에 대한 생각을 조금쯤 하게 된다. '난 누군가? 또 여긴 어딘가?'라는 생각이 그야말로 갑자기 드는 것이다. 메인세대의 중요한 특징으로 'Inward', 즉 내면을 뽑은 이유는 바로 이 때문이다. 내면의 목소리가 조금씩 들리기 시작하는 시기, 자신의 내면에 있는 아이에게 관심을 기울이는 시기가 바로 이때다.

경제적 여유가 있어도 즐기지 못하는 세대

(상황에 따라 다르지만 보통은) 40대에 들어서면서부터 조금씩 시간과 여유가 생긴다. 가족으로서의 의무를 이행할 때 어느 정도 '유도리'가 생기고, 자신이 생각한 행동을 뒷받침할 경제적 여유와 시간 통제력도 조금씩 생긴다.

말하자면 대학생 때는 일본 영화를 보다가 교토에 가고 싶다고 생각해도 그 결심을 실현할 수 있는 경제적 여유가 없다. 하지만 40~50대 때는 주말에 교토에 다녀오는 것을 생각하고, 그것을 실현할 여유가 있다. 일부 사람만 가능한 일이라고 생각할 수도 있는데, 만약 당신이 지금 40대 이상이라면 당장 이번 주말에 교토 여행을 하면 절대로 안 되는 이유를 생각해 보라. 생각보다 실행에 옮길 수 있는 일이다.

그런 의미에서 메인세대는 인생을 즐기고, 자신이 하고 싶은 것을 어느 정도 시작할 수 있는 시기라는 뜻을 담고 있기도 하다. 주위 사람들의 기대와 굴레에 맞춰서 살았던 시기가 결코 우리 인생에서 메인이 되는 시기라고 할 수 없으니까 말이다.

경제적, 시간적, 그리고 무엇보다 심리적 여유가 생겨 시간과 돈을 사용할 수 있는 시기가 인생의 황금기 아닐까. 아직 건강해서 육체적 활동에 제약도 없는 이 시기가 인생의 하이라이트라고 할 수 있다.

하지만 기껏 남의 시선을 그다지 신경 쓰지 않아도 되는 시기에 이르렀는데도 상당히 많은 메인세대가 자신의 희망과 기대에 따라 사는 법을 잘 모른다. 주말에 갑자기 시간이 남으면 무엇을 할지, 한 달간의 유급 휴가를 받으면 그걸 어떻게 사용할지 잘 모른다. 하고 싶은 것도, 좋아하는 것도 분명치 않다. 취미가 뭐냐는 질문을 받으면 난감하다. 솔직히 일할 때 가장 안정적이고 마음도 편안해서 취미가 일인 것 같은데, 그렇게 이야기하기에는 좀 서글프다.

어느 정도 성공했다는 이야기를 듣는 메인세대의 인생 루트를 보면 성적에 맞춰서 대학에 진학하고, 대하 레벨에 맞는 기업에 취업해서 살아왔다. 그렇게 사회가 원하는 대로 살아온 4060은 자신의 기준과 취향에 따라 살기보다는 주위의 기대와 평가에 반응하는 무난한 삶을 살았다. 그 결과, 메인세대는 잘하는 것은 있지만, 좋아하는 것은 없는 세대가 되었다.

육아휴직을 쓰는 아빠의 등장

그런데 그건 이전 세대도 마찬가지다. 다만, 그들에게는 여유 시간 자체가 없었다. 회사와 자신을 동일시해서 회사에 전심을 바치느라 정년이나 구조조정 이후에 완전히 은퇴해야만 여유가 생겼다. 그런데 열정을 다해 분초까지 바치며 열심히 일했던 조직에서 하루아침에 쓸모를 다했다고 여겨져 은퇴라는 형태로 넘쳐나는 시간을 할당받은 7080은 건강한 노후를 보내지 못했다(기대수명도 지금과 차이가 있어 실질적으로 이 시기가 그렇게 길지도 않았다).

지금의 70~80대는 대한민국의 개발도상국 시기를 이끈 주역들인데, 회사에 열정을 쏟느라 가정에서 아이들과의 시간을 갖지 못했다. 1990년대 기준으로 보았을 때 외벌이가 82.7%, 맞벌이가 15.1%로 외벌이 가정이 절대다수를 차지했다.[7] 그러다 보니 직장에 다니는 아버지의 경우, 평일에는 아이들이 일어나기 전에 출근해서 아이들이 잘 시간에나 퇴근했다. 그리고 주말에는 소파와 한몸이 되어 잠을 자거나, 야망이 있는 사람은 상사와 등산을 가거나 낚시를 가는 등 아이들과의 시간을 아껴서 직장에 얹었다.

아버지와 아이들의 대화는 상당히 한정적이었고, 이런 환경에서 자란 아이들은 그런 아버지가 되는 것이 싫었다. 그래서 지금의 메인세대 중에는 딸바보가 많다. 자신들의 부모와 달리 가정에 시간을 쏟는 부모가 되고 싶었고, 사랑을 표현하는 부모가 되고 싶었기 때문에 자녀에게 마음을 쏟는 것이다. 특별히 아빠와 딸의 관계가 부각되어 '딸바보'라는 어휘가 등장했지만, 아이의 이름을 부르는 대신 항상 "아들~"하고 친밀하게 부르는 엄마와 아들의 관계도 크게 다르지 않다. 말하자면 자식에 대한 애정은 윗세대와 비슷하지만, 그 세대가 마음을 표현하지 않고 함께 시간을 보내지 못했던 것과 다르다. 메인세대는 가족과 상당히 유기적인 관계를 형성했다. 딸과 심야 영화를 보고, 집 앞 치킨집에서 맥주 한잔하는 아버지가 굉장히 특이한 경우가 아니라는 것이다.

육아휴직 제도는 1987년에 도입되었고, 적용 대상이 남성까지 확대된 것은 1995년이었지만,[8] 당시 사회 분위기에서 남성의 육아휴직이라는 것은 법적으로만 가능할 뿐이지 실제로 사용하기는 어려웠다. 남성의 육아휴직은 2008년에 육아휴직 급여 제도가 고용보험으로 지급됨으로써 조금씩 현실화하기 시작했다.[9] 특히 2014년에는 아빠 육아휴직 보너스제가 신설되어[10], 같은 자녀에 대해 두 번째 육아휴직을 쓰는 부모(주로 남성)에게 급여를 더 주는 인센티브 제도가 도입되자 남성의 육아휴직 사용률이 눈에 띄게 늘었다. 그러니까 육아휴직을 쓰는 아빠가 등장하기 시작한 게 바로 지금의 메인세대 때부터라는 것이다.

만화책을 모으고, 피규어를 사고, 히말라야에 간다

메인세대는 직장이 자신과 동일하지 않다는 것을 안다. 그래서 마음 둘 곳으로 가족을 우선시하는 사람들이 생겼다. 그 결과, 메인세대 중에는 자녀와의 관계가 좋은 이들이 꽤 많다. 하지만 이건 아이들이 클 때까지다. 아이들이 대학에 가고 사회에 진출하면서 독립하면, 아무래도 유대감은 같이 살 때만 못하다. 그리고 자녀 뒷바라지에 쓰던 비용과 시간이 크게 절감된다. 상당히 많은 자유가 생기는데, 이 자유는 목적이 상실되어 의무가 없어진 공허함의 다른 이름일 때도 있다. 메인세대는 이러한 마음의 여백을 취미 생활로 메우려 한다. 문제는 여태 본격적인 취미라는 게 없었던 사람은 취미를 찾아내는 게 상당히 어렵다는 것이다.

일에 쫓겨 바쁘게 사느라 취미가 아예 없는 경우가 많고, 있더라도 메인세대가 선호하는 취미는 대부분 시간을 크게 필요로 하지 않는 것들이다. 그중에서 눈에 띄는 것은 만화책 수집으로, 4050 중에는 일본 만화를 좋아하는 사람이 많다. 아직도 만화책을 모으거나 조금 더 진화해서 피규어를 모으기까지 한다. 대중적인 《H2》,《원피스》,《드래곤볼》,《나루토》 같은 만화를 보는 게 보통이지만, 최근에는 《진격의 거인》이나 《귀멸의 칼날》 같은 작품도 인기가 많다. 그중에서도 《슬램덩크》는 이들에게 명작의 반열에 오른 작품이라고 할 수 있다. 2023년에 개봉한 극장판 〈더 퍼스트 슬램덩크〉는 한국에서만 490만 명이 관람했다. 만화라는 특성상 10대가 가장 많이 봐야 할 것 같지만, 관객 수 300만 명 돌파 시점에서 집계한 자료에 따르면 10대는 4% 정도로, 50대의 9%보다 적었다. 특히 《슬램덩크》는 경제력이 있는 메인세대에게 어필한 작품이기에 개봉 당시에 관련 굿즈라든가 팝업 스토어가 대박을 쳤고,《슬램덩크》단행본 재편집본은 100만 부 넘게 팔렸다.[11]

평범한 취미 생활을 하다가 갑자기 훌쩍 떠나는 메인세대도 있다. 나 자신을 찾겠다며 일탈적 행동을 하는 것이다. 예를 들어, 작곡가인 윤종신은 한국 나이로 50세가 되던 2019년에 〈라디오스타〉처럼 잘나가던 예능에서 하차하고 혼자 미국행을 택한 적이 있다. 초심을 잃었기 때문에 외국에서 〈월간 윤종신〉의 10주년 기념 음악 작업에만 집중하겠다는 이유였다.

이렇게 극단적인 사례는 아니지만, 기회가 닿으면 휴가를 모아서 갑자기 훌쩍 여행을 떠나는 메인세대가 종종 있다. 장기 여행을 막아서는 3대 요인이 보통 직장, 아이, 반려견인데, 직장과 아이 문제가 해결되면 반려견 문제만 남는다. 하지만 아무래도 개는 반려견 호텔이 있으니 대단히 큰 문제는 아니다.

제주도에 같이 갔던 친구는 직장을 옮겨서 몇 년 동안 자리를 잡고, 이사까지 승진한 후에는 자신의 내면에 조금 더 집중했다. 그 기업은 복지 차원에서 두 달간의 특별 휴가를 주는 제도가 있었는데, 이 친구는 그것을 이용해 갑자기 히말라야로 떠났다. 일주일간 혼자서 히말라야 트레킹을 한 후에는 아내와 스페인 여행을 떠났고, 혼자 제주도 한 달 살기까지 했다. 회사 일에 전념하던 2030 시절에는 상상하기 힘들었던 나만을 위한 시간을 잘 설계해서 쓴 것이다(이 경우 스페인 여행은 아내를 달래기 위한 구실일 가능성이 크다). 동네 뒷산에도 잘 안 가던 친구가 히말라야에 가서 안나푸르

히말라야 트레킹에 간 친구기 직접 찍어서 보내 준 안나푸르나

나를 보며 힐링하고, 내면과 대화하고 왔다며 그 경험을 굉장히 소중하게 이야기하는 모습을 보며 그의 내면이 굉장히 단단해졌음을 느꼈다.

나를 찾기 위해 인문학 등 강연을 듣는 사람들

인문학이나 철학 같은 지식으로 공허함을 채우는 메인세대도 많이 등장하기 시작했다. 이왕 운전해서 내려가는 거, 하루 만에 다 돌면 좋겠다는 욕심에 당진시립도서관 강연과 충청북도교육도서관 강연을 연달아 잡은 적이 있다. 충청북도교육도서관에서 오전 11시에서 오후 1시까지 강연하고, 당진시립도서관에서는 오후 3시부터 5시까지 강연하는 일정이었는데, 강연이 끝나고 질문이 몰려드는 상황을 깜빡했다. 결과적으로 충청북도교육도서관에서 출발하는 시간이 20분 정도 늦어졌고, 그야말로 턱걸이로 당진시립도서관에 도착했다.

섭외 때부터 도착 시간이 빠듯할 것이라고 주최 측에 미리 양해를 구하긴 했지만, 주최 측 입장에서는 조마조마했을 것이다. 다행히 주차까지 다 마치고 강연 5분 전에 도착할 수 있었다. 강연장으로 들어가니 빡빡하게 앉아 있는 청중이 보였다. 늦었으면 큰일 날 뻔했다는 안도감과 함께 '요즘 도서관 강연에 왜 이렇게 사람이 많지?'라는 생각이 들었다. 근래에 당진시립도서관만이 아니라 다른 도서관 강연에서도 사람이 눈에 띄게 많아진 것을 느꼈기 때문이다(충청북도교육도서관은 자리가 한정적이라 선착순으로 지원받고, 청중을 선발해야 했을 정도다).

강연 후 담당 사서에게 물어봤더니 최근 2~3년간 확실히 성인 대상 도서관 강연에 사람이 많이 몰린다는 대답이 돌아왔다. 그리고 청중의 연령대를 살펴보면, 50~60대 퇴직자들이 많아진 상황이 청중 증가의 원인 같다는 것이다. 조금 이르면 40대 후반부터 퇴직하는 추세라, 희망자가 더 늘어나는 바람에 한정된 공간에서 진행하는 강연은 인원을 제한하는 경우가 많아졌다고 한다.

도서관에 퇴직자들이 많다는 것은 아무래도 상식이지만, 사실 과거의 퇴직자들은 주로 열람실에서 자격증이나 취업 공부를 했지, 인문학 강연을 듣지는 않았다. 취업에 매달리는 대신 인문학 강연장에 들어온다는 것은 경제적으로 벼랑에 몰리거나 아주 절박한 상황은 아니라는 신호다.

예전보다 조금 일찍 은퇴해도 경제적 준비가 된 사람들이 늘긴 했다. 특히 정년으로 은퇴하면서 공적연금과 사적연금을 잘 설계하면, 절박하게 재취업 준비를 하지 않더라도 적당히 아끼면서 살아가는 데 지장이 없는 사람들이 예전보다 늘었다.

이처럼 여유 있는 사람들은 자신의 내면으로 눈을 돌린다. 가치와 관점을 확립하기 위해 인문학, 철학 같은 지식에 관심을 가지는 것이다. 도서관에서 주최하는 인문학 강연을 찾아다니고, 여의치 않으면 유튜브의 지식 채널을 보기도 한다. 2023년에 정보통신정

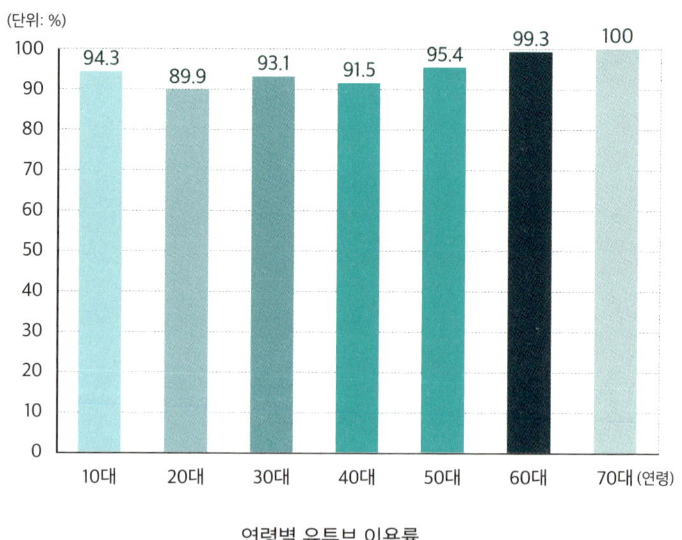

연령별 유튜브 이용률

책연구원이 발간한 보고서에 의하면 대한민국의 연령별 유튜브 이용률은 다음과 같았다.[12]

유튜브는 뉴미디어인 만큼 젊은 세대가 더 많이 볼 것이라는 편견을 깼다. 이 정도면 연령대를 불문하고 전 세대가 골고루 많이 본다고 할 수 있는 수치다. 그러나 아무래도 젊은 세대가 유머, 연예인 같은 콘텐츠에 관심이 있다면, 책, 정치, 그림, 문화나 생활 정보 등 지식 콘텐츠 이용률이 높은 것은 메인세대다.

60~70대들은 구청이나 동사무소에서 주관하는 외국어 강연에 많이들 참여해서 일본어나 중국어를 배운다. 치매 예방을 위해 외국어를 배우며 네트워킹도 쌓고, 같이 배우는 사람들과 교류하기도 한다. 메인세대는 그런 클래스보다는 특강 위주로 듣는 경우가 많다. 네트워킹보다는 강연 자체에 집중하는 경향 때문이다.

서점가에도 40~50대를 위한 책이 많이 출판되었다. 책 제목에 아예 나이가 박혀서 나온 책들이 눈에 띄게 늘어난 것을 확인할 수 있다. 《마흔에 읽는 쇼펜하우어》 같은 책은 방송에서 소개되어 베스트셀러의 반열에 오르기도 했다.

그 뒤로 '마흔에 읽는' 시리즈로 자리를 잡아 각종 철학자들의 이름과 결합된 책이 출간되었고, 지금은 '50에 읽는'으로 확장되어 《오십에 읽는 논어》나 《오십에 읽는 손자병법》 등으로 파생되었다. 2025년에는 교보문고가 '오십'이라는 표제를 가진 책들을 묶어서 기획전을 열 정도로 나이가 명시된 책들은 꽤 잘 팔리는 상품으로 자리 잡았다.

취미조차 배워서 장착하려는 욕망을 가진 세대

헝가리의 유명한 철학자이자 비평가인 게오르크 루카치_{Georg}
_{Lukacs}는 그의 책《소설의 이론》제일 앞부분에 '별이 빛나는 창공
을 보고, 갈 수가 있고 또 가야만 하는 길의 지도를 읽을 수 있던
시대는 얼마나 행복했던가?'라고 적어 놓았다.

신이 지배하던 시기에 '이렇게 하면 천국에 갈 수 있다'라는 단
순한 메시지는 사람들에게 가야 할 길을 명확히 알려 주었다. 그게
맞는지 아닌지는 떠나서 말이다. 하지만 근대로 접어들면서 과학
이 일상에 들어오고, 연역적 진리가 아닌 귀납적 경험이 지식의 근
간이 되면서 무엇이든 확신하기 어려워진 시대가 되었다. 북극성인
줄 알고 북쪽으로 길을 떠났는데, 알고 보니 인공위성이었다는 슬
픈 이야기가 생길 수 있다. 마일스톤(도로에서 각 방향이 어느 쪽을 가
리키는지 나타내는 표지 – 편집자주)이 흐릿해진 시대인 것이다.

해야 할 일을 하면서 열심히 살아온 메인세대는 그보다 조금 더
젊은 세대의 "하고 싶은 일을 해야 할까요? 해야 하는 일을 해야
할까요?"라는 질문에 상당히 높은 확률로 "해야 하는 일을 먼저 하
고, 그것이 안정되고 어느 경지에 이르면 그때 하고 싶은 일을 하
면 된다."라고 대답한다.

하지만 여기에는 함정이 있다. 하고 싶은 일을 해도 되는 경지
가 어느 정도인지는 알 수 없고, 보통 타의에 의해서 이제 그만하
라는 말을 듣기 전까지는 스스로 그 경지에 도달한다고 느끼지 못

한다는 것이다.

또한 메인세대가 스스로 파 놓은 최대 함정은 '하고 싶은 일'을 모른다는 것이다. 하고 싶은 일, 인생 항로를 변경할 만큼 특별히 관심 가거나, 열정이 샘솟는 일을 잘 찾지 못한다. 그래서 메인세대는 시간적 여유나 인생의 여백이 생겨도, 현실적인 문제로 외면했던 하고 싶은 일에 뛰어드는 게 아니라 자신이 좋아하는 일을 찾는 과정부터 거쳐야 한다. 먼저 자신의 내면으로 눈을 돌리고, 천천히 탐색하며 그 내면을 이해하는 과정이 필요하다는 것이다.

〈1박 2일〉이나 〈신서유기〉 등으로 유명한 나영석 PD가 유튜브에 나와서 "저 요즘 취미수집가예요. 취미를 배운다는 게 너무 이상하긴 한데, 취미를 갖고 싶은데 뭘 해야 할지 잘 몰라서."[13]라고 말하며 박은빈 배우에게 취미에 대해 물어본 적이 있다.

50대에 접어든 나영석 PD의 말에 사실 많은 메인세대가 공감할 것이다. 취미를 갖고 싶어도 뭘 좋아하는지 몰라서 취미를 가질 수 없는 것이다. 그리고 또 박은빈 배우의 대답에 공감하게 된다. "대본이 들어온 작품의 원작을 찾아서 그 원작을 본다." 이 대답을 들은 나영석 PD는 장난식으로 화내며 "그건 일이잖이요."라고 핀잔을 줬다. 박은빈 배우가 메인세대는 아니지만, 대답은 메인세대와 비슷하게 일 중심적인 사고를 반영했다.

'나이 들어서 익히면 좋은 취미' 정도의 키워드로 인터넷을 검색해 보면 상당히 많은 결과물을 찾을 수 있다. 그 결과물의 수가 취미를 가지고 싶어 하는 메인세대의 욕구와 비례하는 셈이다. 거기서 또 하나 확인할 수 있는 메인세대의 특징은 취미까지도 마냥 시간을 죽이는 목적으로 갖는 게 아니라 '배워서 장착'하고자 하는 마음, 즉 배움에 대한 욕구와 실천이 반영되었다는 것이다.

04

Nomadic
폭넓은 경험의 스펙트럼

아날로그에서 AI, 후진국에서 선진국까지

디지털 네이티브와 맞먹는 세대

〈응답하라 1988〉이라는 드라마의 주인공 성덕선은 1971년생이다. 성덕선의 친구와 같은 동네에 사는 오빠인 정봉이가 첫 데이트를 하기 위해 종로 반줄에 가는 에피소드가 있다. 그런데 반줄이 1층부터 5층까지 층별로 커피숍, 경양식 등 다양하게 나눠진 곳이어서 여자는 경양식 층에서, 남자는 커피숍 층에서 기다리다가 못 만나는 이야기였다(물론 성덕선의 활약으로 뒤늦게 만나긴 한다).[14]

〈응답하라 1988〉이 방영된 게 2015년이라 어린 시청자들은 해당 장면을 이해할 수 없었을 것이다. 상대방이 올 때까지 마냥 앉아서 기다리는 게 낯설 테니까 말이다. 하지만 스마트폰은커녕 삐삐도 없던 시절이었다. 삐삐는 그로부터 2년 후에 대중에게도 보급되기 시작했다. 집을 떠난 사람에게는 어떻게 해도 연락할 수 없던 시절에 청춘이었던 1971년생들은 그 후부터 삐삐, 시티폰, PCS, 핸드폰, 스마트폰까지 초개인화된 통신기기들을 다뤘다. 특히 스마트폰으로는 업무까지 보면서 말이다. 요즘은 약속을 잡아도 정확한 시간, 정확한 장소를 지정하지 않는다. '토요일 6시 15분 신촌역 그레이스 백화점 2번 출입구 앞'처럼 구체적으로 잡지 않고 "토요일 저녁에 신촌에서 만나자. 전화할게." 정도로 잡는다.

메인세대는 우리 사회의 기술적 격변기를 그대로 관통해 왔다. 1970년대생을 기준으로 보면 초등학교(당시에는 국민학교) 시절이던 때에 개인용 PC가 출시되어 교육용으로 보급되기 시작했다. 삼성의 SPC-1000이나 애플 II 같은 8비트 PC들이 이때 처음 나왔다. 그리고 1970년대생들이 고등학교, 대학교 시절에 인터넷 혁명이 일어나서 월드와이드웹이 전 세계적으로 보급되었다. 한국에서는 나우누리, 천리안, 하이텔 같은 PC통신들이 생겨서 비로소 인터넷 문화라는 것이 싹텄다(즉석 만남인 '번개'를 해 본 첫 번째 세대일 것이다).

메인세대는 대학 생활을 하면서 삐삐를 차기 시작했고, 그 사이에 시티폰이나 PCS, 핸드폰까지 빠르게 발전했다. 그리고 이들이 본격적으로 직장생활을 하던 때에 스마트폰이 나왔고, 업무에 활용하기 시작했다. 그리고 메인세대는 이러한 변화에 적응했다. 2019년에 정보통신정책연구원 조사에서 '이메일과 인터넷뱅킹, 온라인 쇼핑 등 비교적 다양한 방면에서의 디지털 기기 활용은 50대가 20대 못지않다'라는 결과가 나온 것은 우연이 아니다. 스마트 기기를 활용한 50대의 정보검색 능력은 89.9%로 94%인 10대에 비해 크게 뒤처지지 않는다.[15]

영국의 경제 주간지 〈이코노미스트*The Economist*〉가 스마트폰 없이는 삶이 불가능한 새로운 인류 세대를 지칭하는 말로 '포노 사피엔스*Phono Sapiens*'라는 말을 쓰면서 디지털 시대의 네이티브를 규정했다.[16] 메인세대를 디지털 네이티브라고 할 수는 없지만, 네이티브급으로 디지털을 잘 쓰는 사람들이라고 말할 수는 있다.

미국의 한국인 이민자 가정을 보면 이민 1세대는 영어를 잘 못하고, 이민 2세대는 영어만 하는 경우가 있다. 그 사이의 1.5세대는 둘 다 조금씩 하든가, 둘 다 잘하든가 둘 중 하나다. 디지털 1.5세대라고 할 수 있는 메인세대는 디지털 기기를 잘 못 쓰든가, 굉장히 잘 쓰든가 하는 식으로 갈린다. 직장이나 자신의 비즈니스에서 성공한 사람 대부분은 디지털 기기를 잘 다룬다 왜냐하면 업무가 디지털 기기를 적극적으로 활용하는 방식으로 변해서 그에 맞춰 적응해야 했기 때문이다.

능숙한 피교육자인 메인세대는 디지털 기기의 발전에 발맞춰 업무 역량을 끌어올렸고, 자신에게 필요한 디지털 기기는 꽤 능숙하게 다룰 수 있도록 진화했다. 기성세대의 디지털 역량이 문제가 되는 경우는 보통 70대 이상이다. 이들은 디지털 기기를 쓸 줄 몰라도 먹고사는 데 큰 무리가 없어서 굳이 배울 필요가 없었다.

나는 석사 과정 중에 휴학하고 전주국제영화제에서 홍보팀장으로 일한 적이 있다. 홍보팀장이었던 만큼 지역 매체들과 긴밀하게 연락을 주고받았다. 그런데 전주 지역 한 신문 매체의 편집장을 맡으신 분에게 자료를 보내는데, 전화로 이메일을 불러 달라고 했더니 "지금 내가 밖에 나와 있어서 이메일 주소를 모르겠어. 사무실로 들어가면 확인해서 전화해 줄게."라고 대답하는 것이다. 그때가 2001년이었다. 당시에는 이메일 주소를 외우고 있지 않아도 신문사 편집장을 할 수 있었단 얘기다. 그분이 은퇴한 다음에 디지털 기기에 잘 적응했을 거라고 생각하긴 힘들다. 요즘 키오스크를 못 쓰고, 카카오톡 메시지를 못 보내서 손자들이나 구청 교육으로 배우고 계신 어르신들이 바로 이런 분들이다.

디지털 학습 경험이 있고, 그것을 적용해 본 경험이 있는 메인세대는 훗날 8090이 되더라도 지금처럼 새로운 기기에 적응하지 못하는 노년층이 되지는 않을 것이다.

한강 작가의 작품과 서태지의 데뷔 무대

메인세대는 기본적으로 새로운 환경에 적응하는 능력 내지는 새로운 도구를 학습하는 능력이 뛰어나다. 여기서 메인세대의 폭넓은 경험과 그에 따른 회복탄력성의 획득이 큰 역할을 한다. 메인 세대는 기술적으로 격변의 시기를 겪어 오기도 했지만, 사회구조적으로도 큰 변화를 겪었다.

전라남도 광주 태생인 노벨 문학상 수상자 한강 작가는 그가 10살 때 5·18 민주화 운동을 겪었다. 이후 권위주의 정권에 저항하기 위해 대학가에서는 민주화 운동이 이어졌고, 5·18에 직접적인 책임이 있는 전두환 정권이 대통령 직선제 개헌을 약속하며 항복을 선언한 6·29 민주화 선언이 나왔다. 민주주의를 위한 대학생들의 공로는 상상 이상이다. 민주화 운동의 상징 같은 인물인 1966년생 이한열 열사의 죽음이 있던 해가 1987년이다. 이한열 열사의 영정 사진을 든 사람은 당시 연세대 총학생회장이었고, 나중에 더불어 민주당 원내대표를 역임했다가 이재명 정부에서 대통령비서실 초대 정무수석비서관으로 있었던 우상호 전 정무수석이다.

하지만 1987년에 다시 군인 출신인 노태우가 대통령이 되었고, 권위주의 정부를 유지하자 대학생들은 화염병을 들었다. 그러다가 한강 작가가 대학생이었던 1992년이 되어서야 처음으로 민선으로 당선된 대통령이 나왔다. 그러니까 메인세대는 1980년에서 1990년 대까지 이어지는 군부정권, 그리고 이전의 권위주의 정권에서 사회개혁을 추동한 학창 시절을 보낸 사람들이다. 한강 작가의 작품이 노벨상을 탈 수 있었던 바탕이 되는 사회적 경험이 바로 이런 굵직한 사건들이었다.

그리고 이런 정치적·사회적 개혁뿐 아니라 문화적 개혁도 급격하게 이루어졌다. 데뷔 무대에서 '멜로디에 신경 안 쓴다', '가사가 말이 안 된다'[17]라며 기존의 평론가 집단으로부터 혹평을 들었던 서태지와 아이들이 등장한 해가 1992년이다. 민선으로 대통령이 당선된 바로 그해인데, 권위주의의 그늘에서 벗어나고자 하는 사회적인 노력이 여럿 감지되던 때다. 혹평을 들었던 서태지는 데뷔 무대 다음 날 중·고등학교에서 화제의 중심에 섰고, 그 후 폭풍 같은 기세로 문화의 중심이 되어 버렸다. 평론가의 혹평을 그들의 흑역사로 만들어 버린 서태지 역시 메인세대다.

'취업대란'을 처음으로 겪은 세대

1990년대 이후의 대학가는 데모라든가 최루탄 냄새가 많이 빠져서 그야말로 대학의 낭만을 향유하던 때다. 대성리, 가평으로 MT를 가고, 〈대학가요제〉 같은 프로그램이 잘나가서 1991년에는 김경호, 1993년에는 전람회 같은 가수들이 나오기도 했다.

기지국의 확대로 대중들이 삐삐를 쓰기 시작한 게 1991년이다(이전부터 존재했지만 일부 사람들만 쓰는 비싼 물건이었다). 1992년에는 가입자가 145만 명이었다가, 1997년에 1,500만 명이 되었으니[18] 90년대 학번은 삐삐와 함께 대학을 다녔다고 해도 과언이 아니다.

90학번이 캠퍼스를 아름답게 기억하는 것은 문화생활이 풍부했던 시절을 지나왔기 때문이고, 이런 시절이 계속될 수 있었던 이유는 당시가 대한민국 경제의 버블이 터지기 직전의 가장 부풀었던 시기였기 때문이다. 1995년의 뉴스를 보면 "경쟁이 치열해져서 걱정"이라는 취준생들의 말이 무색하게 삼성과 현대의 채용 경쟁률이 6:1이었다.[19] 1990년대 중반은 그야말로 '위대한 개츠비'처럼 여기저기서 샴페인을 터트리던 시대였다.

그런데 이 버블은 1997년 IMF 구제금융이라는 바늘에 찔려 큰 소리를 내며 터지고 만다. 이때 메인세대는 학생이거나 막 사회에 진출한 사람들이었다. 특히 1970년대생은 이제 막 사회에 진출하는 시점이었는데, 경쟁률이 치열한 차원을 넘어서 신규 채용 자체가 아예 없어진 회사가 많았다. 1999년 초에는 기업과 금융기관의 공채 인원을 다 합해도 약 1,000명에 불과했지만, 당해 대학 졸업 예정자는 15만 명에 미취업 대졸자 25만 명을 합하면 채용 경쟁률이 400:1이었다.[20]

원래 다니던 사람도 자르는 판에 새로운 사람을 들인다는 것은 어불성설이라는 것이 당시 기업들의 생각이었다. 아무래도 대한민국 사회에 구조조정이라는 개념이 거의 처음 들어온 사건이었으니, 이런 생각을 품는 것도 무리는 아니었다. 하필 IMF 시기에 사회에 나가야 했던 1970년대생은 채용 기회조차 얻기 힘든 절박한 상황이 된 것이다.

이토록 얼어붙었던 취업시장은 2000년 초반에 IT 벤처 붐이 일면서부터 조금 풀어졌다. 무료 인터넷 전화 모델로 상장 6개월 만에 주가가 150배나 뛴 새롬기술 같은 회사가 등장하면서[21], 회사

이름에 '닷컴'만 붙이면 투자가 쉽게 이루어지는 현상이 발생했다. 이렇게 취업 암흑기에 서광이 비치나 싶었지만, 사실 일부 분야에 불과했고 대기업 채용 인원은 여전히 부족했다. 그러다가 닷컴 기업들이 2001~2003년에 걸쳐서 거의 도산하니까 신문에서는 '취업대란'이라는 말이 관용구로 굳어지는 상황이었다. 이때부터 대한민국 젊은이들이 공무원 시험을 준비하기 시작했다.

그런데 2004~2007년 무렵에는 우리나라의 대기업들이 글로벌 표준을 따르면서 어느 정도 안정적인 체제를 갖추기 시작했고, 전 세계적인 경기 회복과 그에 따른 수출 호황이 맞물려 기업의 공채가 조금씩 확대되는 추세였다. 하지만 IMF를 겪었던 기업들은 비정규직 채용을 확대하고, 인턴제를 정착시키면서 무조건 정규직을 뽑던 예전과는 기조를 달리했다.

하지만 이것도 잠시, 2008년에 미국의 서브프라임 모기지 사태가 발발하면서 전 세계에 경제적 위기가 덮쳤다. IMF 정도까지는 아니어도 그에 비견될 만한 취업 한파가 다시 이 땅을 찾은 것이다. 당시에 대학을 졸업하는 사람들은 보통 1980년대생이었다.

그러니까 1970~1980년대생에게 취업은 50:1, 100:1의 수치가 일상적으로 기록되는, 대학 입시 못지않은 치열한 경쟁의 장이었다. 당연히 이전에 6:1이 치열하다고 아우성치던 사람들에게는 불가해한 현상이다. 그래서 안정적인 7급 공무원을 꿈꾼다는 청년에게 정신 차리라며 한 대 쳤다는 한 국제구호활동가의 이야기가 청년들에게 비난의 대상이 된 것이다(2012년의 일이다).[22]

디지털을 빠르게 받아들인 이들에게 돌아간 열매

이 시기에 취업이 막힌 청년들은 창업을 택할 수밖에 없었다. 하지만 경기가 안 좋은 상태에서 절벽에 몰려 택한 창업이 잘될 리 없다. 《가난의 문법》이라는 책에 우리나라에서 폐지 줍는 노인(빈곤층이 된 노년)이 탄생하는 프로세스를 분석하는 내용이 있다. 이 책에서는 IMF 때문에 망한 자영업자 아들이나 딸의 뒷바라지를 하느라 1980년대에 중동 또는 회사에서 열심히 일해서 모은 목돈을 다 써 버린 사람이 가장 많다고 한다.[23] 말하자면 이때의 젊은 세대는 취업을 못 해서 학원이나 가게를 차렸다가 다시 망하는 과정을 겪는다는 것이다.

하지만 잘된 사례도 조금씩 등장했는데, 해당 사례들의 일반적인 공통점은 닷컴 열풍에 올라탔다는 것이다. 1995년에 설립한 다음 커뮤니케이션, 1999년에 설립한 한게임, 1999년에 설립한 네이버(김범수의 한게임과 이해진의 네이버는 2000년에 합병해서 NHN이 된다) 등이 이때 나왔다. 2000년 전후로 불었던 닷컴 열풍은 부실 기업도 양산했지만, 실제로 IT 기업이 많이 등장하는 계기가 되었다. 성공한 회사의 주역들은 당시 30대 정도로 회사를 다니다가 창업한 사람들이 대부분이었다. 정확하게는 구조조정으로 나온 사람들이 많이들 창업했다. 대표적으로 앞서 언급한 카카오톡 미래이니셔티브센터장 김범수는 1966년생이고 네이버 이사회 의장 이해진은 1967년생으로 당시 30대 초반 정도의 나이였고, 삼성 SDS의 동기였다. IMF를 계기로 회사를 나온 사람들이다. 이들이 창업할 때 사원이 된 20대는 벤처기업이 정말 모험적인 기업이라는 뜻 그대로 통용될 때 입사한 사람들이다.

이렇게 직접적으로 IT 회사를 차려서 성공한 경우도 있지만, 디지털 세상으로 바뀌는 것에 잘 적응해서 간접적으로 성공한 경우도 있다. 1999년에 설립한 이오스 여행사는 1972년생 전광용 사장이 졸업할 때가 되었으나, IMF의 여파로 취업이 안 돼서 아르바이트하던 여행사를 500만 원에 인수하고 친구와 부모님에게 빌린 돈 1,500만 원으로 시작한 회사였다. 본인도 "정말 취직이 안 돼 창업을 결심했어요. 어차피 여행을 좋아하니까 여행사를 차렸죠. 저도 제가 여행사 사장이 될 줄은 꿈에도 몰랐습니다."[24]라고 말할 만큼 여행사 자체로서의 비전이나 경쟁력이 있는 회사는 아니었다.

그런데 자금도 없고, 기존 여행사의 인프라도 없던 이 회사는 당시에 막 떠오르던 인터넷을 잘 활용했다. 홈페이지를 예쁘게 만들어서 시원한 지중해 그림을 전면에 커다랗게 배치했다. 홈페이지에 들어온 사람들이 그 사진을 보는 것만으로도 여행을 떠나고 싶어지도록 만들었다. 돈이 없어서 유일하게 할 수 있는 방법이 홈페이지를 예쁘게 꾸미는 것이었는데, 바로 이게 히트를 쳐서 온라인 전문 여행사로서 특화될 수 있었다. 그래서 2010년대 중반까지 압구정동에서 직원 수 30~50명 정도의 건실한 여행사를 운영했다.

이렇게 전반적으로 사회에 디지털 전환이 일어났기 때문에 디지털 전환기의 초기 채택자들은 꽤 달콤한 열매를 얻을 수 있었다.

오프라인 공간과 물성적 인프라가 반드시 필요했던 과거의 창업 방식과 다르게 돈과 힘을 비교적 덜 들여도 되었기 때문이다. 사회적으로 온라인 전환이 일어났고, 이 트렌드를 잘 탄 사람들은 비교적 단시간에 큰 성공을 이룰 수 있었다.

주식은 올랐고, 부동산은 더 빨리 올랐고, 코인은 미친 듯이 올랐다

2000~2010년대는 취업이 정말 쉽지 않은 시기였다. 이때 사회 진입에 실패한 사람들은 고립·은둔 청년이 되기도 했다. 대한민국의 고립·은둔 청년은 대략 30만~50만 명 정도를 유지한다고 추정된다.[25] 고립·은둔 청년이 발생하기 시작한 건 IMF 때로, 사회에 진출할 시기에 취업에 실패한 청년들이 방에 콕 틀어박히는 게 시발점이었다.

반면 이때 사회에 진출한 사람들은 상당한 경쟁력을 가진 능력자들이었다. 100:1의 경쟁률을 뚫은 사람들은 무언가 한 가지씩 장점이 있었고, 그 장점을 뾰족하게 만들어 사회생활의 무기로 삼아서 살아남은 것이다.

IMF 이후로 우리 사회에 구조조정이라는 단어가 일상화되면서, 일단 회사에 들어가면 한직으로 가더라도 정년은 보장된다는 약속이 깨졌다. 2008년의 경제위기는 구조조정이 50대뿐만 아니라

40대에게도 미칠 수 있다는 사실을 드러냈다. 회사에 들어가려고 애쓰는 청년들뿐만 아니라 이미 회사에서 중추적 역할을 맡고 있던 대리, 과장급 들도 방심하지 않고 자기계발과 무기 확장에 힘쓰기 시작했다.

이때의 직장인들은 디지털 전환 사회에 대응하며 생존해야 했기 때문에 쉬지 않고 공부하고 책도 읽으며 자신의 경쟁력을 강화했다. 당연히 자기 사업을 하는 사람들 사이에서는 이런 분위기와 경쟁이 더욱 심했다. 자칫하다간 트랙 위에서 떨어지기 좋은 속도로 사회가 빠르게 변하고 있기 때문에, 그에 맞춰 자신도 단련하고 트렌드를 놓치지 않기 위해 애써야 했다. 대한민국 트렌드에 대한 폭넓은 전망을 주는 《트렌드 코리아》 같은 책이 연말이면 3~4개월 동안 베스트셀러에 오르는 것은 우연이 아니다.

바로 이런 인재 경쟁력이 대한민국이 일본을 따라잡은 이유라고 진단한 학자도 있다. 노구치 유키오野口悠紀雄 교수는《일본이 선진국에서 탈락하는 날》이라는 책에서 한국은 IMF 이후로 위기의식을 느껴 인적 능력 향상과 교육 및 연구 능력 강화로 생산성 향상에 성공했다고 말한다.[26]

살아남은 사람들은 경제위기 때 풀린 돈들이 사회에 돌기 시작하는 2010년대 중반부터 호황을 맛보았다. 주식은 올랐고, 부동산은 더 빨리 올랐고, 코인은 미친 듯이 올랐다. 돈이 있는 사람은 순식간에 돈을 쌓아 갔고, 돈이 없는 사람은 여전히 굶지 않을 정도로만 벌어서 경제적 격차가 가파르게 벌어졌다. 파이어족이라고 해서 40대 초반에 은퇴하는 사람들이 나오던 게 이 시기였다. 잘 나눠 쓰면 죽을 때까지 문제없을 정도는 벌었다고 생각하는 사람들이 은퇴 후에 본격적으로 여유를 찾기도 했다.

위기 대응력, 팬데믹 때도 메타버스에서 근무하다

2020년대에는 아직도 기억이 생생한 코로나19 바이러스가 세계적으로 또 세기적으로 글로벌 사회를 습격했다. 전면적 통제와 좌절과 우울이 팬데믹보다 빠른 속도로 사람들 사이에 퍼졌다. 사람을 만나야 하고, 사람이 모여야 하는 상품이나 서비스를 공급하던 기업들은 빠르게 정리되었고, 그런 업종에 종사하던 사람들은 일자리를 잃었다. 직장인들은 개인이 아니라 회사 자체가 사회에서 구조조정 당할 수 있다는 사실을 깨달았다.

사회의 중추가 된 메인세대는 이 과정에도 빠르게 적응해서 메타버스에서 업무를 처리했고, 비대면이 중심이 된 비즈니스를 만들어 내기 시작했다. 각종 디지털 도구를 빠르게 익히고, 그 활용성을 극내화하여 업무 능력을 끌어올리기도 했다.

사회의 가파른 변곡점들을 지나오는 과정에서 이미 위기를 일상으로 여기게 된 메인세대는 위기 대응 능력이 다른 세대보다 뛰어나다. 무엇보다 별의별 기상천외한 상황들을 겪다 보니 상황 파악 능력이 유연해서 새로운 상황에 빠르게 적응하는 능력도 특출

나다. 그리고 위기를 맞고, 그것을 받아들이고 다시 에너지로 삼아 뛰어오르는 회복탄력성이 있어서 위기에 강하고, 오히려 어려운 상황 속에서 기회를 찾아내기도 한다.

그래서 조금만 곤란해지면 패닉에 빠지거나 빠르게 항복 선언을 해 버리는 20대 자녀들을, 그들의 부모인 메인세대로서는 잘 이해하지 못한다. 문제가 어려우면 더 노력하고, 그래도 안 풀리면 다른 목표를 노리면 된다. 어려운 문제 앞에 멈춰서 아무것도 하지 않으면 문제를 해결할 수 없다는 게 그들의 생각이다.

괴수대백과, 프렌즈, 케이팝 데몬 헌터스까지

다이나믹한 변화를 거친 메인세대가 겪은 또 하나의 극적인 변화는 K-컬쳐다. X-Japan이나 건담으로 대표되는 1980년대 일본 문화, 그리고 주윤발이나 장국영으로 대표되는 1990년대 홍콩 문화의 세례를 받고 자란 메인세대는 아무래도 한국의 문화적 위상이 높다고 생각하지 않았다. 일본의 마징가 Z를 '창조적으로 변형시켜' 태권브이를 만들어 냈다고 말하지만, 사실은 벤치마킹에 불과했다는 것을 암묵적으로 인정하고 있으니 말이다.

2000년대 들어 〈프렌즈〉나 〈섹스 앤 더 시티 *Sex and the City*〉 같은 미국 드라마를 보면서 미국, 특히 뉴욕을 동경했던 메인세대에게 〈강남스타일〉의 전 세계적 히트는 가벼운 농담에 불과한 느낌이었다. 미국의 대선 후보가 싸이의 말춤을 추는 장면이 보도되었으나 '세상에 이런 일이!' 정도의 단신이지, 케이팝이 세계적으로 유행할 거라는 조짐으로 보이진 않았다.

그런데 그 뒤를 이어 터지는 BTS, 블랙핑크 같은 케이팝 아이돌에 이어 〈케이팝 데몬 헌터스*KPop Demon Hunters*〉의 헌트릭스까지, 이래도 되나 싶을 정도로 전 세계가 한국 아이돌에 관심을 기울이고 있다. 그리고 영화 쪽으로 가면 〈기생충〉이 관심을 얻더니, 넷플릭스의 〈오징어 게임〉이 전 세계적인 히트를 치기까지 했다. 넷플릭스를 통해 계속 공급되는 한국 콘텐츠들은 일정 수준 이상의 흥행을 기록하니, 그러한 콘텐츠 위에 얹어진 한국 문화가 전 세계의 관심을 받게 되었다. 이제는 할리우드 작품 중에서도 한국 로케이션을 하는 작품이 많다. 〈엑스오, 키티*XO, Kitty*〉라는 작품은 글로벌 히트를 했던 미국 드라마인데, 특히 시즌 2는 〈오징어 게임 2〉를 제치고 글로벌 1위를 차지해서 화제가 되기도 했다. 그런데 이 〈엑스오, 키티〉는 서울의 국제고등학교에 진학하는 키티의 이야기를 다뤄서 한국에서 촬영된 만큼 오징어 게임보다 한국이 훨씬 많이 나온다. 〈더 리쿠르트*The Recruit*〉 시즌 2나 〈올드 가드*The Old Guard*〉 2편 같은 넷플릭스 작품 역시 전형적인 할리우드 드라마인데 한국 로케이션 장면이 나온다.

그러니까 한국 문화가 전 세계적으로 인기 있는 소재가 된 것이다. 그 과정에서 한국 문화는 체험해 보고 싶은 문화가 되었고, 곳곳에서 한국식 핫도그를 먹고 불닭볶음면 챌린지를 한다. 2010년대에는 가끔 방한한 할리우드 스타와 인터뷰하며 "두 유 노우 김치?" 정도의 질문을 던지는 장면이 TV에 나왔다면, 지금은 스칼렛 요한슨Scarlett Johansson, 톰 홀랜드Tom Holland, 심지어 빌 게이츠 같은 유명인이 한국 토크쇼에 출연한다.

메인세대는 이러한 한국 문화 '떡상'의 역사를 온몸으로 체험한 세대다.《괴수대백과》같은 책을 사 모으면서 일본 문화를 수집하던 어린 시절부터, 〈프렌즈〉의 뉴욕에 빠져 살던 청년 시절, 그리고 서양의 핼러윈 파티가 헌트릭스의 의상으로 뒤덮이는 것을 직접 목격한 현재까지. 그 짜릿한 전복의 과정을 체감했다.

20대에 유럽 배낭여행을 가서 외국인들에게 노스 코리아와 사우스 코리아가 다르다는 것을 설명해 주느라 손짓, 발짓을 해야 했던 메인세대에게는 한국인이라는 사실을 알면 잘 대해 주고, 사진도 같이 찍자고 한다는 요즘의 유럽 여행 경험담이 도무지 믿기지 않는다. 하지만 모두 실제로 일어난 일이다.

변화 그 자체인 메인세대

변화가 바람이라면, 메인세대는 폭풍을 겪은 세대다. 이들이 아이에서 장년으로 익어 가는 시기에 대한민국은 후진국에서 출발해 개발도상국을 거쳐 선진국에까지 다다랐다. 대한민국은 국제사회의 원조를 받던 수혜국에서 공여국으로 바뀌었다. 빌 게이츠의 표현대로라면 '도움을 받던 나라에서 도움을 주는 나라로 바뀐 건 한국이 유일'하다.[27] 이 변화 역시 메인세대의 성장과 함께 일어났다.

하지만 한국 사회가 이런 성장을 이뤄 낸 것은 차곡차곡 성장한 결과가 아니다. 권위주의 정권에서 민주화 정권이 들어서고, 부활을 시도한 계엄령까지 파란만장한 정치사에 IMF와 미국발 경제위기, 코로나19 팬데믹까지 10년에 한 번꼴로 닥치는 거대한 사회적, 경제적 위기를 모두 거쳐 온 결과다. 이 굴곡을 함께 겪은 세대가 메인세대다. 그들은 변화를 겪는 과정에서 다양한 경험을 하다 보니 변화가 일상인 것을 넘어, 변화 그 자체인 세대가 되었다.

메인세대를 통칭해서 말하면 이 나이대에 속한 사람은 다 비슷해 보일 수도 있다. 하지만 사실 같은 세대 안에서도 큰 차이를 보이는 것이 메인세대다. 메인세대 안에서도 어떤 사람은 변화의 중심에서 그 변화를 이끌었고, 또 어떤 사람은 변화의 롤러코스터에서 일찌감치 탈락했다. 하지만 전체적으로 보자면 시대의 중심에 서서 변화를 알아채고, 적응의 과정을 수행해 낸 것이 바로 메인세대라고 할 수 있다.

돈이 많아서, 인구가 많아서 메인세대가 힘이 있는 게 아니다. 경험과 잠재력, 교육열과 의지가 강하기 때문에 힘이 생기는 것이다. AI 또는 휴머노이드나 우주 개발로 인해 새로운 변화가 생기더라도 메인세대는 공부하고, 적응해서 결국 그 변화를 이용하는 자리에 오를 것이다. 그게 그들의 '종특'이니까 말이다.

MAIN GENERATION

2부

변화의 물결을 만든 다이내믹 메인세대

Dynamic

메인세대가 만들어 낸 우리 사회의 모습은 어떠할까? 사회가 메인세대의 관점과 기준으로 돌아가면 그들이 나이 들어감에 따라서 이 기준 역시 변한다. 공중파 채널 몇 개가 국민의 정서를 장악하던 시절, 한번 이름이 각인된 이들은 플랫폼이 수백 갈래로 흩어진 뒤에도 중심에 섰다. 중위연령이 높아질수록 드라마의 주인공은 더 느긋한 걸음을, 예능의 농담은 더 긴 숨을 갖는다.

메인세대의 독특한 가치관은 다양해 보이지만, 사실은 획일화된 목표만이 옳다고 은근하게 속삭인다. 부모가 먼저 "대학은 필수가 아니다."를 말하는 세대이나, 전제는 '대학 대신 다른 경로에서의 성취'다. 과정의 다양성은 인정하되 안정과 성공이라는 결과값은 여전히 단선적이다. '즐김'의 언어로 시작해도 결국 '실력'의 문법을 배운다. 그래서 취미·운동도 '학습·레슨'으로 배워 평균 이상의 실력을 가지려고 애쓴다. 실용과 과시가 공존하는 이중적인 소비 패턴이 나타나는 것도 이와 관련이 있다.

과밀학급, 회사 공동체를 기본값으로 살던 메인세대는 아파트 문화, 디지털 개인화 속에서 개인주의로의 급격한 전환을 겪었다. '화염병 → 토익책'으로 상징되는 가치의 이동을 경험하며, 수용성은 넓어도 '상식'의 기준은 견고해 깊은 관계에선 경직되기 쉽다. 남의 시선을 의식하는 자기검열(차·학벌·자녀)이 여전히 작동한다. 그래서 '체면'이라는 오래된 어휘는 때때로 질주의 방향을 살짝 돌리기도 한다.

PC 통신·카페 문화·해외 배낭여행이 취향을 각성시켰고, 그 취향이 비즈니스가 됐다. 메인세대는 공간·서비스·지적 경험에 기꺼이 돈을 지불하며, 대중형 패키지 대신 와인·미술관·건축 투어 같은 '취향 동선'이 드러나는 프리미엄 패키지를 론칭시켰다.

메인세대가 주도한 한국 사회의 모습은 사회의 전반적인 기준과 생각이 중위연령에 맞춰 눈에 띄게 이동하는 사회다. 겉으로는 다양성을 인정하지만, 속으로는 일방향적 생각을 가져서 모순적인 모습이 나타난다. 그리고 공동체에서 개인으로 넘어가는 전환의 시기였기 때문에 두 가지 모습이 공존하기도 한다. 문화적으로는 개인의 취향이라는 것이 발현되어, 더욱 세련되고 풍부한 경험을 제공하는 사회의 모습이 나타나기 시작했다.

01

유재석은 왜 여전히 톱 MC인가?

36세 어르신과 39세 막내, 중심의 이동

여전히 주인공 자리를 유지하는 4060

SBS 예능 프로그램인 〈런닝맨〉이 2025년에 15주년을 맞이했다. 파일럿이라는 이름으로 나타나 2개월 만에 사라지는 것이 요즘 예능 프로그램인 만큼, 15년 이상 같은 자리와 포맷을 지키는 예능이 있다는 사실이 반갑다. 이 예능의 메인 MC이자 주인공은 역시 대한민국 탑 MC인 유재석이라고 할 수 있다.

그러고 보니 유재석은 MBC 예능 프로그램이었던 〈무한도전〉에서도 12년 동안 MC를 맡았다. 당시 신입이었던 김태호 PD가 이

프로그램을 맡기 싫었지만, 탑 MC인 유재석의 연락처를 받기 위해 맡았다고 언급한 것이 화제가 된 적이 있다.[1] 그렇다는 건 〈무한도전〉이 방영을 시작한 2006년에도 유재석은 이미 대한민국에서 가장 유명한 MC였다는 이야기다.

대한민국의 최정상 자리를 오랫동안 유지하는 비결은 물론 유재석 개인의 능력과 의지, 인성에서 기인했다. 하지만 그것뿐일까? 사실 유명한 MC들을 보면 유재석 이상으로 오랫동안 정상 자리를 유지하는 사람들이 많다. 신동엽, 강호동, 이경규, 전현무 같은 사람들도 상당히 오랫동안 톱의 자리를 유지하고 있다. 그중 1960년생 이경규를 제외하고 모두 1970년대생이라는 것을 고려하면, 이 사람들은 20대에 이미 정상에 올라 50대가 될 때까지도 꾸준히 명성을 유지하고 있다는 뜻이다. 무명 시기를 오래 겪었다는 유재석도 20대 중반에 벌써 메인 MC 역할을 맡았다.

그런데 생각해 보면 MC 분야만 그런 게 아니다. 배우들을 봐도 예전에 주인공이었던 사람이 여전히 주인공이다. 1967년생 김희애나 1970년생 김혜수, 1971년생 이영애는 아직도 여주인공이고, 1981년생 송혜교나 전지현은 그나마 어린 편이다. 나이가 조금 더 있긴 하지만 남주인공 쪽도 1962년생 최민식이나 1967년생 송강호가 여전히 건재하다. 그렇게 보면 1970년생 이병헌이나 1972년생 이정재는 그나마 어린 편이고 1981년생 강동원은 이들에 비하면 사실상 어린이인 셈이다.

뉴미디어 시대, 스타의 나이가 많아지는 이유

이유는 크게 보면 두 가지다. 이들은 올드 미디어 스타들인데, 뉴미디어로 오면 광범위하게 많은 사람에게 콘텐츠를 노출하는 게 어렵다. 유재석이 방송을 시작한 시기는 케이블 TV도 없을 때여서 채널로는 KBS1과 KBS2, 그리고 MBC밖에 없었다. 1991년에 SBS가 뒤늦게 개국해서 공중파 채널에 합류했다. 교육을 담당하던 EBS까지 합해도 방송국이 4개에 불과했다.

그래서 1996년에 방영된 주말드라마 〈첫사랑〉 마지막 화는 65.8%의 시청률을 기록했다. 최수종, 배용준 같은 배우들이 주연을 맡았다. 1991년에 방영된 〈사랑이 뭐길래〉의 시청률은 64.9%였는데 이순재, 김혜자, 최민수, 하희라 같은 배우들이 주연이었다. 아직도 사람들에게 회자되는 드라마 〈모래시계〉는 1995년 작품인데, 64.5%의 시청률을 기록했다. 이 작품에는 최민수, 고현정 같은 배우들이 출연했고, 이정재기 여기서 처음으로 대중들에게 스타로 인정받으며 눈도장을 찍었다.[2] 〈오징어 게임〉의 주인공 바로 그 이정재 말이다.

볼 게 공중파밖에 없으니 한번 브라운관에 나오면 전국적인 인기를 얻기 쉬웠고, 제대로 된 역할 하나만 맡아도 순식간에 수많은 대중이 알아보는 스타가 될 수 있었다. 지금으로 치면 밤마다 월드컵에 나간 우리나라 국가대표팀의 경기가 중계되는 것과 마찬가지였다. 전 국민은 딱 세 개의 선택지만 가지고 TV를 시청했다. 그런데 케이블 TV가 나오고, tvN 같은 종합편성채널이 등장하면서 시청자가 분산되기 시작했다.

그래도 이때까지 공중파의 영향력은 대단해서, 〈무한도전〉에 나와서 역사를 가르쳤던 강사가 순식간에 전국적인 스타로 거듭나는 일이 일어나곤 했다. 하지만 유튜브가 TV의 역할을 완벽하게 대체하고, OTT가 영화관의 역할을 대체하는 뉴 미디어 시대가 되니 선택지가 다양해진 만큼 모든 사람이 집중해서 보는 콘텐츠를 만드는 것은 불가능한 일이 되었다. 최민식이 주연을 맡은 〈카지노〉는 디즈니플러스에서 방영되다가 OTT 가입자 수 자체가 많지 않아 나중에 MBC 공개를 결정했는데, 2025년 7월의 첫 방영 시청률이 4.5%가 나와 '대박' 소리를 들었다.[3]

내가 전문가 MC로 참여해서 MBN에서 파일럿 방송을 했던 〈직장의 신〉이라는 예능은 1.4%의 낮은 시청률에 그쳐서 결국 정규 편성을 못 받았다. 늘 패널이나 게스트로만 등장하다가 처음으로 MC급으로 캐스팅되어 의욕적으로 참가했으나, 시청률 1%에 발목이 묶인 것이 2016년의 일이다. 그런데 2025년에 방영한 〈아파트 404〉라는 예능은 유재석이 MC를 맡고 블랙핑크의 제니, 차태현 등 쟁쟁한 라인업을 가지고도 마지막 회 시청률이 1.3%였다.[4]

올드 미디어 시절에는 전국적으로 얼굴 도장을 찍는 사람이 나오기 쉬웠다. 프로그램 하나로도 벼락스타가 되는 사람들이 종종 등장한 이유다. 하지만 각자 보고 싶은 콘텐츠를 보고, 그 취향의 흔적이 알고리즘이라는 프로세스로 반영되어 다음에 볼 콘텐츠까지 정해지는 요즘은 자신이 늘 보는 사람 안에 갇히게 된다. 한번은 본가에 갔는데, 아버지가 "요즘 안정환은 왜 안 나오냐? 같이 방송하던 김성주는 활발하게 나오는데, 너무 안 보이네. 축구하다가 방송한다는 것 같더니만 먹고는 산대?"라며 굉장히 진지하게 물어보셔서 깜짝 놀란 적이 있다. 대한민국 사람들이 가장 쓸데없다고 하는 바로 그 '연예인 걱정'을 하고 계셔서라기보다는, 안정환이 나오는 프로그램을 전혀 보지 못하고 계신다는 사실 때문에 그랬다. 아마도 아버지에게는 트로트 방송을 진행한 김성주가 계속 노출되었을 것이고, 비교적 젊은 세대가 보는 스포츠 예능이나 요리 예능을 진행하는 안정환은 많이 노출되지 않았을 것이다.

하긴 그러고 보면 나는 그렇게 인기 많다는 임영웅이 노래하는 장면을 단 한 번도 본 적이 없다. 수많은 트로트 가수가 유명세를 얻었지만, 나는 그들을 길거리에서 만나도 알아보지 못할 것이다. 물론 하루에도 몇 팀씩 생기는 것 같은 아이돌도 마찬가지다.

20대에 공중파 방송이나 드라마, 영화로 스타가 된 사람들이 아직도 스타인 이유가 바로 이것이다. 인지도를 얻기 쉬운 시기에 인지도를 얻어서 그렇다. 지금은 아무리 열심히 해도 인지도를 쌓기가 쉽지 않다. 모든 세대가 알아보는 사람은 거의 없다. 그러니 이왕이면 폭넓게 인지도가 있는 사람을 중심으로 콘텐츠를 제작하는 게 좋으니, 콘텐츠의 중심이 되는 사람의 나이가 많아지는 것이다. 영화는 최민식, 송강호 같은 사람에 맞게 이야기가 만들어지고, 예능 출연진은 유재석, 신동엽에 맞춰 판이 짜인다.

2025년 9월에 지상파 방송사에서 KBS 〈은수 좋은 날〉과 SBS 〈사마귀: 살인자의 외출〉이 비슷한 시간대의 주말 드라마로서 정면승부를 펼쳤다. 〈은수 좋은 날〉의 주인공은 이영애였고, 〈사마귀: 살인자의 외출〉의 주인공은 고현정이라 '71년생 동갑내기의 전쟁', '50대 여배우의 자존심이 걸린 외나무다리 격돌'이라는 프레임으로 언론에 많이 회자되었다.

왜 공중파가 50대 여배우를 간판으로 내세울까 하는 의문에 대해 한 채널 관계자가 "미디어와 플랫폼이 다양해진 만큼 요즘은 드라마, 영화 한 편에 국민적 관심이 집중되기 어려운 시대다. TV를 안 보는 젊은 층이 늘다 보니 중장년 시청자라도 잡기 위해 지상파가 그들에게 친숙한 50대 배우들을 주연으로 기용하는 경향이 있다."[5]라고 설명하기도 했다. 2030을 겨냥했다가 시청률 0%대라는 굴욕적인 성적을 얻을 바에는 4060을 노려서 어느 정도 시청률이 보장되는 안전한 길을 선택한다는 것이다.

올드 미디어만큼 인지도를 얻는 것이 어려워진 뉴 미디어 시대에서 스타들의 연령대가 올라가는 현상은 할리우드도 마찬가지다. 1962년생 톰 크루즈Tom Cruise가 60대가 되어서도 여전히 불가능한 미션을 해결하러 뛰어다니고, 1965년생 로버트 다우니 주니어Robert Downey Jr.는 10여 년간 아이언맨으로서 마블 사가를 이끌다가 물러났는데, 마블이 과거의 인기를 회복하지 못하자 닥터 둠이라는 다른 역할을 맡아 마블로 복귀했다.

중위연령이 급격히 높아지고 있다

유재석이 아직도 탑 MC인 두 번째 이유는 중심의 이동이다. 유재석의 유튜브 채널 〈핑계고〉에 이효리가 나와서 보조 MC역할을 하는 양세찬과 같이 토크를 한 적이 있다. 옛날 이야기를 하는데, 2008년에서 2010년 사이에 방영된 예능 프로그램 〈패밀리가 떴다〉에서 함께 출연한 윤종신에게 '늙었다', '노약자'라며 놀렸다고 했다. 그러면서 지금 생각해 보면 당시에 윤종신이 고작 37세밖에 되지 않았다는 것이다. 이효리가 그 이야기를 꺼내자 유재석이 〈무한도전〉에서 1970년생 박명수가 가끔 '어르신'이나 '아버지' 소리를 들었는데, 그때가 36세였다고 덧붙이기도 했다.[6]

재밌게도 보조 MC를 맡은 막내 양세찬의 현재 나이가 39세라는 자막이 나왔다. 사실 양세찬은 〈런닝맨〉이나 다른 예능 프로그램에서도 메인 MC의 보조 역할을 하는 막내 포지션으로 많이 나오는 편이라, 40대에 가까운 나이라는 것이 잘 믿어지지 않는다. 당장 이 〈핑계고〉 콘텐츠를 함께 진행하는 유재석이 1972년생이고 이효리가 1979년생인데, 양세찬은 1986년생이라 나이 차가 많이 나는 막내같이 느껴진다. 사실 이런 현상은 드물지 않다. 유재석이 중심인 또 다른 예능 프로그램 〈놀면 뭐하니?〉의 MC 중 한명인 주우재는 40대에 가까운 나이인데 막내이다.

이런 상대성이 등장하는 이유는 프로그램의 메인이 유재석이기 때문이다. 유재석보다 나이가 많으면 어르신, 적으면 막내가 되는 구조다. 메인 MC가 어르신 캐릭터를 맡으면 보법에 제한이 생기니까 중립적인 캐릭터가 되어야 한다. 〈무한도전〉 때도 메인 MC가 유재석이었기 때문에 당시 36세였던 박명수는 유재석보다 나이가 많다는 이유로 아버지 캐릭터가 되었다. 반면 양세찬은 메인 MC 유재석, 메인 게스트 이효리 옆에 있다 보니 39세여도 막내다.

말하자면 우리 사회의 주인공 역할을 바로 이 메인세대가 계속 맡는 것이다. 이들이 주인공 역할을 하는 이유는 바로 그 나이 또래의 사람들이 제일 많기 때문이다.

2025년 기준 대한민국의 중위연령은 46.7세다. 중위연령은 쉽게 말하면 한 나라의 전체 인구를 나이순으로 줄 세웠을 때 딱 가운데에 위치하는 사람의 나이라고 할 수 있다. 즉 중위연령은 전체 인구 중 절반은 그보다 어리고, 나머지 절반은 그보다 나이가 많다는 의미다. 평균 연령을 쓰면 고령자로 인해 통계의 왜곡이 일어나는 반면, 중위연령은 그런 왜곡이 덜하다. 중위연령이 높다는 건 사회에 전체적으로 고령층이 많다는 얘기다.

그런데 놀라운 건 이 중위연령이 지난 몇십 년 동안 매우 가파르게 상승했다는 사실이다. 1980년에 대한민국의 중위연령은 21.8세였나. 1990년은 27세, 2000년에는 31.8세가 되었다. 2010년에는 38세, 2020년에는 43.8세가 되었다. 이후로 2030년에는 49세, 2040년에는 53.4세, 2050년에는 56.7세가 될 것으로 예측한다.[7]

유재석이 메인 MC로 데뷔한 1990년대에 유재석은 딱 중위연령에 속하는 나이였고, 여전히 메인 MC 자리를 유지하는 지금도

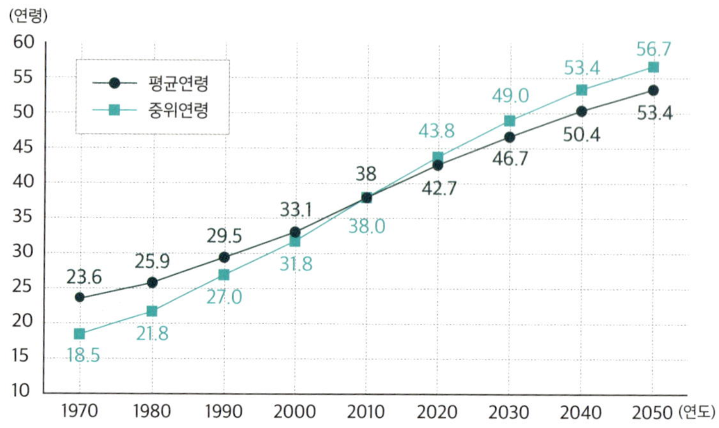

중위연령에 가깝다. 가장 큰 비중을 차지하는 세대가 선호하는 사람들이 중위연령과 함께 이동 중이라고 볼 수 있다.

20대에 스타가 된 사람들은 팬들과 함께 나이를 먹었고, 팬들은 여전히 그들을 스타로 기억하고 대접한다. 그리고 그들의 팬덤은 인구 비중이 가장 크고, 현재는 경제력도 가지고 있어 꽤 든든한 팬 역할을 해 주기도 한다.

콘텐츠도 메인세대를 따라 변한다

결국 다수의 소비자이기도 하고, 가장 경제력 있는 계층인 메인세대에게 친숙한 진행자, 배우, 탤런트 들은 당분간 계속해서 콘텐츠를 장악할 것이다. 예외적으로 가수는 노래의 소비 방식이 시청이 아니라 청음이기 때문에 다양한 경로로 접할 수 있어서 세대교체가 일어난다. 그래서 친숙한 노래가 리메이크되는 경향이 있는데, 이럴 경우에 가수는 새롭게 교체되어도 곡 자체에 별다른 거부감이 없다. 다만 예능이나 유튜브에서 활약하는 가수들, 김종국이라든가 성시경 같은 가수들은 가수보다는 친숙한 방송인 혹은 MC로 인지됨으로써 스타 파워가 생기는 편이다.

이런 경향을 보면 당분간 콘텐츠는 메인세대의 흐름을 따라 점점 나이를 먹을 가능성이 크다. 전국적인 인지도를 가진 사람들은 갈수록 나이 들지만, 그들을 대체할 수 있을 만큼 전 세대에게 통하는 사람이 없기 때문이다. 앞으로 대중문화의 주인공은 웬만하면 익숙한 면면을 유지할 가능성이 크다. 다만 이들이 현재의 자리를 유지하려면 젊은 세대가 볼 만한 유튜브나 쇼츠에서 활동할 필요가 있다. 유재석이나 신동엽이 빠르게 유튜브 채널을 개설해서 성공적으로 커리어 영역을 넓힌 데 비해, 이경규는 본격적인 유튜브 활동이 좀 늦었다.

얼마 전에 라디오 PD로 일하는 20대 후반의 지인과 이야기하다가 가수 이현우를 모른다고 해서 깜짝 놀랐다. 서태지와 〈SBS 인기가요〉 1위를 다투던 가수라서 알아야 한다고 생각한 것은 아니고, 이현우가 현재 라디오 DJ를 맡고 있으니까 라디오 PD라면 당연히 알 거라고 생각했다. 그렇다는 얘기는 직업이 라디오 PD일 뿐, 평소에 라디오를 듣는 건 아니라는 뜻이다. 만약 이현우가 유튜브에 자주 출연했다면 20대 PD도 알고 있었을 것이다.

대중문화나 콘텐츠를 제작하면 메인세대의 흐름을 생각하지 않을 수 없다. 그렇게 보면 앞으로 많은 상식과 약속이 조금씩 바뀌어 갈 것이다. 예를 들어 '시월드'라는 단어는 한동안 매우 악마화되었다. 다툼이 발생하면 공평하게 양쪽의 이야기가 조명되어야 시시비비를 가릴 수 있는데, 보통 방송이나 토크 쇼에서는 시어머니의 입장은 빠진 채 오직 며느리의 입장에서만 다뤄진다. 그러다 보니 때로는 시월드에 대한 비판이 과도하게 쏟아진다. 이러한 경향도 생각해 보면 이야기를 주도하는 사람들이 며느리의 입장인 메인세대이기 때문이다.

그런데 앞으로는 바로 그 메인세대가 시어머니의 입장이 될 것이다. 이를 증명하듯 최근에는 미디어에서 독한 맛 시월드 얘기가 많이 없어지고, 점점 순해지고 있다는 느낌이 든다. 방송에서도 나쁘게만 묘사되었던 시월드가 다양한 모습으로 등장한다. 2025년에 방영된 로맨스 드라마 〈엄마친구아들〉은 남녀 주인공의 엄마들끼리 원래부터 친구 사이였기 때문에 시월드 같은 개념이 등장할 수 없었다.

메인세대가 며느리 입장에서 시어머니로 건너가는 도중이기 때문에 시월드라는 단어가 아직까지는 그리 긍정적인 느낌을 주지는 않는다. 하지만 10~20년 정도가 지나면 시월드가 현재와는 달리 긍정적으로 묘사될 가능성이 크다.

메인세대 중심으로 사회와 비즈니스 이해하기

대한민국 사회의 중위연령은 지난 추세를 보면 10년마다 4~6세씩 증가하는 경향을 보인다. 즉 기준이 되는 연령이 점점 높아지고 있는데, 이는 메인세대의 나이 변화와 일치한다. 앞으로는 사회적 판단과 가치의 기준 역시 점점 이동할 것이다. 가장 인구 비중이 큰 메인세대가 나이 들수록 그 나이에 걸맞은 상식들이 세워지고, 그 나이에 알맞은 관심들이 등장한다.

그러므로 대한민국을 이해하기 위해서는 이 메인세대의 관점으로 살펴볼 수밖에 없다. 기준과 중심이 다 여기에 맞춰서 이동할 것이기 때문이다. 드라마나 영화의 주인공들은 현재 메인세대인 경우가 많다. 그러다 보니 내용 역시 한때 K-드라마의 특징이라고 희화화되었던 무조건적인 로맨스가 아니다. 예전에는 그 어떤 전문직을 다룬 드라마도 로맨스 요소가 필수적으로 들어갔는데, 지금은 로맨스를 아예 빼 버린 드라마가 많아졌다. 주인공들의 나이가 4060이기 때문이다.

대한민국은 2024년 12월에 초고령사회로 접어들었다. 사회적으로 임청난 이슈였지만, 시니어에 대한 관심과 이벤트는 찾아보기 힘들었다. 마찬가지로 시니어 비즈니스에 대한 관심이 폭발할 조짐이나 시니어를 위한 정책이 특별히 추진되는 기미는 잘 보이지 않는다. 한국의 관심과 비즈니스의 중심은 메인세대에 있기 때문이다. 예를 들어 치매에 관한 논의가 확실히 늘기는 했는데, 그

평창동 2026년 프로그램 안내표 (1월~3월)

구분	프로그램명	대상	요일	시간	장소	정원	수강료 (3개월 기준)	강사
1	라뮤즈가곡교실	성인	화	10:00 ~ 12:00	3층 취미교실	30	75,000	한태원
2	라인댄스(왕초보·초급A)	성인	화, 금	12:30 ~ 14:00	4층 대강당	40	75,000	정은경
3	라인댄스(초중급)	성인	화, 수	(화) 14:10 ~ 15:40 / (수) 15:10 ~ 16:40	4층 대강당	40	75,000	정은경
4	라인댄스(기초스텝반)	성인	월, 목	(월) 11:30 ~ 12:30 / (목) 12:30 ~ 13:30	4층 대강당	40	66,000	안현희
5	라인댄스(초급B)	성인	월, 목	(월) 12:30 ~ 14:00 / (목) 13:30 ~ 15:00	4층 대강당	40	75,000	안현희
6	발레교실(성인)	성인	화, 목	16:00 ~ 18:00	4층 대강당	25	165,000	이설아
7	발레교실(입문)	성인	월	14:00 ~ 16:00	지하 대강당	25	135,000	이설아
8	다이어트댄스	성인	월~금	09:00 ~ 10:00	4층 대강당	45	120,000	라온송
9	요가(오전)	제한없음	월,수,금	10:30 ~ 11:30	4층 대강당	45	90,000	김덕우
10	요가(오후)	제한없음	월,수,금	(월,수)14:00 ~ 15:00 / (금) 14:10 ~ 15:10	4층 대강당	45	90,000	김덕우
11	탁구교실	제한없음	월,수,금	10:00 ~ 12:00	지하 대강당	30	90,000	윤장진
12	미술(채색화)	성인	월, 수 중 택일	(월) 13:30 ~ 15:30	3층 취미교실	22	90,000	허자영
13				(수) 13:30 ~ 15:30	2층 프로그램실	12		
14	힐링팝송	제한없음	금	14:00 ~ 16:00	3층 취미교실	30	75,000	김은영
15	SNPE체형교정 클리닉(오전)	제한없음	화,목	10:30 ~ 12:00	4층 대강당	37	75,000	박일영
16	국선도	제한없음	월,수,목	(월,목)15:00 ~ 16:00 / (수) 12:50 ~ 13:50	4층 대강당	30	75,000	박영숙
17	스포츠댄스	성인	월,금	(월) 16:20 ~ 17:50 / (금) 15:20 ~ 16:50	4층 대강당	30	75,000	박기령
18	강명회의 명품노래교실	제한없음	화	(화) 14:00 ~ 16:00	3층 취미교실	30	75,000	강명회
19	판소리, 장단	제한없음	목	14:30 ~ 16:30	지하 대강당	25	120,000	황정원
20	트니트니유아체육	36개월미만	수	16:00 ~ 16:40	지하 대강당	15	135,000 *교재비 별도	트니트니
21	(1월7일부터 12회)	36개월이상		17:00 ~ 17:40		15		
22	평창동합창단	제한없음	화	16:00 ~ 18:00	3층 취미교실	20	150,000 *교재비 별도	임한충
23	바리톤임한충 성악교실	제한없음	수	14:00 ~ 17:00	3층 취미교실	20	150,000 *교재비,반주비 별도	임한충
24	서예교실	제한없음	목	10:00 ~ 12:00	3층 취미교실	20	75,000	최창덕
25	시니어모델	40세이상	금	14:00 ~ 15:30	지하 대강당	20	75,000	김서린
26	홍익창의아트 유아초등미술	유아 1반	화	16:00 ~ 16:50	2층 프로그램실	8	90,000 *재료비 별도	홍익창의아트
27		초등 저학년		17:00 ~ 17:50		8		
28		유아 2반	목	16:00 ~ 16:50		8		
29		유아 3반		17:00 ~ 17:50		8		
30	K-POP 댄스교실	초등학생	수	17:00 ~ 18:00	4층 대강당	25	66,000	김예현
31	스포츠팡팡	25~35개월	화	15:40 ~ 16:20	지하 대강당	10	120,000 *교재비 별도	스포츠팡팡
32	(1월6일부터 11회)	36~50개월		16:30 ~ 17:10		10		
33		혼자반 (5~6세)		17:20 ~ 18:00		10		
34	헬스 (상시 신청가능)	제한없음	월~금	08:00 ~ 19:00	3층 헬스장	–	105,000	–

평창동 주민센터에서 이뤄지는 강연 목록에 당당히 시니어 모델 과정이 있다.

증가한 논의의 내용이 질환 자체에 대한 것보다 환자 수 증가, 치매 예방, 돌봄 비용, 돌봄 부담에 치중되었다. 그러니까 치매 이슈를 메인세대의 관점에서 보는 논의들이 주류를 차지했다는 말이다. 메인세대는 치매를 자신의 문제라고 생각하기보다는 보통 80~90대가 되는 그들의 부모에게 발병하여 생기는 문제로 보는 것에 맞춘 흐름이다.

또한, 최근 들어서 시니어 모델이 늘어나는 것도 재미있는 현상이다. 시니어 모델 커리큘럼이 대학교 평생교육원에서 개설되고, 구청이나 동사무소에서도 시니어 모델 육성 프로그램이 열리곤 한다. 불과 10여 년 전만 해도 시니어 모델이라는 말은 뭔가 이질적인 단어의 조합처럼 느껴졌는데, 지금은 건강하고 당당하며 자신감 있는 노인을 연상시키는 단어가 되었다.

5060이 사는 옷을 20대가 입으면 아무래도 5060으로서는 선뜻 손이 가지 않을 것이다. 구매력과 인구수로 보자면 20대의 옷보다 50대의 옷을 만드는 쪽이 의류업체로서는 훨씬 이득이다. 50~60대쯤 되는 사람들이 예전처럼 아껴 쓰는 세대가 아니라, 자신의 개성과 취향을 존중하는 메인세대이기 때문이다.

이처럼 사회적 현상을 분석하며 비즈니스의 기회를 찾는 눈을 가동할 때, 메인세대의 이동과 그들의 관심사를 정확하게 이해해야 한다. 그래야 가능성이 큰 기회를 찾을 수 있다.

02

다양성을 인정하면서도 완전히 수용하지 못하는 이중성

방법은 다양하지만 목표는 하나

꼭 대학에 갈 필요가 있나, 학력파괴의 문을 연 세대

얼마 전 강남 뱅뱅사거리에서 업무 미팅을 했다. 미팅 상대방은 한 교육업체의 실장님이었는데, 대학생 자녀를 둔 엄마이기도 했다. 업무 이야기에서 잠깐 사담으로 흘러갔을 때, 아들의 대학을 결정한 이야기가 나왔다. 원래부터 공부보다는 개발 쪽을 좋아해서 고등학교 때부터 컴퓨터 학원에 보내 적성을 확인하고 관련 진로를 의논했다고 한다. 그런데 대학에 진학할 때가 되어서 아빠와 갈등이 생겼다. 엄마는 집에서 가까운 3년제 전문대에 보내서 현장 경험을 쌓자는 쪽이었고, 아빠는 그래도 4년제 지방국립대에 보내서 4년제 졸업이라는 학력을 갖추자는 쪽이었다고 한다. 결론은 3년제 전문대학이었는데, 그것은 아이의 선택이기도 했다.

사실 대학 진학에 관한 의문은 몇십 년 전부터 꾸준히 제기된 이야기였다. 음악과 연기에서 최고의 성과를 낸 만능 엔터테이너 아이유는 '정작 고등학교도 제대로 못 다녔는데, 대학교는 잘 나갈 수 있을까?'[8]란 생각이 들어 대학 진학을 포기했다는 소신을 밝히기도 했다. 보통은 이런 결정을 할 때 부모님의 반대에 부딪힌다. 아이유 역시 부모님을 설득하는 과정이 있었다고 말했다. 그러나 최근 들어서는 조금 다른 경향이 나타나는 추세다.

부모 쪽에서 먼저 '굳이 대학에 갈 필요가 있냐?'라는 의문을 제기하는 것이다. 앞서 3년제 전문대에 간 학생의 사례도 먼저 이런 제안을 한 것은 엄마였다. 현재도 활발하게 일하는 엄마는 사회생활 선배로서 대학보다는 현장 경험이 더 중요하다고 생각했다. 그래서 인턴이나 아르바이트 경험을 쌓기에 더 유리한 서울 근처에서 개발자로서의 미래를 준비하는 방향을 권한 것이다.

X세대의 아이콘이라고 할 수 있는 서태지가 바로 대한민국 사회에 학력 파괴 붐을 일으킨 장본인이었다. 음악에는 학력이 필요 없다고 느껴서 고등학교를 자퇴하고 중졸로 남았다는 서태지를 어르신뿐만 아니라 당시 고등학생이었던 같은 세대도 이해하기 힘들었다. 물론 '멋있다고 느끼지만 내 인생은 해당되지 않는다' 정도의 감정이었다. 1992년의 서태지에게 공감을 표하는 것은 그로부

터 30년도 넘게 지난, 당시에는 10~20대였던 지금의 메인세대였다. 지난 30여 년의 국가적 변화와 기술 발전 같은 것들을 겪으며 대학 졸업이 필수가 아닌 세상을 체감한 것이다.

하지만 현실적으로는 관습과 관행, 그리고 주변의 압력 같은 것들이 있어 여전히 아이가 좋은 대학에 가도록 만드는 것이 부모의 사명인 줄 아는 사람들이 대다수이긴 하다. 그래도 (특히 기획, IT, 사업 등의 분야에서 종사한) 몇몇 부모들 위주로 아이가 반드시 대학에 가야 하는 것은 아니라는 생각이 조금씩 공유되고, 실제로 부모가 먼저 대학은 필수가 아니라는 이야기를 자식에게 건네는 것이 현재 메인세대의 가정에 나타나기 시작한 장면이다.

이런 경향을 보면 얼핏 학력이나 학벌로 사람을 평가하지 않고, 주위의 눈치를 보지 않는 것이 메인세대의 특징이라고 생각하기 쉽지만, 사실 여기에는 함정이 하나 있다.

대학은 안 가도 되지만, 성공은 해야 해

한동안 〈네이버 비즈니스〉에서 매주 수요일 정오에 라이브를 진행한 적이 있다. 성공하거나 트렌디한 사람을 섭외하여 인터뷰하는 코너였는데, 코로나19 팬데믹이 한창이던 2021~2022년 사이 1년간 진행했다. 이때 파이어족이 나와서 인터뷰를 한 적이 있다. 파이어족은 30~40대 등 이른 나이에 근로소득 없이 생활할 수 있는 자산을 모아 조기은퇴를 실천하는 사람들을 말한다. 그러니까 구체적으로는 10억~20억 원 정도의 돈을 모아서 이른 은퇴를 하고 그것을 배당주나 월세가 나오는 부동산에 투자해서 평생 유유자적하게 사는 걸 목표로 하는 이들이 파이어족이다.

꼬박꼬박 회사에 나가서 효율성 없는 야근을 하고, 하기 싫은 회식을 하지 않아도 되는 생활이 어떤 것인지 코로나19 팬데믹을 통해 경험해 본 당시 직장인들에게 파이어족은 엄청난 관심의 대상일 수밖에 없었다. 그래서 파이어족으로 은퇴해서 책을 쓰고, 자신의 여유 있는 생활을 전한 저자들을 게스트로 초청했다(공저자라 두 명이었다). 아이러니한 부분은 이 사람들이 너무 바빠서 라이브 날짜를 맞추기 상당히 힘들었다는 것이다. 끝내 두 사람을 모두 초청하지 못했고, 한 사람만 나와서 라이브를 진행했다.

라이브를 진행하면서 질문이 이어지자 아이러니한 부분은 더 쌓여만 갔다. 책에서는 직장에 다니지 않으니 아침 산책도 할 수 있고, 건강도 회복되고, 무엇보다 시간에 대한 압박이 없어져 스트레스가 많이 사라졌다고 했다. 그런데 막상 질문을 던져 보니, 그들은 상당히 많은 일정을 소화하고 있었다. 파이어족의 노하우를 전수하는 유튜브 채널도 시작했으며, 그에 따라 여기저기서 강연이나 출연 요청이 와서 열심히 스케줄을 조정하는 데다가 다음에 출간할 책의 원고 때문에 상당한 스트레스를 받고 있다는 것이다.

라이브 방송이 끝나고 제작진들과 늦은 점심을 먹으며 "저분들 너무 바쁘지 않나요?"라는 이야기를 나눴다. 파이어족은 경제적 자립을 이뤘다는 것을 전제로 삼는데, 열심히 강연을 다니고 책을 홍보하며 여전히 경제적 문제에 연연하는 모습은 누구보다 압박감에 시달려 스트레스를 많이 받는 것처럼 보였다.

메인세대의 학벌 초월 의식에도 이런 모순이 살짝 있다. '대학에 꼭 가야 하는 것은 아니다'라는 생각을 분명히 가진 사람이 많지만, 거기에는 한 가지 전제가 있다. 대학에 진학하지 않고 그 시간에 다른 것을 해서 충분히 성공할 수 있어야 한다는 것이다. 대학 진학이 성공과 어느 정도 등가의 가치를 형성하는 시대가 분명히 있었다. 1970~1980년대는 소위 말하는 명문대를 나오면 대기업에 취직할 수 있고, 대기업에 취직하면 정년까지 자리가 보장되고, 대기업 퇴직금이면 기대수명까지 충분히 먹고사는 은행 이자율이 보장되던 시대였기 때문이다. 명문대 학생이라는 것은 '탄탄대로가 보장된다'라는 이야기였기 때문에 어렵게 살았던 부모들이 자식에게 명문대를 강조했다. 그리고 명문대까지는 아니어도 예전에는 4년제 대학생 자체가 지금처럼 많지 않아서 대학 졸업장이 어느 정도 괜찮은 미래를 보장하는 열쇠였다.

하지만 1980년에 군사정권이 사회 불만을 흡수하고, 대학 진학을 원하는 중산층의 수요를 맞추기 위해 교육개혁 조치를 발표하면서 대학 입학 정원이 폭발했다. 원래 10만 명 정도였던 정원이 20만 명이 넘는 수치가 된 것이다. 그리고 1990년대 초·중반 문민정부 시기에 입시 경쟁 완화와 교육 기회 확대라는 명분으로 대학 설립 규제를 완화하면서 2차적으로 대학 정원이 폭발했다. 이때 대학교

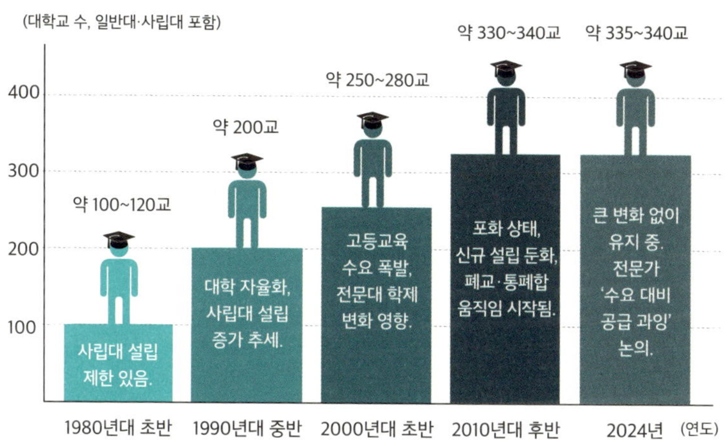

의 수가 엄청나게 증가하여 4년제 대학교의 수는 1990년에는 117개였다가 2000년에 161개가 되어, 10년 사이에 40여 개가 증가했다. 그 사이 입학 정원은 4년제와 2년제를 전부 합하면 IMF 외환위기 직전의 1997년을 기준으로 68만 명까지 늘어났다. 더 이상 대학이 이후의 인생을 어느 정도 보장할 수 없어졌다.

2024년의 고등교육기관 진학률은 74.9%로, 말하자면 고등학교 졸업생 4명 중 3명은 대학생이 된다는 뜻이다.[10] 성공은 기본적으로 상대적인 개념인데, 모두 대학생인 세상에서 대학생이라는 지표는 성공의 자취가 상당히 희석되었다.

오히려 지금은 나만의 비전과 가치, 의지와 능력 같은 것들이 성공의 재료로 기능하는 시대다. 어차피 필요한 공부는 대학 대신 유튜브로 배우는 시대이니 말이다. 심지어 문과의 경우, 취업할 때 '전공 불문'이라는 문구와 마주한다. 대학에서 4년 동안 배운 전공 지식과 경험이 기업이 원하는 직무에 딱히 필요하지 않다는 얘기다.

이런 상황에서 메인세대는 그들의 자녀에게 대학 졸업장보다는 의지와 각오를 요구한다. 대학에 안 가도 된다고 말하는 이유는 대학 입시에 쓸 시간과 비용을 원하는 진로에 투자하는 것도 성공으로 향하는 길이라는 것을 인지했기 때문이다. 그러니까 서태지의 성공을 인정하는 이유는 그가 성공한 가수가 되었기 때문이지, 서태지가 선택한 자퇴 자체를 인정하는 것은 아니다.

대학 진학 외에 다른 길이 있다는 것은 인정하지만, 다다르는 목표는 안정과 성공으로 정해졌다. 가는 길이 다양한 것은 인정하지만, 지향점이 다양하다는 사실은 인정하지 못한다. '자신만의 길이 있어서 대학 진학을 포기하는 것은 좋아. 그런데 그냥 공부하기 싫어서 대학을 안 가겠다는 것은 안 돼.'라는 마인드다.

B컷도 A컷 같아야 한다는 사고방식

메인세대의 모순은 다양성을 인정하는 듯 하지만, 사실은 그렇지 않다는 것이다. 겉으로는 다양성에 대해 열린 것처럼 보인다. 하지만 그동안 점점 복잡해지는 세상을 겪으며 학습한 과정이 있기 때문에 과정의 다양성을 인정하는 것이지, 결과의 다양성까지 인정하는 것은 아니다.

대학에 가지 않고도 성공한 사례를 목격했기에 대학에 안 가도 된다고 생각하는 것이지, 성공하지 않아도 된다고 생각하는 것은 아니라는 말이다. 따라서 대학에 안 가도 되지만, 열심히 살지 않거나 의욕 없이 사회생활을 하는 것은 용납하지 않는다. 하루하루를 그저 시간 때우는 정도로 허비하는 삶을 인정하지 않는다.

Z세대에게 나타나는 특징 중 '콜포비아Call phobia' 현상이 있다. 통화를 두려워해서 전화를 회피하려는 현상이다. 현재 세계에서 가장 영향력 있는 테크 리더 중 한 명인 아마존 인공지능 부문 총괄 로히트 프라사드Rohit Prasad는 Z세대에게 이렇게 조언한다. "인생의 기회는 전화 한 통에서 시작된다. 두려워 말고 기회를 잡아라."[11] 좋은 말이지만, 이 조언이 통하려면 상대에게 인생의 기회를 잡으려는 의욕이 있어야 한다.

게임에 빠져 집에만 있는 사람이 게임을 끊고 밖으로 나가도록 만들려면, 우선 집에서 실내 운동부터 하라고 조언해야 한다. 실제로 게임을 끊고는 싶은데, 무엇부터 해야 할지 모르는 사람이라면 그 조언을 받아들여서 운동을 시작할 수도 있다. 하지만 애초에 게임을 그만둘 생각이 전혀 없는 사람에게는 통하지 않는다.

그런데 이렇게 말하면 메인세대는 '어떻게 해야 게임을 그만두고 싶다는 마음을 먹게 만들 수 있을까?'를 고민한다. 콜포비아에서 벗어나려면 전화를 받아야 한다. 그러나 인생의 기회를 잡으려는 마음조차 없어서 그 방법을 실천하지 않는다면 어떻게 해야 할까? 메인세대는 먼저 인생의 기회를 잡고 싶은 마음이 들도록 의욕을 고취시키는 방법을 고민한다. '성공하고 싶지 않다고 생각할 가능성'은 전혀 고려하지 않는 것이다. 성공이라는 게 얼마나 좋은지 몰라서 그렇지, 알기만 하면 누구나 성공하고 싶을 테니 그걸 알려 줄 수 있는 방법을 찾아야 한다고 생각한다.

'완벽하지 않아도 괜찮다'라는 메시지가 담긴 에세이를 사서 읽지만, 그렇게 내면을 위로한 후에 마음을 추스르고 앞으로 나아가라고 이야기한다. 완벽하지 않더라도 꾸준히 무언가를 하라고 한다. 하다 보면 나아질 테고, 운이 좋으면 잘될 것이라고 말한다. 이 조언에 '아무것도 하지 않는다'라는 전제는 깔려 있지 않다.

메인세대는 다양한 인생을 인정하지만, 목적은 획일적이다. 얼핏 보면 다양성을 인정하는 사람들 같지만, 사실은 그렇지 않다. 다양한 라이프스타일 속에서 안정과 성공이라는 동일한 목표를 가지고 있다. 다양한 삶이라는 것을 머리로는 이해해도, 마음으로 공감하지 못한다.

Z세대가 '인생의 B컷도 결국 나다'[12]라는 감각을 공유하는 것과 다르게 메인세대는 'B컷도 A컷 같아야 한다'라는 태도에 가깝다. 취미로 골프를 시작했을 때 못하면 못하는 대로 그냥 즐기는 게 아니다. 취미인데도 어느 정도 잘하는 모습을 보이려고 골프 연습장을 다니고 레슨을 받는다. 같이 플레이하는 사람들의 수준에 어느 정도 맞춰야 한다는 명분은 분명히 있지만, 새벽이고 주말이고 연습에 열중하는 것을 보면 같이 하는 사람에게 우습게 보이고 싶지

않다는 마음이 더 크다는 사실을 알 수 있다. 사실 잘한다고 인정받고 싶은 사람이 더 많을 것이다.

메인세대는 새로운 것을 접하면 책을 사거나 학원에 다니거나 개인 레슨을 받는다. 잘하고 싶고, 남들보다 나아 보이고 싶어서다. 무엇이든 즐기는 것을 넘어서 평균보다는 잘해야 한다고 생각하므로 새로운 취미 활동을 시작해도 그것을 본격적으로 배우기 위해 돈을 쓴다. 테니스를 배우면 당장 개인 레슨을 시작하는 식이다. 친구들과 함께 즐길 때 민폐를 끼치지 않으려면 어느 정도 실력이 뒷받침되어야 한다는 명분을 내세우지만, 실제로는 남보다 잘하고 싶은 마음이 크다. 그렇게 경쟁하는 구도 속에서 살았기 때문이다.

메인세대는 앞으로 운동, 취미, 교양, 지식 같은 분야에 돈을 쓸 것이다. 지금까지는 사회생활의 능력치를 올리기 위해 자기계발에 돈을 썼다면, 은퇴로 접어드는 시기에는 본래 자기계발에 썼던 돈을 취미에 쓴다. 당연히 여기에 비즈니스의 기회가 있다.

타인의 가치관에 대한 두 가지 경향성

메인세대는 다른 사람의 생각이나 가치관에 대해 두 가지 경향성을 보인다. 기본적으로 다양한 생각을 인정하고 경청하는 것 같지만, 타인을 있는 그대로 인정하는 게 아니라 그저 인식할 뿐이다. 자신과 생각이 다른 사람을 인정하려고 노력하지만, 마음속으로는 선뜻 인정하지 못한다. '지금은 네가 몰라서 그렇지, 조금 더 알면 내 말이 맞다는 사실을 깨달을 거야.' 같은 생각을 한다.

일이나 생활, 심하면 정치 분야에서 의견이 갈라지면 '상식적'으로 생각하는 것이 맞다고 여긴다. 자신과 다른 의견을 가진 사람을 볼 때는 제대로 된 정보를 알면 자신의 상식과 동일한 판단을 내릴 것이라고 믿는다. '상식이 다르다'라는 생각을 미처 하지 못한다. 그리고 자신의 상식과 어긋나는 사람을 보면 상대방이 자신을 억지 부리는 사람으로 인식하리라 여긴다. 사람은 대부분 자신의 상식에 맞게 행동한다. 어떤 사람에게는 몰상식이라고 여겨지는 것이 다른 사람에게는 상식일 수도 있다. 그러니 때로는 나와 의견이 다른 사람에게 자신이 생각하는 '올바른 상식'을 주려고 애쓰기보다, 그냥 각자의 상식을 인정하고 다른 사람의 생각을 바꾸거나 설득하려는 것을 멈추는 것이 현명하다.

결국 메인세대는 수용성에 한계를 가진다. Z세대가 다양성을 인정하고 다양한 속성들과 공존하는 데 비해 메인세대는 다양성을 단순히 인지하는 걸 넘어 인정하는 데에서 한계를 보인다. 그래서 그리 깊지 않은 관계에서는 유연성을 보이지만, 깊은 관계에서는 강고한 특성이 나타나기도 한다. 예를 들어, 다른 집 자식이 동성애자임을 고백하면 요즘 세상에는 그럴 수 있다며 인정하는 모습을 보인다. 그러나 자신의 자식이 동성애자인 건 싫어한다. 사고가 좀 더 유연해서 사실 자체는 어찌 인정하더라도 결코 좋아할 수는 없다는 반응일 것이다.

기준이 비교적 단일하다는 속성은 두 번째 특성이 나타나는 이유가 된다. 다른 사람의 시선에 초연한 듯이 보이지만, 사실은 여전히 남들의 시선에 민감하다. 허례허식 같은 것이 없어지면서 타인의 시선 때문에 어떤 일을 하거나 혹은 하지 않는 것은 많이 줄어들었지만, 내면에는 일정 수준의 사회적 기준을 품고 있다.

어떤 행동을 하고, 어떤 생각을 하는 데 있어서 사회적 체면이나 시선을 고려한다. 모임에서는 연장자가 계산하는 게 바람직하고, 학부모 모임에 입고 나갈 옷은 어느 정도 고급스러워야 한다. 직장에서 부장 직급이 되었는데도 경차를 탄다는 것은 사회적 기준에 어긋난다고 생각한다. 아이가 대학에 안 가는 것은 어디 가서 말할 수 있지만, 아무것도 안 하고 집에 틀어박혔다는 것은 좀처럼 말하기 쉽지 않다.

03

공동체주의
vs. 개인주의

개인화 과정을 관통한
사람들

단체 생활이 사회생활의 기본값

취업 컨설턴트로서 각 지역의 대학교를 돌아다니며 컨설팅하는 후배가 있다. 워낙에 많이 돌아다니니까 거의 현지인급으로 지역 맛집을 알고 있겠거니 싶어 한번은 부산에 가기 전에 연락해서 부산의 맛집을 물어본 적이 있다. 그런데 이 후배가 "혼밥을 못해서 따로 맛집에 가본 적이 없어요."라고 답하는 게 아닌가! 혼자 먹어야 하는 상황이라면 굶거나 햄버거로 때운다는 것이다. 심지어 김밥천국에서조차 혼밥을 한 적이 없단다. 이 후배는 좀 극단적이긴 해도 아주 희귀한 케이스는 아니다.

의외로 메인세대 중에 혼밥을 못 하는 사람들이 있다. 그들은 사회 초년생 시절부터 항상 부서 사람들과 함께 점심 식사를 하거나 회식 자리가 있으면 꼬박꼬박 참석했다. 사실 이들은 대학생 때도 시험 족보는 놓치더라도 같이 밥을 먹을 친구는 반드시 챙겼다. 학생회관에서 밥을 먹더라도 혼자 먹지 않고 꼭 누군가와 같이 먹었다. 특히 남학생들의 식사는 5분도 안 걸리는 경우가 많은데도, 친구들과 같이 먹으려고 50분씩 기다리기도 했다.

메인세대는 개인 생활보다는 단체 생활이 익숙한 사람들이다. 이들의 학창 시절이나 젊은 시절을 보면 단체 생활이 사회 시스템의 기본값이었다는 것을 알 수 있다.

2024년 기준 대한민국의 학급당 인원수는 20.0명이다.[13] 그런데 1971년 기준으로 초등학교의 학급당 학생 수는 약 65명 수준이었고, 서울이나 부산 같은 도시에서는 한 학급에 70명 이상 있는 경우도 있었다. 1978년에는 서울시 영등포구에 위치한 독산초등학교 2학년 5반의 학생 수가 104명으로, 역대 가장 과밀한 학급으로 기록되었다.[14]

현재는 서울시교육청이 초등학교 한 학급의 학생 수가 26명을 넘으면 '과밀학급'으로 분류한다. 한 학급에 104명이라니, 이 정도면 요즘은 거의 한 학년 전체에 해당하는 학생 수일 것이다. 우리나라는 1980년대까지도 오전반과 오후반으로 나눠서 2부제로 학급을 운영하기도 했고, 심지어 3부제까지 운영하는 학교도 있었다.

3부제로 나눴는데도 한 학급의 학생 수가 60명이나 되었다. 아이들은 많고 학교는 적은 시대였다.

학교뿐만 아니라 거의 모든 시설이 지금보다 부족하고 열악하며 인구는 역대급으로 많았다. 그러니 무엇을 해도 '단체'로 하는 것이 당연했다. 개인의 공간을 지켜 주고, 개인적인 경험을 보장해 줄 사회적 여유가 어디에도 없었다. 학생들은 교실 밖으로 나가면 인원 점검을 위해 시시때때로 앉으면서 자신이 몇 번째인지 외치는 '앉아 번호'를 외쳐야 했다. 선생님이 눈대중으로 학생이 있는지 없는지 파악할 수 없는 수준이었기 때문이다.

화장실에 갈 때는 옆 사람에게 잠깐 화장실에 다녀오겠다고 말하고 가는 버릇이 들기도 했다. 그래야 자신이 없어진 것을 아무도 눈치채지 못해서 화장실에 간 사이에 수학여행 버스가 떠나 버리는 사고를 예방할 수 있었다(뉴진스의 전 멤버 다니엘은 한국의 연습생 시스템을 폭로하면서 화장실에 가기 전에 메시지를 남겨야 한다고 얘기했는데, 대부분의 메인세대는 이게 왜 '폭로'인지 이해하기 힘들었다).[15] 물론 이런 단체 생활의 요령은 군대에 가서 적응하는 데 꽤 도움되기는 했다. 그러니까 말하자면 메인세대의 학창 생활은 같이 움직이고, 같은 시간에 밥을 먹고, 칼같이 규칙을 지키는 군대 같은 느낌의 단체 문화가 자연스레 몸에 밸 수밖에 없었다.

메인세대는 이러한 학창 시절을 거쳐, 공동체적인 운영을 하는 회사에 들어갔다. '인화人和', '단결團結' 같은 단어들은 당시 사훈에 압도적으로 많이 등장한다.[16] 그도 그럴 것이 IMF 이전의 회사는 한번 들어가면 정년을 보장하는 운명 공동체였다. 혹시라도 무능해서 회사에 도움이 안 되더라도 '만년 과장'이나 지방 발령 같은 유예 조치를 취할 뿐, 직접적으로 해고하지 않았다. 정리해고도 없었다. 그러니 이러한 수모를 견딜 수만 있다면 회사가 망하지 않는 한, 정년까지 한 회사를 다니는 것은 개인의 선택에 달렸다. 이직도 흔치 않던 시절이라 한번 들어간 회사는 그야말로 '뼈를 묻을 각오'로 다녀야 했다. 그래서 혹시라도 회사가 어려워지면 야간이고 주말이고 나와서 일하고, 휴일에도 체육 대회니 등산이니 하는 수많은 행사를 수행했다. 승진이 누락되면 만년 과장 트랙에 던져지므로 승진에서 탈락하는 것은 굉장히 치명적인 일이었다. 옛날 드라마나 영화를 보면 승진하려고 별의별 일을 다 하는 모습이 나오는데, 요즘은 반대로 팀장이나 관리자로 승진하는 걸 싫어하는 분위기라 시대의 필터를 대고 보지 않으면 살짝 이해되지 않는 장면이기도 하다. 가장 많은 시간을 보내는 회사는 그야말로 '가족' 같은 느낌으로 운영되었다. 그리고 진짜 가족은 지금보다 더 '가족' 같았다. 형제자매는 많고 집은 좁았기 때문에 프라이버시를 지키는 것이 어려웠고, 거의 모든 생활이 공유되었다.

그러니까 사회에 공동체적인 운영 체제가 기본값으로 탑재된 시대였다. 군사정권 시대의 국가는 군대 같은 느낌으로 운영되어서 학교 행사에서도 '국기에 대한 경례'를 하고, 회사 모임에서도 '애국가'를 제창하던 때였다. 메인세대는 공동체적 생활방식이나 사고방식이 몸에 저절로 배어들지 않을 수 없던 시대를 살았다.

개인화 문화의 교차점에 서 있던 세대

반면 메인세대가 학창 시절이나 젊은 시절을 보낸 시대는 공동체가 해체되던 시기이기도 했다. 1960~1970년대에 농촌공동체가 해체되면서 도시로 올라온 이들은 도시 빈민이 되었다. 이주자들은 도시에 간신히 마련한 한두 평짜리 공간을 지키고자 남자는 건설 현장으로, 여자는 공단으로 가서 일하며 열심히 살았다. 그 결과 1980~1990년대를 거치며 이들은 도시의 구성원이 될 수 있었다.

그러다 보니 한두 평짜리 쪽방보다는 평범한 집에 가까운 주거 대책이 필요했다. 하지만 도시는 이미 과밀화되어서 한정된 땅에 조밀하게 모여 살 방법을 마련해야 했다. 그 해결책으로 등장한 게 아파트였다. 그렇게 1970~1980년대에는 아파트가 '도시 서민 주거 대책'의 핵심으로서 급격하게 성장하기 시작했다. 1990년대에는 아파트에 브랜드가 붙으면서 완전히 자리를 잡았고, 2000년대로 가면서 분당·일산·판교·동탄 등 신도시 개발로까지 이어지며 아파트가 주거 형태의 중심으로 떠올랐다.

농촌의 공동체 문화에서는 비록 집은 떨어져 있어도 한 마을에서 일어나는 일은 당장 그날 저녁 식사 자리에서 온 마을에 공유되곤 했다. '옆집끼리는 숟가락 개수까지 안다'라는 이야기도 있었는데, 공동체 의식으로 끈끈하게 연결되었기 때문에 그만큼 서로의 집안 사정을 잘 안다는 뜻이었다. 〈응답하라 1988〉 같은 드라마는 이런 공동체 문화가 도시에도 조금은 남아 있었다는 것을 보여 준다. 배경은 서울의 쌍문동이지만, 저녁이 되면 자식들이 릴레이 경주마냥 반찬을 옆집에 배달하는 에피소드를 통해 사람들의 정서만큼은 시골의 공동체 문화와 닮았음을 보여 주었다.

그런데 이런 문화는 훨씬 더 조밀하게 모여 사는 아파트 문화가 주류가 되면서 오히려 자취를 감췄다. 층간 소음이나 주차 문제 때문에 싸움이 나는 상황이 이웃과 반찬을 나눠 먹는 상황보다 1,000배는 잦을 것이다. 물리적 거리는 가까우나 심리적 거리는 미국에 사는 친구보다 멀어진 것이 요즘의 아파트 이웃 간의 모습이다. 이웃사촌이라는 단어는 자취를 감췄고, 붙어살면서 일어날 만한 각종 분쟁으로 원수가 될 가능성만 커졌다.

이렇게 공동체가 해체되고 개인화로의 전환이 지난 몇십 년간 상당히 급격하게 일어났다. 사회적인 변화뿐만 아니라 개인화를 도와주는 여러 기술의 발전으로 사람들은 급격하게 파편화되었고, 그 추세는 여전히 빠르게 진행 중이다.

이 전환을 관통하며 살아온 것이 바로 메인세대다. 메인세대는 공동체 문화에서 개인의 문화로 전환될 때, 그 교차점에 있던 사람들이다. 메인세대 안에서도 상당한 스펙트럼이 발생하는 이유가 바로 여기에 있다. 1990년대 초반, 화염병을 들고 민주화를 외치던 대학생들은 1990년대 후반에는 화염병 대신 토익책을 들었다. 공동체의 대의를 위해 군사정부와 싸우던 투사들이 이제는 개인의 취업을 위해 잠과 싸우게 된 것이다.

실용성과 과시성이 동시에 드러나는 소비

공동체주의 시대에 가장 나쁜 욕 가운데 하나가 '이기주의자'다. 사회 시스템인 공동체주의를 깨는 위험한 사람이라는 의미이기 때문이다. 하지만 지난 몇십년간 이기주의라는 말은 거의 사라지고 개인주의라는 말이 들어섰다. 예전에는 무조건 이기주의자라며 배척받았을 행동이 개인주의자라는 말로 세분되기 시작한 것이다. 예를 들어 혼자 회식 자리에 빠지는 사람을 예전에는 이기주의자로 분류했다면, 지금은 개인주의자 정도로 분류할 수 있다.

'개인주의자'라는 말은 공동체주의 시대에는 부정적인 말이었지만, 지금은 합리적·상식적이라는 말과 결합해 긍정적인 어감으로 바뀌어 가고 있다. 1969년생인 문유석 판사는 자신의 책《개인주의자 선언》에서 '우리는 전체주의 사고에서 살기 때문에 불행해지는데, 개개인이 행복해지려면 합리적 개인주의의 자세를 가져야 한다'라는 주제를 설파했다.[17] 그리고 이 책은 2022년 베스트셀러에 올랐다.

지금은 '가능하면 남에게 폐 끼치지 않고, 그런 한도 내에서 최대한 자유롭고 행복하게 살자'라는 이 책의 메시지가 기본값인 시대다. 하지만 몇십 년 전까지 사회의 주축은 공동체주의 인식이 조금 더 강한 지금의 7080이었다. 그들은 음식을 먹으면서도 "나는 그런 맛을 좋아하지 않아."라기보다 "우리는 그런 맛을 좋아하지 않아."라면서 누구를 지칭하는지도 애매한 '우리'라는 말을 가져다 붙이는 사람들이다. 나 자신의 개인적 의견이 아니라, 누군지 모르지만 하여튼 분명히 존재하는 '집단'의 의견이라는 얘기다.

하지만 개인주의자들의 출현 빈도가 조금씩 높아지면서, 지금은 갈수록 개인주의자로 변화하는 그라데이션을 보이는 메인세대가 사회의 주축이 되었다. 그리고 30세 이후부터는 사람들의 기본적인 사고 회로가 아예 개인주의를 전제로 둔 채 설계된다. 그러니 이제는 개인주의의 시대인 것이다.

다만 메인세대에게는 아직도 공동체적인 사고가 남아 있다. 공동체주의가 나쁜 것은 아니다. 게다가 개인의 생각이나 가치는 무조건 희생하길 바라는 극단적인 공동체주의는 이제 전혀 통하지 않으니 그다지 걱정할 것도 없다. 그런데도 남아 있는 공동체주의의 폐해는 타인과의 비교에서 나타난다. 대중의 평균과 보통을 요구하는 것이 공동체주의의 기본적인 사고방식이다.

말하자면 명절에 만나는 친척 어르신들이 나이에 따라 하는 잔소리 모음집 같은 것이다. 중·고등학생 때는 "대학은?", 대학에 가면 "취업은?", 취업하면 "결혼은?", 결혼하면 "애는?"으로 돌아가는 명절 잔소리의 순환은 여기서 끝나지 않는다. 애를 낳으면 "애 어린이집은?"으로 시작해서 다시 "애 대학은?", "애 취업은?", "애 결혼은?"으로 이어진다. 일정한 시기에는 다른 사람들처럼 일정한 행위를 하는 것이 평균이고, 이 일정함에서 벗어나는 순간 공동체에 위해가 될 수 있다는 견제의 시선이 깔린다. 그래서 평범함의 범주에서 벗어나 일탈을 저지르는 사람을 비난하고, 심지어 공격하기도 한다.

개인주의자 입장에서는 잔소리를 들어도 잊으면 그만이지만, 공동체주의의 잔상이 남아 있는 메인세대에게는 아예 무시하기 힘든 말이다. 그리고 더욱 무시하기 힘든 것은 남들의 비난이 아니라, 아무 말 없이 가만히 들여다보는 눈이다. '타인의 시선'은 특별히 잔소리를 건네는 것도 아닌데, 메인세대가 자신의 생활을 규제하도록 만드는 자기 검열 장치가 된다.

'남의 눈이 무서워' 어떤 일을 못 하거나, '남의 눈도 생각해야 해서' 입고 싶은 옷도 못 입거나, '남들이 어떻게 볼지 몰라' 마음에도 없는 일을 한다. 차를 살 때도 실은 경차를 선호하는데도 자신의 지위와 체면을 고려해서 더 크고 좋은 차를 타야 한다고 생각한다. 반대로 상사가 타는 차보다 높은 급의 차를 타는 것은 부담스러워한다. 아이가 명문대에 가지 않아도 상관없다고 생각하는데도, 이왕이면 주위 사람들에게 아이가 좋은 대학에 갔다고 이야기하고 싶은 마음도 있다.

그래서 실용성과 과시성이 동시에 드러나는 소비를 한다. 사회적 만남을 가질 때는 값비싼 와인을 마시며 관련 지식을 뽐내지만, 친구들과 있을 때는 주로 소맥을 먹는다. 당근 거래에서 생필품을 저렴하게 구입하지만, 동창회에 들고 갈 가방 정도는 백화점 명품관에서 산다. 비즈니스 목적으로 가끔 골프를 치러 나가지만, 사실 가장 좋아하는 운동은 축구다.

단체성과 개인성, 깃발과 토익책, 과시성과 실용성 모두 공동체에서 개인으로 넘어가는 메인세대의 그라데이션을 나타내는 말이다. 이러한 이중성을 이해해야 메인세대에게 맞는 상품과 서비스를 만들어 낼 수 있다. 예를 들어 파타고니아 같은 프리미엄 아웃도어 브랜드의 제품을 입는다고 하자. 기능성이 뛰어나면서도 ESG 이미지가 강한 파타고니아의 로고가 크게 박혀서 환경을 생각하는 사람이라는 이미지를 드러낼 수 있다.

요즘은 테슬라 같은 전기차를 많이 탄다. 친환경적이면서도 연비·관리비 절감을 동시에 충족시키는 데다가 고가의 외제차를 탄다는 과시를 할 수 있기 때문이다. 요즘은 조금 덜하지만 직장인들 사이에는 상사보다 좋은 차를 타는 것을 피해야 한다는 불문율 같은 것이 있다. 상사가 국내산 중형차를 타는데, 바로 밑의 직원이 고가의 외제차를 타는 것은 좋지 않은 인상을 주기 때문이다. 하지

테슬라는 그 의미와 서사 때문에 등급을 초월한 느낌을 준다.

만 테슬라는 상관없다. 테슬라이기 때문이다. 명품 시계 브랜드를 등급별로 나눈 '티어표'를 초월하는 것이 애플워치이듯 말이다.

따지고 보면 최근에 와인이나 위스키가 유행한 것도 실제로 즐길 수 있는 실용성과 함께 과시성을 충족시키는 상징적인 자본이기 때문이다. 비싸고 좋은 와인을 홀로 마시지 않고, 굳이 모임에 들고 가서 같이 마시는 이유는 그 비싼 가격의 효과가 혼자 즐길 때보다 다른 이에게 인정받을 때 더욱 두드러진다는 것을 체감하기 때문이다.

04

취향의 발견에서 확장까지

확고한 취향과 감각을 가진 소비자의 등장

취향이 개인의 정체성이 되다

취향이라는 말이 언제부턴가 우리 사회에 자리를 잡기 시작했다. 정확하게는 IMF 이후다. IMF는 우리에게 각자도생이라는 명제를 던졌다. 다같이 '으쌰으쌰'하면서 힘을 모아 봤자, 정작 중요한 순간에는 각자 알아서 살아남아야 했다. 직장인은 믿었던 회사에서 잘렸고, 프리랜서는 단골 거래처를 잃었다. 사회 전반적으로 각자도생이라는 분위기가 스멀스멀 자리 잡기 시작했다.

한쪽에서는 PC통신이 본격적으로 보급되면서 각종 동호회 문화가 생겼다. 천리안, 하이텔, 나우누리를 통해 같은 관심사를 가진 사람들이 모이기 시작했다. 데스락을 좋아하는 사람이 자신의 오프라인 거주지 근처에서 같은 취향을 가진 사람을 모으는 것은 쉽지 않다. 하지만 인터넷에서는 그보다 쉽게 데스락 동호회를 형성할 수 있다.

개인적인 이야기를 꺼내 보자면 나는 당시 나우누리 작가 출신이다. 자신의 연재란이 주어지는 작가로 선발되어 나우누리 본사에서 기념품을 받았던 기억이 아직도 꽤 자랑스럽게 남아 있다. 내가 연재했던 것은 배낭여행에 관한 콘텐츠였는데, 조회수가 그다지 높지는 않았다.

그런데 내 옆 칸을 사용하는 작가가 연재하는 이상한 여자에 관한 이야기는 '주작 아니냐?'라는 의혹에도 엄청난 조회수를 기록하다가 끝내 영화화되기도 했다. 〈엽기적인 그녀〉라는 제목으로 말이다. 이런 엽기녀 이야기도 많은 사람이 소비했다. 자신이 좋아하는 것을 다른 사람도 좋아한다는 인식, 그 사람들과 교류를 나누고 정보를 교환하는 동호회의 개념이 싹트기 시작했다. 그러면서 본격적으로 개인의 취향이라는 것이 나타났다.

이후에는 인터넷 포털·커뮤니티 서비스를 제공하는 프리챌이 만들어져서 수많은 카페가 생겨났다. 지금은 '네이버 카페'나 '다음 카페'로 알고 있는 문화의 원형이 바로 프리챌 카페다. 그리고 2000년대 초반에 '동호회 붐'을 일으킨 게 바로 이 프리챌 카페였다.

당시 나는 두 개의 카페에서 활동했다. 하나는 피아니스트 김광

민 팬카페였고, 또 하나는 뮤지컬 〈베르테르〉의 음악감독을 맡았
던 구소영 감독이 이끄는 뮤지컬 동호회였다. 김광민 팬클럽은 가
끔 김광민 빼고 우리끼리 정모를 열곤 했는데, 첫 모임으로 20여
명 정도가 신촌에서 만난 게 지금도 기억이 난다.

그때 처음으로 닉네임을 너무 장난스럽게 지으면 안 된다는 것
을 깨달았다. 이름도 연락처도 모르는 사람들이 토요일 저녁 6시
에 신촌역 그레이스 백화점 앞에서 모이자는 정보만 가지고 만나
려니, 비슷해 보이는 사람에게 닉네임을 확인할 수밖에 없었다. 약
속 상대를 기다리는 사람에게 다가가 "혹시 '핑크팬티' 맞으신가
요?"라고 묻는 걸 상상해 보라. 그 사람이 맞으면 괜찮은데, 아니면
상당히 민망했다.

뮤지컬 동호회는 상당히 많은 정모를 열었고, 때로는 뮤지컬 노
래 배우기 모임도 겸해서 굉장히 본격적으로 돌아갔다. 그리고 당
시 뮤지컬 음악감독이 '시삽(시스템과 운영자의 합성어로, 특정 시스템
내에서 가입자를 관리하는 사람을 의미한다.―편집자주)'이었던 만큼,
대학로에서 모임을 열면 뮤지컬 배우들이 술자리에 참석해서 우리
와 교류하기도 했다. 당시에 TV나 스크린에서 활약하는 유명한 배
우들이 술자리에 왔지만 잘 기억나지 않는다.

뮤지컬을 좋아하는 대학원생이 뮤지컬 배우를 직접 만나 같이
술자리를 가진다는 것은 동호회 문화가 없었다면 상상하기 힘든
일이다. 이런 취향 공동체가 카페를 통해 활발하게 돌아갔다. 각종
스타의 팬클럽이 조직되기도 했고, 특이한 취향을 가진 사람들이

모여서 정보와 호감을 나누곤 했다.

그러면서 대한민국 사람들은 '취향'이라는 것을 본격적으로 생각하게 되었다. 이때 취향이라는 단어가 개인의 기호와 정체성으로 등장했다. 예를 들어 건담을 좋아하는 사람, NBA를 좋아하는 사람, SF 소설을 좋아하는 사람 같은 표현은 그 사람이 어떤 사람인지를 어느 정도 설명하는 키워드가 되었다.

2000년대에 들어서면 '취향'이라는 말이 본격적으로 패션, 음악, 영화, 인테리어 같은 소비문화와 강하게 결합했다. 블로그, 싸이월드, 미니홈피 같은 공간에서 취향으로 연결된 사람들에게 소비를 조장하는 산업 구조를 만들기 시작한 것이다.

해외여행으로 넓힌 감각으로 비즈니스를 만들다

그런데 전통적으로 가족·학교·회사 같은 공동체가 우선이던 한국 사회에서 개인의 취향 중심 문화가 '이기적이다', '공동체 의식이 부족하다'라는 비판을 받으며 세대 갈등을 일으키는 원인이 될 때도 있었다. 좋아하는 스타를 응원하는 팬클럽을 '빠순이'라고 비하하면서 부정적인 감정을 드러낸 것이 당시의 기성세대였다.

메인세대는 취향의 탄생과 정착 시기에 청년기를 거쳤기 때문에 개인적인 취향을 우선시하는 사람과 그렇지 않은 사람이 공존한다. 그런데 이 취향의 문제는 단순히 무엇이 좋다 나쁘다 하는 영역을 넘어서 산업의 영역으로 나아간다. 특정 취향에 빠져 그 분야를 먼저 탐닉한 메인세대는 그에 대한 경험과 자본을 바탕으로 성공적인 비즈니스를 만들어 낼 수 있었다. 개인의 취향과 정체성을 비즈니스로 잘 연결한 덕분이다.

최근 들어 우리나라의 디자인이나 인테리어 감각이 엄청나다고 느끼는 경우가 종종 있다. 감각적이고 예쁜 인테리어가 공간을 점유한다거나, 정말 생각지도 못한 건축물이 자연과 어우러진 장면을 볼 때 특히 그렇다. 공간이 예뻐진 이유 중 하나는 건축이나 인테리어 업계에 종사하는 사람들, 그리고 건축주들이 해외로 나가서 경험을 쌓았기 때문이다.

해외여행이 자유화된 것은 1988년이지만, 학생들이 본격적으로 배낭여행에 나선 것은 1990년대에 들어서다. 당시에 대학생들이 배낭여행을 하도 많이 가서 호텔팩 같은 패키지 상품이 만들어졌다. 정식 가이드는 아니고, 여행 길라잡이 역할을 하는 아르바이트생이 대학생들을 이끌고 도시의 호텔에서 호텔로 데려다주는 형태의 상품이었다.

나는 2세대 여행 길라잡이 출신이다. 방학 때면 대학생들을 이끌고 유럽으로 나가 28박 29일쯤 같이 여행하다가 돌아왔다. 여름방학에는 두 번, 겨울방학에는 한 번 가는 식으로 1년 중 길면 3개월 정도를 유럽에서 보내곤 했다. 대학교 3학년부터 석사 과정까지 쭉 이 아르바이트를 해서 유럽에 꽤 자주 나간 편이었다(세대가 달라 만나 적은 없지만 1세대 여행 길라잡이 중에는 〈김어준의 뉴스공장〉으로 유명한 김어준 씨가 있다).

당시에는 여름 방학 때 유럽에 가면 정말 한국 사람이 많았다. 에펠탑에 오르기 위해 엘리베이터를 기다리고 있으면 그 줄의 절반은 한국인일 정도였다. 메인세대는 이때 해외여행을 가 본 사람이 많다. 이전 세대가 해외여행 금지에 묶여 외국으로 나가 본 사람 자체가 상당히 희귀한 데 비해, 메인세대는 봇물 터지듯 해외여행을 갔다. 워킹홀리데이로 호주나 일본도 많이 갔고, 미국 횡단 여행에 도전한 사람들도 생겼다.

이때의 경험은 메인세대의 취향 형성에 큰 영향을 미쳤다. 한국에서는 학교에서 하라는 것만 하고 주변과 똑같은 것만 소비했는데, 해외로 나가 다양한 문화와 역사를 가진 나라를 여행하는 과정에서 나만의 취향에 눈을 뜬 것이다. 나만 해도 유럽에 하도 많이 갔더니, 웬만한 관광지는 다 돌아다닌 탓에 재미가 없어서 박물관과 미술관을 자세히 관람하기 시작했다. 그래서 학교에서 '독일 문화의 이해와 예술'과 '프랑스 문화의 이해와 예술' 같은 과목을 수강한 다음에 유럽으로 가서 수업에 나왔던 작품을 실제로 봤다. 지난주에 마친 기말고사에 나왔던 그림을 이번 주에 유럽에서 실제로 보는 그 느낌은 정말 남달랐다.

물론 교양을 쌓는 것도 즐거웠지만, 유럽의 맥주는 더욱 큰 즐거움을 줬다. OB나 크라운 맥주 정도로 한정되었던 한국 맥주에 비해 나라마다, 도시마다 종류가 다양한 맥주는 마시는 즐거움을 알게 해 줬다. 그때만 해도 한국에서 물은 돈 주고 사 먹는 것이 아니었는데, 유럽에서는 식당에서 받는 물값이 하도 비싸서 한국 여행객들은 물을 먹느니 비슷한 가격의 맥주를 마셨다. 그러면서 다양한 맥주 맛에 눈을 뜨게 된 것이다. 물론 그때 조금 더 소비력이 있었다면 와인 맛에 눈을 떴을 확률도 높다.

여행 경험은 메인세대의 취향을 폭넓게, 그리고 광범위하게 확장시켰다. 이때의 경험으로 취향을 발견하고 세련되게 변한 사람들이 관련 분야를 전공하거나 비즈니스로 연결해 지금의 대한민국 문화나 비즈니스의 주축이 되기도 했다. 그러니까 지금 다양한 건축물이 나오고, 세련된 아이디어가 펼쳐지는 건 취향의 확장기를 경험한 메인세대가 사회의 주축이 되었기 때문이다.

예전에는 건축가가 아무리 좋은 콘셉트의 설계를 제안해도 건축주가 싫어하면 구현할 수 없었다. 건축가로 일하는 친구 하나가 10여 년 전에 아버지를 위해 집을 지어드리면서 값비싼 중국 고벽돌을 사다가 겉을 덮었더니, 아버지께서 어디서 중고를 사오냐고 화를 내셨다는 이야기를 한 적이 있다.

좋은 것도 받는 사람이 가치를 모르면 아무런 소용이 없다. 건축가가 노출 콘크리트 기법으로 집을 지었는데, 건축주가 집을 짓나 말았다면서 소송을 언급했다는 이야기는 이제 꽤 클래식하다. 그러나 이제 건축주가 된 메인세대는 해외여행과 유학, 체류 경험을 통해 다양한 취향을 형성했다. 그러니 좋은 콘셉트의 제안을 알아보는 안목이 있다.

가치와 취향에 맞으면 지갑을 연다

메인세대는 다양하고 세련된 취향을 처음으로 접한 세대다. '실용'만 추구하는 그들의 부모 세대와 다르게 메인세대는 '취향과 감각을 가진 소비자'로 자리 잡았다. 메인세대가 젊은 시기에 접하고 형성한 취향은 비즈니스화되었다. 고가의 카메라, 예술 작품, 가드닝 물품을 사는 것 물론이고 좋은 음질을 즐기기 위해 스피커에 1억 원을 쓰기도 한다.

취미와는 다르다. 딱히 취미가 없지만 자신이 원하는 분위기나 방향은 분명한 사람들이 있다. 취향은 분위기, 생각, 가치, 정체성 등과 연관되는 것이다. 메인세대가 가진 취향과 취미의 경계선을 잘 이해하고, 그들의 취향을 발굴하고 발전시킨다면 비즈니스적으로 상당히 유리한 위치에 설 수 있다. 예를 들어 메인세대 사이에서 홈카페, 홈바를 만드는 것이 유행이라고 하자. 그러면 고급 커피 머신, 와인 셀러, 미니바 등 관련 제품을 판매할 수 있다.

여행 분야에서도 그냥 버스를 타고 다니며 유명 관광지에 가서 사진만 찍고 오는 여행은 메인세대에게 별다른 매력을 어필할 수 없다. 특별한 상품을 구입하지 않고 자유여행을 택해도 무방하다. 상품으로서의 여행을 만들려면 단순 관광이 아니라 '취향을 나누는 여행'을 만들어야 한다. 와인 투어나 미술관 순례, 클래식 음악 투어처럼 기호에 기반한 맞춤형 여행이 되어야 한다. 2025년 8월, 신세계 백화점은 프리미엄 여행 플랫폼 '비아신세계'를 오픈했다.

여행을 '배움과 철학을 얻는 차별화된 경험을 제공하는 여정'으로 정의하고, 최고 명사들과 함께 북극 탐사, 이탈리아 건축 탐구를 가거나 세계적인 모터스포츠 경기에서 특별한 체험을 하는 등 취향 중심으로 구성했다. 그중 유명 건축가 유현준 교수와 10일간 이탈리아 로마 여행을 함께하는 패키지는 3,500만 원 수준이었다.[18]

비싸도 취향에 맞고, 가격에 맞는 서비스가 제공되면 기꺼이 지갑을 여는 것이 메인세대다. 그들은 분위기와 서비스, 지식재산권과 무형의 가치에 돈을 지불할 의향이 있기 때문에 그 가치와 취향을 찾아 맞춰 주는 것이 중요하다.

MAIN GENERATION

메인세대를 읽으면 돈의 흐름이 보인다

입시 업계에 종사하시는 분에게 중등 인강 시장이 침체 중이라는 소리를 들었다. "왜요? 무슨 일 있었어요?"라고 물었더니 돌아온 대답은 "아무 일도 없어요."였다. 바로 '아무 일도 없어서' 중등 입시 시장이 무너지고 있었다.

50대가 대학 입시를 치르던 시절에 수능 또는 학력고사를 본 인원은 100만 명이 넘는다. 그런데 현재 20대를 기준으로 수능 응시자 수를 보면 보통 50만~60만 명 정도다. 심지어 현재 중학교의 학령인구는 40만 명 정도고, 2024년에 출생한 아이들은 24만 명이다. 마치 반감기처럼 약 20년 터울로 인구가 반으로 뚝뚝 줄고 있다.

인구는 이렇게 위고비를 맞은 것처럼 급격하게 다이어트 중인데, 100만 명에 맞춰서 만들어진 중학교 교육 시스템에는 위고비 소식이 미처 안 들어간 것처럼 변함없다는 것이 문제다. 시스템이 제때 다이어트를 하지 못하고 제자리에 머무는 사이, 열차 출발 시각처럼 예정된 인구감소가 어느새 눈앞에 다가온 것이다. 개별 업체마다 매출이 급격하게 감소하는 현상이 나타날 수밖에 없다.

그러면 대한민국에서 앞날이 밝은 비즈니스나 산업으로는 어떤 것이 있을까? 인구감소, 초고령사회, 생산성 감소와 선진국병(수면장애, 우울증 등 주로 선진국에서 나타나는 질병—편집자주) 출몰 등의 이슈를 보면 잘될 만한 비즈니스를 손에 꼽기가 쉽지 않다. 기본적으로 비즈니스의 대상이 되는 인구가 적기 때문이다. 결국 서비스든 상품이든 그것을 쓸 사람이 있어야 하는데, 현재 대한민국은 소비자가 점점 사라져 가고 있다.

그런데 대한민국 사회에서 소비자가 몰린 집단이 있다. 인구나 돈, 영향력 등 모든 면에서 이상적인 소비자, 바로 메인세대다. 그래서 우리 사회의 메인 스트림이자 강력한 소비자인 메인세대를 이해하지 못하면 앞으로 비즈니스를 빌드업하기 어렵다. 반면에 메인세대의 특징을 파악하고 그에 맞는 비즈니스 포인트를 찾아내면, 바로 그 선구안이 경쟁력이 되어 수혜를 받는다. 메인세대에게 소구되는 실제적 비즈니스 포인트를 다음 네 가지 포인트로 정리해 보았다.

우선, 첫 번째 비즈니스 포인트는 '겉은 Z, 속은 X'라는 표리부동 전략이다. 2030이 만든 트렌드에서 끌어오되(발견·흥행), 실제 매출은 4060을 대상으로 프리미엄 품질·서비스에서 발생하도록 설계한다(구매·재방문).

이때 '젊은 감각'은 필요하지만 '영 시니어', '액티브 시니어' 같은 명명은 반감만 키우므로 '메인세대'로 리네이밍하여 자존감과 참여를 높인다. 디지털 접근은 쉽고 짧게, 가입·앱 강제 설치·인증 과잉을 제거하며, 매장·플랫폼에는 또래의 응대 인력을 섞어 스몰토크·상황 대처 능력을 살린다. 환대(개인화, 세심함, 팀 단위 배려)는 프리미엄의 본질이며, 트렌디한 홀과 프리미엄 룸을 결합하여 '볼거리'와 '대접받는 경험'을 동시에 제공한다.

두 번째 비즈니스 포인트는 젊음에 대한 지향성을 충족시키는 것이다. 연장된 청년의 기준은 의료·운동·뷰티·멘탈케어 수요를 폭증시키고, '동안'의 언어는 직접적인 표현(노안, 치매)보다 간접·중립적 표현(인지증, 건강한 피부, 리프레시 아이)을 써야 구매 저항을 낮출 수 있다. 남성 뷰티·두피·시력·예방의학은 확장 영역이다.

세 번째 비즈니스 포인트는 일자리의 연결과 발견에 대한 것들이다. 일과 소득 측면에서는 49세 전후로 조기퇴직을 하는 사람이 늘어, 72세에 실질적 은퇴를 하기 전까지의 긴 시간이 문제가 된다. 세컨드 커리어가 반드시 있어야 하며, 그를 위해 4060 전용 알바, 재취업, 수습 플랫폼 비즈니스나 검증형 교육(재테크·셀러·크리에이터)의 표준화가 필요하다. 프랜차이즈식 창업은 사전 현장실습을 제도화해 창업 실패율을 낮춰야 한다.

마지막으로, 메인세대는 '팀 단위' 협업문화에 익숙해서 에이지믹스 커뮤니티(3~8명 정도의 소그룹)에 가장 잘 머문다. 연결-환대-품질-리네이밍을 엮어 '젊게 느끼고, 제대로 대접받고, 안심하고 지불'하게 만드는 설계가 승부처다.

이러한 비즈니스 포인트를 명확하게 이해하고, 그것을 자신이 생각하는 상품, 서비스, 비즈니스와 산업에 적용해서 계속 맞춤화해 나가는 과정이 필요하다. 우리 사회의 최대 인구 집단에게 그들이 가장 필요로 하는 것을 공급한다는 사명감도 꽤 만족시킬 수 있다.

01

돈 쓰는 세대,
트렌드를 결정하는 세대

트렌드를 이끄는
보이지 않는 손

MZ 트렌드가 메인세대를 사로잡는다

브랜드마다 기준은 조금씩 다르지만, 일반적으로 백화점은 연간 수천만 원에서 1억 원까지 소비하는 고객들을 VIP로 지정해서 따로 관리한다. 전용 라운지에 놓인 파운드 케이크마저 특별히 주문 제작할 정도로 세심하게 관리하는 편이다. VIP의 연령별 비중을 보면 60대 이상이 27.3%로 전체 VIP 중 가장 큰 비중을 차지하고, 50대가 26.0%로 두 번째, 이어서 40대가 25.2%로 세 번째다.[1]

L 백화점의 VIP 관리팀은 고객들의 연령대를 인지한 다음, 이들

을 위한 서비스를 기획했다. 바로 VIP의 마음에 들 만한 옷이나 상품을 들고 직접 방문하여, 집에서 편하게 쇼핑할 수 있게 해 주는 서비스였다. 하지만 해당 서비스를 받은 VIP들은 거부 반응을 보였고, 결국 이 서비스는 실험실 속 아이템으로 묻어 둬야 했다.

VIP들은 백화점이 집으로 찾아오는 프로세스에서 전반적으로 '나이 든 사람을 대상으로 시행하는 서비스'라는 느낌을 받았기 때문에 거부감을 표현했다고 한다. 그래서 VIP 관리팀은 이들이 어떤 식으로 상품 구매를 하는지 파악하기 위해 심층 인터뷰를 진행했다. 그 결과, 인스타그램의 셀럽들을 보고 물건 구매를 결정하는 경향이 답변 중에서 제법 큰 비중을 차지한다는 것을 파악할 수 있었다. 그러니까 4060의 구매 결정은 2030 인플루언서들의 영향을 받아서 일어난다는 뜻이다.

이러한 경향은 예전에 《트렌드 코리아》의 저자이신 김난도 교수님과 이야기를 주고받다가 언급된 적이 있다. 《트렌드 코리아》 출간에 맞춰 광화문 교보빌딩 23층에서 북콘서트를 열었는데, 그때 사회를 맡았던 나는 다음과 같이 물었다.

"실제 소비의 중심은 4060인데, 왜 트렌드 도서들은 자꾸 2030에 초점을 맞춰 트렌드를 조망하는 건가요?"

김난도 교수님의 대답은 다음과 같았다.

"4060이 2030을 따라 하고 싶어서 그래요."

사회에서는 관용적으로 'MZ'라는 표현으로 젊은 세대를 호칭하지만, 사실 MZ의 범위는 40대 중반부터라 젊은 세대를 부르는 말로 적절하지 못하다는 건 얘기는 앞서 말한 바 있다. 그런 사정을 염두에 두고 말하자면, 트렌드를 주도하는 것은 MZ이고 실제 소비를 하는 것은 메인세대라고 할 수 있다.

메인세대에게 "이 제품이 4060 사이에서 큰 히트입니다."라고 말하는 것은 별다른 매력을 주지 못한다. 반면 "이 서비스는 MZ 사이에서 유행하고 있습니다."라고 하면 많은 4060이 관심을 보인다. 그래서 4060을 타깃으로 상품을 만들거나 서비스를 구성할 때, 기획자들은 4060보다 MZ의 트렌드에 관심을 가진다.

영포티는 왜 비난의 대상이 되었는가?

물론 이런 불일치에는 부정적인 요소가 따른다. 최근 들어 부정적인 의미로 쓰이기 시작한 '영포티' 같은 단어가 그러한 위화감이 드러난 예시라고 할 수 있다. 2025년 여름, 포천시청 소속의 역도선수가 자신의 SNS에 복근 사진을 올렸다. 그런데 한 시민이 포천시청의 이미지가 손상된다며 민원을 제기한 것이다. 물론 온라인에서는 운동선수가 복근 사진을 올린 것이 무슨 문제냐는 여론이 주류였는데, 그 운동선수가 해당 민원에 대해 화를 내며 자신의 SNS에 올린 내용이 다른 방향으로 문제가 되었다. 민원 서류 사진을 올리고 그 위에 'ㅋㅋㅋㅋ 안 봐도 사회부적응자 영포티임 ㄹ ㅇ'이라고 써 놓은 것이다.[2] '영포티'가 노골적인 조롱으로 쓰인 장면인데, 이 보도를 통해 영포티의 의미 변화가 공식화되었다.

영포티는 2015~2016년경에 본격적으로 등장한 어휘로, 당시의 핵심적인 의미는 '경제력 있고 트렌드에 민감한 40대'였다. X세대의 감수성과 소비 여력을 강조하는 정도의 느낌이었다.[3] 그러다가 마케팅 및 국가 정책의 영역에 본격적으로 확산된 시기가 2018년이다. '트렌드에 민감하며 경제력이 뒷받침되는 뷰티·패션의 새로운 소비 주체'라는 표현이 정부의 대외 홍보물에 등장할 정도였다.[4]

하지만 2024~2025년 들어서 '영포티=젊은 척하는 중년 남성'이라는 반어적·조롱적 뉘앙스가 온라인 담론에서 강해지기 시작했다. 그러니까 영포티는 '자기가 젊다고 착각하는 아저씨' 같은 비하적 표현으로 변한 것이다.[5]

《트렌드 코리아 2024》에는 영피프티라는 단어가 등장한다. 2010년대 중반에 40대였던 X세대가 지금은 50대가 되었으니, 사실상 동일한 집단을 지칭하는 셈이다. 실제로 대중도 "영포티였던 40대가 나이를 먹어 50대가 되니 영피프티가 나온 거냐, 지겹다."라는 반응을 보이기도 했고 "얼굴은 50대, 체력은 40대, 패션은 30대. 끔찍한 혼종 아니냐."처럼 보다 구체적인 비판도 있었다.[6]

이런 비판을 가만히 들여다보면 늘 주인공의 자리에 있는 X세대에 대한 날선 감정이 담긴 경우가 많다. 물론 이 감정은 단순한 질투가 아니라, 기득권을 이용해 부동산이나 사회적 위치를 공고히 유지하는 메인세대의 행태로 인한 것이라 이해되기도 한다.

그리고 영포티를 조롱의 의미로 사용할 때는 나이에 걸맞지 않는 옷을 입은 뚱뚱한 아저씨 밈을 쓰는데, 사실 그러한 40대는 그들이 20대였을 때부터 저렇게 입었다. 특별히 더 젊어 보이려고 캐주얼한 옷을 고른 게 아니라, 그냥 자신의 취향대로 입었을 뿐이라는 반론도 많다. 하지만 이런 비난이나 반론 모두 핀트를 살짝 벗어나 있다. 영포티를 부정적 의미로 쓰는 사람들은 나이답지 않은 행동, 어린애 같은 정신을 탓하는 것이다. 어쩌다가 패션이 강조되어 엉뚱한 논쟁으로 변해 버렸다.

영포티가 비난받는 것은 다음과 같은 일화 때문이다. 황석희 번역가가 자신의 인스타그램에서 팬들의 질문에 답변하는 콘텐츠를 진행한 적이 있다. 거기에 자신이 46세 직장인이라고 밝힌 사람이 '열 살 난 딸을 둔 아빠다. 27세 신입 여직원이 저를 좋아하는 티를 내는데 어떻게 하냐. 저도 호감은 간다.'라는 내용의 글을 남겼다. 황석희 번역가는 거기에 '20대 여성이 마흔 넘은 나에게 호감을 보낸다는 생각이 들면 둘 중 하나로 생각해야 해요. 내 망상이거나, 장기를 털어먹으려는 사람이거나.'라고 사이다 댓글을 달았다. 덧붙여서 '만에 하나, 천만, 천억에 하나 진짜 호감이라고 쳐도 호감이면 뭐 어쩔 거예요? 난 그딴 거 모른다~ 하고 지내셔야지. 저

보다 딱 한 살 젊으신데 우리 좀 아저씨답게 살자고요.'라고 하기도 했다.[7]

위 같은 착각에 빠진 40대들 때문에 '서윗영포티'라는 말도 생겼다. 이는 '스윗(sweet)'을 제대로 발음하지 못해 '서윗'으로 발음한다는 뜻으로, 겉으로는 세련된 중년을 자처하지만 실제로는 젊은 여성에게 불편한 관심을 보이는 4050 남성을 뜻하는 말이다.[8] 이쯤 되면 영포티는 조롱 정도가 아닌 혐오와 불쾌감이 반영된 단어가 된 셈이다.

그러니까 영포티는 패션 이야기가 아니다. 태도, 특히 도덕적으로 문제 있는 정신에 관한 이야기다. 하지만 영포티나 영피프티가 나쁜 뜻으로만 굳어진 상태는 아니다. 아직은 양가성을 가진 말로서 여전히 소비 주도층이자 젊은 감각을 가진 중년 고객층을 뜻하는 말로 리테일이나 마케팅에 사용된다.

트렌드를 이끄는 MZ, 그 트렌드를 승인하는 메인세대

기본적으로 우리가 알 수 있는 사실은 메인세대도 지향점은 젊은 트렌드에 있다는 것이다. 젊은 감각을 의식적으로 따라 하는 사람도 있지만,《슬램덩크》를 좋아하던 감수성 그대로 마블 영화를 좋아하는 사람도 많다. 영포티 룩의 하나로 인지되는 나이키 조던

신발은 젊게 보이려는 게 아니라, 실제로 이들이 어릴 때 가장 좋아하던 브랜드였다. 그때는 아르바이트를 해도 선뜻 살 수 없었는데, 지금은 경제력이 뒷받침되니 부담 없이 사서 신는 것이다.

물론 스투시는 젊은 친구들이 주로 입는 브랜드이니 저기서 셔츠를 사 입으면 젊어 보이겠다고 생각하는 사람도 있긴 하다. 하지만 그건 일부 케이스고, 젊은 세대가 선호하는 브랜드의 옷을 입는 것이 꼭 그들을 따라 하겠다는 생각에서 기인한 행동은 아니다. 그저 자신의 취향을 따랐을 뿐인 메인세대도 많다.

여기서 중요한 포인트가 있다. 영포티 논란은 사실 세대갈등적 요소가 포함된 쟁점이기 때문에 비즈니스 측면에서 접근하려면 해당 논란을 살짝 걷어낸 뒤에 살펴야 한다. 그러기 위해 인정해야 하는 사실은 '트렌드를 만드는 건 2030이어도, 그 트렌드를 승인하는 사람은 메인세대'라는 명제다. 2021년에 나온《영 포티, X세대가 돌아온다》라는 책은 'MZ만 반응하는 트렌드는 반짝 유행하지만, X세대까지 반응하면 메가트렌드가 된다'라고 말했다.[9]

그러고 보니 온라인상에서 영포티 패션이라고 지목되는 스투시, 슈프림, 우영미, 준지, 솔리드옴므, 스톤아일랜드, 아미, 나이키(조던), 옴므플리세[10] 같은 브랜드는 죄다 저렴하지 않다. 브랜드 입장에서는 2030이 트렌디하다고 이야기해 주는 것은 좋지만, 매출 측면에서 보자면 구매력이 높은 메인세대가 사 주는 게 훨씬 이득이다. 하지만 이에 대한 리스크도 분명히 존재한다. '아저씨들이 신는 브랜드'로 찍히면 유행이 끝난다는 것이다.

'2030에게 유행 → 4060에게 유행 → 2030의 외면 → 4060도 외면'이라는 사이클이 돌아간다. 예를 들어 호카, 온 같은 러닝화 브랜드는 처음에 젊은 세대를 중심으로 아저씨들이나 신는 나이키나 아디다스와 다르게 유니크하다는 평을 받으며 떠올랐다. 그런데 중년층이 신기 시작하면서 성장 둔화, 주가 하락 사이클에 접어들었다는 평가를 받기도 했다.[11]

하지만 이것은 어디까지나 일면적인 평가다. 실제로 2030의 유행은 빠르게 지나가고, 메인세대의 유행은 비교적 오래가기 때문이다. 2025년 5월에 챗 GPT를 활용해 자신의 사진을 지브리 화풍으로 바꾸는 것이 전 세계적으로 유행했다. 이 유행은 대학생들 사이에서는 1~2주 정도 유지되다가 자취를 감췄다. 하지만 4060은 그 후에도 6개월 이상을 술자리에서 "이게 젊은 애들 사이에서 그렇게 유행이래."라며 친구들과의 단체 사진을 지브리 화풍으로 바꿔 공유하는 것을 즐겼다.

이 장면에서 주목해야 할 비즈니스적 성과가 있다. 이전까지 AI에 거부감을 느끼던 메인세대가 지브리 프사를 만들기 위해 유료 회원으로 대거 가입했다는 것이다. Open AI가 출시되고, 주간 활성 사용자가 1억 명 단위로 늘기까지 4~6개월 정도기 걸렸다. 그런데 2025년 4~5월 사이 한 달 만에 전 세계에서 3억 명의 주간 활성 사용자가 늘었다. 젊은 층은 비교적 빠르게 회원가입을 했으니, 갑자기 폭증한 3억 명은 지브리 프사에 이끌려 AI와 관계를 맺게 된 4060의 덕이라고 봐야 한다.

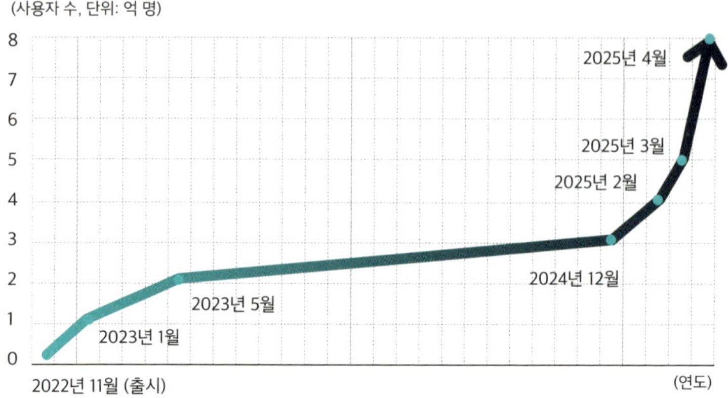

오픈 AI의 CEO 샘 올트먼도 이 무렵에 자신의 SNS에 글을 올려 '26개월 전에 챗 GPT를 출시했을 때는 5일 만에 100만 명의 사용자가 늘었지만, (방금은) 단 1시간 만에 100만 명의 사용자가 늘어났다'라는 자랑하기도 했다.[12]

결국 비즈니스에서 성과를 올리려면 메인세대가 광범위하게 사용해야 한다. 젊은 층과 다르게 한번 사는 브랜드나 서비스는 계속 이용한다는 특성도 이들의 호감이 필요한 이유다. 그리고 '아저씨들이 신어서 호카나 온 러닝화가 안 팔린다'라는 말은 사실 유튜버들이 만들어 내는 도시전설에 가깝다.

최근 호카의 둔화는 제품/컬러 전환·재고/채널 믹스 같은 상품 사이클 변수 때문이라는 분석이 주류다.[13] 그리고 온은 여전히 고성장 중이다. 2025년 2분기 매출은 32% 증가하여 사상 최고치를 기록하기도 했다.[14] '너무 대중화되면 쿨한 이미지가 사라진다'라는 말은 어느 정도 맞을 수도 있다. 하지만 몇몇 브랜드들의 실적은 계속 갱신되어서 '아저씨가 신어서 브랜드가 망했다'라는 자극적인 말과 수치적 사실이 일치하지 않는다.[15]

무엇보다 그렇게 치면 나이키는 진즉 망했어야 했는데, 2025년 상반기에 주가가 40% 이상 오르면서 부활했다. 시장에서는 나이키 부활의 이유로 엘리엇 힐Elliot Hill 최고경영자가 부임하면서 스포츠 브랜드의 정체성 회복과 유통 채널의 다변화 전략을 세웠기 때문이라고 한다.[16] 영포티 담론과는 아무 관계가 없다.

표리부동 공략이 비즈니스 전략이다

비즈니스로 보면 2030에게 어필하는 감각적인 트렌드 속에서 은밀하게 4060을 타겟팅하는 표리부동 전략이 필요하다. 트렌디하게 만들어서 2030의 선택만 받는 비즈니스는 동력을 오래 끌기 힘들다. 그래서 트렌디하지 못한 4060이 방문했을 때, 이들을 외면하는 가게는 아무리 트렌디해도 오래 살아남지 못한다. 트렌디함으로 무형의 성벽을 쌓는 경우도 있다.

2030은 소비 여력이 없어서 트렌디한 분위기를 계속 유지할 만한 매출을 지속적으로 만들어 줄 수 없다. 실제 상품과 서비스는 4060에게 어필해야 매출이 발생하기 때문에 이들을 차별하지 않고 우대하는 분위기를 만들어야 한다. 당연히 우대를 나이로 하면 안 되고 기준을 비용으로 잡아야 한다. 서비스를 제공하는 업체는 스페셜 서비스를, 상품을 파는 업체는 비싸더라도 그만한 퀄리티가 따라오는 상품을 준비해야 한다. 트렌디한 미끼 상품과 실제로 매출을 내는 프리미엄 상품이 동시에 존재해야 하는 것이다.

인테리어나 감각적인 공간, 유니크한 콘셉트 같은 것으로 트렌디함을 살리는 것과 동시에 4060의 호감을 살 수 있는 대접을 해야 한다. 그게 바로 상품이나 서비스의 품질이다. 예를 들어서 종로구에 있는 영국식 베이커리 스코프는 부암동의 상징 같은 곳으로, 부암동을 방문하는 사람이라면 한 번쯤 들리는 곳이다. 블로그에도 방문 후기가 잘 나와 있어서 부암동 맛집이나 부암동에서 갈 만한 곳이라고 검색하면 반드시 나오는 장소이기도 하다.

말하자면 상당히 트렌디한 가게인데, 여기서 일했던 관계자의 말에 의하면 매출에 커다란 도움이 되는 연령대는 사실 4060이라고 한다. MZ는 방문해서 아메리카노 한 잔에 빵 하나를 사서 자리에 앉아 사진을 찍고 인스타 올리는 게 전부지만, 4060은 친구나 친척에게 줄 빵을 20개씩 사 간다는 것이다.

그러니 MZ는 홍보에 도움되고, 4060은 매출에 도움된다. 그런데 4060이 아무 생각 없이 빵을 두 손 가득 사 가는 게 아니다. 스코프에서 만든 빵은 건강에 좋은 재료로 만들어서 먹었을 때 다른 베이커리의 빵보다 소화하기 편하다. 또한 가격이 합리적이어서 그냥 눈으로 보기에만 좋게 만들어 헉 소리 나는 가격으로 파는 베이커리와는 다르다. 그러니 좋은 재료로 만들어서 건강에 좋고 맛까지 보장된 빵을 한번 먹어 본 메인세대가 다시 찾아와 주변에 나눠줄 몫까지 대량으로 사 가는 것이다.

20대에는 어떤 옷을 입어도 어느 정도 어울리지만, 40대가 넘어가면 옷의 핏도 중요하고 특히 소재가 중요하다. 안 그러면 피부가 뒤집어지기도 한다. 메인세대는 유행한다는 이유로 저렴하지만 질 낮은 옷을 사서 한 번 입고 버리는 게 아니라, 다소 비싸더라도 소재가 좋은 옷을 사고 싶어 한다. 그러니 가격대가 다소 있더라도 좋은 품질이 바탕이 된 서비스나 상품을 갖춰 놓고, 그것이 트렌드를 타야 비즈니스적으로 큰 의미를 갖는 것이다.

감각적인 것에 프리미엄 더하기

또 하나, 메인세대에게 통하는 비즈니스를 하기 위해 고려해야 할 포인트는 그들에게는 '특별한 초대나 대접'이 필요하다는 것이다. 〈이진우의 손에 잡히는 경제〉와 〈삼프로TV〉를 만든 경제 전문 콘텐츠 작가인 장주연 작가는 비즈니스화를 염두에 두고 커뮤니티 모임을 이끌어 간 적이 있다.

1년 동안 커뮤니티 모임을 해 보고 쉽지 않다고 결론을 내린 이유는 커뮤니티에 참여하는 멤버들이 자꾸 '초대'와 '특별한 대접'을 바랐기 때문이었다고 한다. 특별한 대접이라는 것은 왕처럼 대접한다는 개념이 아니라 '오늘 이 자리를 위해 특별히 모신 분' 같은 타이틀이 필요하다는 뜻이다. 모두 평등하게 참여해서 네트워킹하고, 사회에서의 직분이나 직업을 내려놓고 자연스럽게 교류하는 것이 목적인 장 작가로서는 모임을 지속해 나가기 어려웠다고 한다.

체면이나 지위에 맞는 대접이라는 말로는 포괄할 수 없는, 메인세대 특유의 부유감이 있다. 커뮤니티 모임 장소와 그에 어울리는 와인 및 파인 다이닝을 제공하는 '사유의 서재' 오영재 대표는 강남과 명동에 레스토랑형 공간을 운영하고 있다. 특히 남산과 가까워 독특한 분위기를 풍기는 명동점은 5층 건물 대부분을 커뮤니티 모임 공간으로 쓰고 있어서 제법 웅장하기까지 하다. 그러면서도 인테리어가 고급스럽고 이름이 '사유의 서재'인 만큼 지적인 분위기를 뿜어내는 등 인스타에 자주 올라올 정도로 트렌디한 공간이다.

오 대표는 공간을 홀과 룸으로 나누어서 운용한다. 룸으로 가기 위해 홀을 지나가는 구조다. 그런데 오 대표가 말하길, 매출 대부분이 룸에서 나온다고 한다. 커뮤니티 모임 공간으로 룸을 쓴다는 것은 그만큼 인원이 많다는 것이고, 파인 다이닝이다 보니 그에 걸맞는 와인 소비도 많기 때문이다. 당연히 모임이 이뤄지는 룸에서 매출이 나올 수밖에 없다.

특히 명동에 위치한 매장은 근처에 대기업이 많아 임원이나 팀장 들이 주최하는 모임이 많고, 전문직들도 많이 찾아와 주머니 사정이 두둑한 메인세대가 주요 고객이 되었다. 이들이 룸에서 모임

'사유의 서재' 룸에서 이뤄진 단체 모임

을 주최하고 있으니 매출이 올라갈 수밖에 없는 것이다.

주말이나 공휴일을 앞둔 피크 타임에는 룸이 꽉 차서 예약을 연기해야 할 정도니 얼핏 생각하면 홀은 없애거나 줄여서 룸을 더 만드는 것이 이익 아닐까 싶기도 하다. 홀은 넓고 탁 트여 있어서 보기에는 좋지만 연인 단위의 손님들이 와인 몇 잔만 마시는 정도라 매출로 보면 비중이 그리 크지 않다.

그런데두 오 대표는 홀은 꼭 필요하다고 한다. 왜냐하면 실제로 홀이 없으면 매장에 2030이 별로 없고, 그렇게 되면 4060이 오지 않는다는 것이다. 홀에 2030이 앉아 있어야 힙하다고 생각하고 4060이 온다고 한다. 여기서 포인트는 이들을 똑같이 홀에 앉혀서 시끄러운 분위기에 노출시키면 재방문은 없을 것이라는 점이다.

2030이 많은 홀을 지나, 따로 예약해 놓은 룸에 들어가서 특별대우를 받아야 재방문하는 것이 메인세대다. 그런 경험에 돈을 추가로 지불하는 것은 얼마든지 가능하기 때문이다.

트렌드에 가까이 있지만, 그보다 고급스러운 느낌이 필요하다. 더 노골적으로 말하면 대접받는다는 느낌이 필요하다. MZ가 소비의 좌표가 되는 건 사실이지만, 실제로 MZ가 받는 서비스를 메인세대에게 그대로 제공하면 그 비즈니스의 지속성을 유지하기 어려워진다. 트렌디한 감각의 젊은 층을 위한 서비스, 그리고 그런 감각의 연장선상이면서도 단가가 있는 프리미엄 상품의 투트랙 전략이 있어야 비즈니스적으로 유의미한 구조를 만들 수 있다.

메인세대를 은근히 배척하는 구조부터 없애라

메인세대에게 통하는 비즈니스를 만들기 위해서는 메인세대를 은근히 밀어내는 구조부터 없애야 한다. 구체적인 요소를 짚어 보면 일단 디지털 접근이 손쉬워야 한다. 물론 메인세대는 키오스크 앞에서 쩔쩔매는 사람이 비교적 적다. 테이블에 있는 QR코드를 이용해서 주문하는 것도 보통은 어려워하지 않는다.

그래도 디지털 활용이 마치 복잡한 미션을 푸는 것처럼 설계되면 메인세대가 이탈할 가능성이 크다. 아무래도 서비스를 받고 상품을 획득하기 위해 앱을 새로 깔아야 한다거나, 개인정보를 무더

기로 내어 줘야 하는 프로세스를 거쳐야 한다면 메인세대의 서비스 사용 빈도는 줄어들 것이다. 편의점에서 행했던 NFT 행사가 그렇다. 디지털 지갑을 따로 깔고, 복잡한 인증을 거쳐야 하는 NFT 행사는 10~20대 초반의 참여로 그치는 경우가 많다. 그래서 큰 매출을 발생시키거나 사회적으로 유의미한 이슈를 일으키지 못한다.

그리고 매장을 운영하면 아르바이트생으로 20대만 쓰는 것보다 4060 또래의 종업원을 고용하여 고객의 말동무를 할 수 있도록 만드는 것이 좋다. 종종 아르바이트생에게 말을 거는 고객들이 있는데, 아예 못 들은 듯이 자기 일만 하는 20대 아르바이트들생이 생각보다 많다. 그들로서는 한두 마디 거들고 친절하게 대한다고 아르바이트비가 오르는 것도 아닌데, 굳이 계약서상에 없는 친절까지 베풀 필요가 없다. 이런 계산적 이유 말고도 원래 커뮤니케이션이 서툴다는 특징도 있다. 그러다 보니 고객은 돈을 쓰고 푸대접까지 받았다는 느낌을 받는다.

하지만 젊은 층에 비해 스몰토크에 거부감이 없는 메인세대는 조금 더 부드럽게 커뮤니케이션을 이어 갈 수 있다. 사회 경험이 많으니 상황 대처도 유연한 편이다. 그리고 매장에서 "오늘 날씨가 너무 덥죠?" 같이 스몰토크로 말을 거는 사람 자체가 20내보나는 메인세대일 가능성이 크기 때문에 비슷한 감각으로 소통할 수도 있다. 그런데 사실 이건 나이의 문제라기보다는 커뮤니케이션을 자연스럽게 할 수 있는지에 대한 문제이긴 하다. 확률적으로 그런 사람이 메인세대일 가능성이 크다는 얘기다.

4060을 부르는 다른 이름이 필요한 이유

중요하게 짚고 넘어갈 이야기가 있다. 비즈니스나 정부 정책에서 메인세대의 호응을 얻으려면 리네이밍과 리콘셉팅이 필수적이라는 사실을 강조하고 싶다. 은행권을 중심으로 4060을 지칭하기 위해 '영 시니어'나 '액티브 시니어'라는 단어를 많이 쓴다. 그런데 당사자인 4060이 그 호칭을 정말 정말 정말 싫어한다. 기본적으로 자신이 그 대상이 아니라고 생각한다.

시니어라기에는 무언가 맞지 않으니 영 시니어라는 말을 붙였지만, 무엇이든 '영'이라는 말이 붙은 단어는 사실 '영'하지 않다는 의미를 담고 있다. 당연히 '신중년' 같은 단어도 너무 너무 너무 싫어한다. 자신이 중년이라는 사실을 인지하고는 있지만, 인정하기는 싫기 때문이다.

위의 용어들은 금융이나 보험, 유통, 마케팅 분야에서 처음 쓰이기 시작했는데, 확실히 4060은 특성이 다르다. 금융 상품을 봐도 위험한 상품보다는 안전한 상품을 선호할 나이다. 그래서 경향성을 세분화하고자 이 타깃층을 따로 네이밍했는데, 그게 영 시니어, 액티브 시니어라는 악수惡手가 되었다. 학문적으로는 그렇게 쓸 수 있지만, 대중적으로는 그렇게 쓰면 안 된다. 해당 네이밍의 대상이 된 사람들의 극심한 반발을 불러올 수 있으니 말이다.

'영 시니어를 위한 프리미어 여행'에 가고 싶은 50대는 없다. "액티브 시니어를 위한 금융 상품이 나왔는데, 상담 한번 받아 보시겠어요?"라는 은행원의 말에 선뜻 고개를 끄덕이는 40대가 드물 듯 말이다. 앞서 언급한 L 백화점이 시험한 방문 서비스가 반발을 산 것과 유사한 맥락이다.

하지만 메인세대를 위한 특별 상품이나 서비스는 분명히 필요하다. 특히 금융이나 보험 상품이 그렇다. 비교적 은퇴를 수월하게 준비할 수 있는 미국이나 정년 보장뿐만 아니라 원하면 정년 이후에도 일할 수 있는 일본에 비해, 50세에도 강제로 은퇴당할 수 있는 데다가 은퇴 이후의 연금이나 사회안전망 제도가 잘 갖춰지지 않은 대한민국에서는 40대부터 별도의 준비가 필요하다. 그런데 은퇴 준비를 돕는 상품에 시니어라는 단어가 들어가서 대상자가 그 트랙에 들어오지 못하게 하는 역효과를 낳았다.

그래서 이 책에서 거듭 언급한 '메인세대' 같은 대체 네이밍이 필요하다. 도서관에서도 강의를 '영 시니어를 위한 금융 이야기'가 아니라 '메인세대를 위한 금융 이야기'로 네이밍한다면, 수강 인원을 모집하는 일이 보다 수월해질 것이다. 금융 및 관련 상품은 메인세대라는 네이밍과 개념을 잘 활용해서 적극적으로 고객을 유치할 수 있다.

내 인생의 중심이 되는 시기, 인생에서 나의 뜻이 가장 빛날 수 있는 시기, 청춘보다 더 빛날 수 있는 시기에 접어든 것이 메인세대다. 경제력, 경험, 그리고 명분까지 모두 가지고 있기 때문이다. 이런 개념으로 메인세대를 리콘셉팅하고, 상품을 개발하고 어필하면 생산자나 소비자 모두에게 윈윈일 것이다.

리네이밍, 기본 구조를 바꾸는 시작점

조금 다른 이야기지만 리네이밍 얘기가 나온 김에 한 가지 더 짚고 넘어갈 부분이 있다. 정부 정책 차원에서 리네이밍이 필요한 영역이 있는데, 그중 리네이밍이 가장 시급한 것이 '치매'다. 치매에 걸리는 사람이 주위에서 점점 늘어나고 있다. 메인세대는 아직 치매에 걸릴 나이대가 아니지만, 그들의 부모가 걸리기 시작했다.

과거에는 치매 환자가 상대적으로 적었다. 치매에 걸릴 정도로 오래 사는 사람이 드물었기 때문이다. 그리고 치매라는 말보다 노망이라는 말로 표현한 탓에 질병이라는 인식을 못 하기도 했다.

치매는 1976년에 로버트 카츠먼에 의해서 단순 노화가 아닌 질병으로 인식되기 시작했고[17], 1980~2010년대를 거치면서 진단 기준이 확립되고 여러 장비의 발달로 조기진단과 보고가 증가하면서 통계적으로 치매 환자의 수가 증가했다. 그러니까 예전에는 단순히 노망이라고 생각했던 증상도 치매로 진단되면서 상당히 광범위하게 퍼졌다. 그런 의미에서 초고령사회에 접어드는 대한민국이 앞으로 치매와 씨름할 것이라는 사실은 선명한 미래다.

2025년 기준으로 대한민국의 치매 환자는 약 97만 명이며, 65세 이상 인구의 유병률은 9.17%다.[18] 10명 중 1명은 치매를 앓고 있는 셈이다. 유병률은 비슷한 수치를 유지하지만, 환자 수는 빠르게 증가할 예정이다. 고령자 자체가 급격하고 증가하고 있기 때문이다. 앞으로 가족 중 한 사람은 치매를 앓을 확률이 높다. 가정마다 치매가 고민거리가 되는 것이다.

그래서 치매의 용어 전환에 대한 국민적 공감이 필요하다. 사실 치매는 '우둔하다'라는 뜻으로, 모멸감을 함유한 개념이다. 그런데 2010년대에 중앙·지방정부 정책을 만들고 공공 캠페인을 진행하는 과정에서 치매가 공적인 언어로 굳어 버렸다. 그 결과, 모두 치매라고 부르고 있다. 이 치매라는 말을 바꾸는 것만으로도 상당히 긍정적인 효과를 볼 수 있다.

우리보다 한발 앞서 초고령사회로 진입한 일본은 치매를 '인지증認知症'이라고 바꿔 부른다. 2004년에 일본 후생성이 치매라는 용어 때문에 발생하는 비하적 느낌, 상태를 정확하게 나타내지 못하는 부정확성, 그리고 치매를 꺼려서 조기진단이 저해되는 현상까지 3가지 문제점을 들어 인지증이라고 바꿔 부를 것을 제안했다.[19]

그 결과, 낙인 완화와 조기상담 및 조기지원에 대한 접근성을 확장하는 데 도움이 되었다고 한다. 특히 일본 내 인지증 환자 가족을 대상으로 시행한 조사에서는 모멸감이나 불편감이 덜하다는 결과가 나왔다. 치매보다 소프트한 어감 덕분에 접근도 쉬워져서 일본에서는 지역 스타벅스에서 정기적으로 인지증 환자 가족 모임이 열리는 등 사회적 지원이 양성적으로 이뤄지고 있다.

메인세대의 부모는 현재 80~90대이기 때문에 치매 발병률이 높다. 그래서 치매 대비책을 차곡차곡 마련할 필요가 있는데, 그 첫 번째 걸음으로 사회적 합의를 통한 리네이밍이 필요하다.

2024년에는 대한민국 국회에서 '치매'를 '인지증'으로 바꿔 부르자는 개정안이 실제로 발의되어 공론화가 한층 진전되기도 했는데, 그해 겨울에 일어난 엄청난 정치적 사건 때문에 다른 여러 논의와 함께 수면 아래로 가라앉고 말았다.

그런데 사실 공론장에서 치매 리네이밍의 필요성은 계속 언급되었다. 그것을 국민적 여론으로 끌고 가는 동력이 약해서 쉽사리 바꾸지 못한 것이었다. 지금은 치매가 다른 사람의 부모님 이야기가 아니라, 내 부모님의 이야기가 될 수도 있다는 생각을 가지고 사회적 공감을 모아야 할 시점이 아닌가 싶다.

이렇게 치매가 인지증으로 바뀌고, 집에 꽁꽁 숨겼던 비밀에서 벗어나 온 동네와 공유하는 소식이 된다면 상당히 많은 비즈니스 아이템을 구상할 수 있다. 특히 20여 년 전부터 치매에 관한 논의가 이뤄져, 관련 비즈니스가 제법 많은 일본은 좋은 모델이다. 예를 들어, 일본에는 '그룹 홈グル-プホ-ム'이라는 것이 있다. 인지증 환자가 5~9명씩 그룹을 이뤄 함께 생활하며, 전문 스태프가 24시간 상주하는 주거 시설이다. 일본 전역에 1만 4,000개 정도의 사업소가 있으며 수혜자는 약 21만 5,000명으로, 지역사회 내에서 생활 밀착형으로 확산되고 있다.[20] 또 인지증 카페도 있는데, 환자·가족·전문가가 모여 교류하고 정보를 교환하는 지역 커뮤니티 카페다. 앞서 언급했던 것처럼 스타벅스도 참여하고 있다. 여기서 카페는 단순 여가 공간이 아니라 상담, 정보 지원, 정서적 교류까지 제공하는 역할을 하는 곳으로, 일본 지자체 주도로 전국 수천 곳에서 운영 중이다.

IT 업계에서도 관련 비즈니스가 활발하게 진행 중이다. 인지증 환자의 배회 문제를 해결하기 위해 GPS 기능이 있는 신발, 팔찌, 스마트 태그가 보급되는 게 대표적이다. 그 밖에 인지기능 훈련 게임이나 로봇이 개발되기도 했고, IoT(사물인터넷, 각종 사물에 센서와 통신 기능을 탑재하여 인터넷에 연결하는 기술―편집자주) 주거 안전 시스템으로 가스나 물 사용 패턴을 감지하거나 낙상을 감지하는 시스템이 보급되었다. 또한 택시 서비스, 방문형 치료사, 인지증 환자 전용 보험·금융 서비스 등도 있고, 인지증 환자를 돌보는 교육 같은 것도 체계적으로 이뤄지고 있다.

02

젊음 유지에 돈을 아끼지 않는 세대

외모부터 건강까지, 소비는 계속된다

아무리 비싸도 살을 뺄 수 있다면!

오랜만에 만난 지인이 있다. 사업을 한다고 지난 3년간 무척 고생했는데, 요즘은 자리를 잡아서 사업이 궤도에 올랐다고 한다. 그래서인지 얼굴이나 체형이 부쩍 보기 좋게 변했기에 그 이유가 궁금해서 물어보았다.

"지난번에 비해서 살이 좀 빠지지 않으셨나요?"
"조금이 아니라 많이 빠졌어요. 11kg 빠졌습니다."

"사업한다고 고생하시더니 비주얼을 얻으셨군요."

"사실 사업 때문에 빠진 건 아니고요."

"아니, 그럼 어떻게 빼셨죠?"

"위고비요."

다이어트의 비결은 요새 유행하는 위고비였다. 부작용을 겪었다는 사람도 있고, 식욕이 위고비를 이겨 버렸다는 사람도 있지만 식욕을 억제하는 비만 치료제 위고비는 전반적으로 꽤 효과가 좋다. 성인 비만 환자의 체중이 평균 16% 감소하고 허리둘레도 11.9*cm* 줄었다는 임상 결과도 있었다.[21]

하지만 위고비 한 달 치 가격이 40만~60만 원 정도로 비싸게 형성된 데다가 의사들은 보통 6개월 이상, 심지어 1년 동안 꾸준히 맞을 것을 권한다. 앞서 언급한 임상실험도 무려 44주를 투여한 결과다. 그래도 상당히 많은 사람이 위고비를 사용해서 체중을 감량했다. 연령별로 봤을 때 가장 많이 사용한 것은 30대로 30.7%였고, 그 뒤를 이어 40대가 29.2%를 기록했다. 우리나라 평균 결혼 연령이 2024년 기준으로 남자는 33.9세, 여자는 31.6세[22]인 것을 고려하면 30대는 연애, 결혼이라는 이벤트 때문에 다이어트 수요가 많아서 위고비 사용자가 많은 것이라는 사실을 추론할 수 있다.

이에 비해 건강이나 외모 관리 욕구에 따라 위고비를 사용한 사람이 가장 많은 연령대는 40대라고 추론할 수 있다.[23] 어째서 그토록 많은 40대가 위고비까지 사용하며 다이어트를 했을까?

샹그릴라 신드롬, 노화 회피는 인간의 기본 욕망

인스타에는 여성들이 "몇 살처럼 보여?"라고 묻는 식으로 자신이 어려 보인다는 것을 강조하는 게시물이 많이 돌아다닌다. 그리고 실제로 그들은 매우 어려 보인다. 물론 자신이 기대하듯 20대처럼 보일 수는 없겠지만, 미혼으로 보이는 여성이 중·고등학생, 심지어 대학생인 아이와 함께 춤추는 릴스를 찍어 올리는 것을 보며 깜짝 놀라는 경우도 있다.

요즘은 얼굴을 보고 나이를 짐작하는 게 점점 쉽지 않아진다. 여전히 제 나이로 보이는 사람도 있지만, 실제 나이보다 어려 보이는 사람이 많은 것이 요즘의 추세다. 물론 젊음을 지향하는 사람들은 예전부터 존재했다.

'샹그릴라'는 제임스 힐턴James Hilton이 1933년에 출간한 소설 《잃어버린 지평선》에 나온 숨겨진 낙원의 이름이다. 여기서는 사람들이 장수하는 데다가 영원한 젊음을 누릴 수 있는데, 바로 이곳의 이름을 따서 '샹그릴라 신드롬Shangri-la syndrome'이라는 말이 생겼다. 노화를 자연스러운 과정으로 받아들이기보다는 어떻게든 젊어 보이고 싶은 태도를 말한다.[24] 피터팬 증후군이 어른이 되고 싶지 않은 '성숙 회피'라면, 샹그릴라 신드롬은 '노화 회피'인 셈이다.

그러니까 노화를 피하고 싶은 생각은 예전부터 있었지만, 과거에는 당장 눈앞에 닥친 먹고사는 문제를 해결하는 것이 시급했다. 그러나 지금은 기술의 발달과 대한민국 경제력의 성장으로 먹고사는 문제가 어느 정도 해결된 상태다. 또한 인터넷의 발달, 모바일의 등장과 그에 따른 콘텐츠 산업의 성장 등이 지난 몇십 년간 잇따르다 보니 젊음을 유지하는 기술과 노하우가 많이 발전했고, 또 광범위하게 공유되었다.

'울쎄라'는 고강도 초음파로 피부 깊은 곳까지 당겨서 리프팅 효과를 주는 성형외과 전문 시술인데, 많은 사람이 이 시술의 이름을 알고 있다. 예능 프로그램에 출연한 방송인이 울쎄라를 했네 안 했네 하며 웃음을 주다 보니, 대중은 울쎄라라는 단어를 자연스럽게 접하고 그게 뭔지 궁금하니 검색해 본다.

검색하면 다양한 정보가 꼬리에 꼬리를 물고 등장한다. 어느 병원이 잘하고, 어떻게 하면 보다 저렴하게 받을 수 있는지 몇 번의 터치만으로 정보를 찾을 수 있다. 젊음의 비법, 무병장수 스킬이 '메이드 바이 의사'라는 인증마크를 단 채 인터넷에 광범위하게 흩뿌려졌다. 정보의 바다에 그물을 던지기만 하면 정보가 부지기수로 잡혀 올라온다. 그러다 보니 하겠다는 마음만 있으면 피부나 미용, 외모 관리에 대한 정보를 과거보다 훨씬 쉽게 접할 수 있다.

그리고 지금 그 결과가 나타났다. 피부에 치명적인 햇빛의 폐해를 막는 선크림의 경우, 1990년대 이전까지는 해수욕장 같은 야외에서나 바르는 것이라는 인식이 있었다. 그러다가 자외선 차단 지수SPF와 'UVA/UVB'의 개념이 대중에게 알려지면서 일상적으로 바르는 화장품이 되었다. 2000년대 넘어서는 남자들도 자외선으로부터 피부를 보호하기 위해 일상적으로 선크림을 바르기 시작했다. 그 결과, 예전보다 '동안'이 늘어났다(물론 동안이 늘어난 데에는 선크림 외에도 여러 기술과 노하우가 복합적으로 작용했다). 사람들이 제 나이보다 젊어 보이는 현상은 앞으로 더욱 심화될 수밖에 없다. 인간이 가진 욕망의 방향과 결이 맞고, 그것을 지지해 줄 기술이 개발되는 한 말이다.

젊어 보이고 싶은 마음을 자극하라

심리학에서 말하는 '인지연령Cognitive age'은 자신이 스스로 느끼는 주관적 나이를 말한다.[25] 주목할 만한 것은 25세 전후를 기점으로 인지연령이 갈린다는 사실이다. 25세보다 어린 집단은 스스로를 실제 나이보다 조금 더 나이 들었다고 느끼는 경향이 있고, 25세 이후에는 대체로 실제 나이보다 젊다고 느끼는 경향이 뚜렷해진다. 연구에 따르면 40대 이상의 성인은 평균적으로 자신을 실제 나이보다 약 20% 젊게 느끼는 것으로 나타났다.[26] 그러니까 50세인 사람은 자신을 40세라고 느낀다는 것이다.

이런 경향은 사회가 나이 든 이미지를 어떻게 말하느냐에 따라 조금 더 심화되기도 한다. 노화에 부정적인 관념을 품은 사회에서는 중·장년층 사이에서 더 어려지고 싶다고 생각하는 경향이 커지는 현상이 관찰된다.[27]

그런데 인지연령의 하위요인을 보면 외모, 행동, 감성, 관심사

네 가지 요소가 있다. 그중 미디어, 패션, 취향, 음악 같은 분야에 대한 관심사를 기반으로 한 '관심사 연령'이 실제 연령과 가장 차이가 큰 하위요인이다. 다음은 감성, 행동 연령순이고, 외모 연령이 그나마 실제 연령과 가장 가깝다.[28]

즉 사람들은 자신이 실제 연령보다 젊다고 느끼고 싶어 한다. 이때 관심사 같은 요소는 외부요인이 없기 때문에 젊다는 감각을 충분히 느낄 수 있다. 반면에 외모는 거울을 통해 객관적으로 관찰하게 되니까 다른 요인보다 실제 연령과의 차이가 적다. 이를 반대로 말하자면, 사람들은 실제 연령과 비슷해 보이는 외모에 가장 큰 불만을 가진 것이다. 그래서 외적으로 조금 더 젊어 보이는 방법이 있다면 적극적으로 사용해 본다.

최근 들어 메인세대가 화장품 회사의 큰손이 되는 경향이 두드러지고 있다. 올리브영 회원 자료를 보면 2012년에는 40대 이상 고객의 매출 비중이 전체의 6.8%에 불과했지만, 2018년에는 20.7%를 기록했다.[29] 그리고 2024년의 결제자 비율을 보면 40대가 21.2%, 50대 이상이 21.6%다.[30] 즉 40대 이상이 42.8%를 차지하는 셈인데, 보통 나이가 들수록 프리미엄 제품을 구입하는 경향이 있으니 매출액 비중은 과반 이상이라고 봐야 한다. 화장품 업게에서 비즈니스를 한다면 이제는 20대보다 40대를 타깃으로 삼는 기능성 화장품에 높은 비중을 두어야 더 많은 매출을 확보할 수 있다는 사실을 유추할 수 있는 대목이다.

그리고 또 하나, 화장품 사업을 메인세대에게 맞춘다면 마케팅이나 포장, 설명서 같은 것을 신경 쓰는 것만으로도 효과를 볼 수 있다. 그래서 2010년대 중후반부터 화장품 업계에 안티에이징 메시지가 강화되는 추세에 맞춰서 메이저 뷰티 시장에서는 60~80대 이상의 시니어 모델 기용이 확산되었다. 2014년에 당시 69세인 영화배우 헬렌 미렌Helen Mirren을 모델로 내세운 로레알이 대표적이다. 이러한 경향은 지금도 유지되어서 대한민국에서는 2025년에 당시 83세였던 배우 김혜자가 세포랩 TV 광고에 출연해, 국내 최고령 화장품 모델이 되기도 했다.[31]

일본의 화장품 기업 시세이도는 시니어 전용 브랜드를 출시하고, 제품 패키지에 적힌 텍스트를 큰 글씨로 제작하기도 했다. 물론 설명서도 보기 편하게 만들었다.

이때 잊지 말아야 할 포인트는 배려를 노골적으로 드러내지 않는 것이다. 큰 글씨로 적은 다음에 '노안老眼'으로 잘 안 보이는 중년을 위해 패키징에 신경 썼다는 것을 언급하면, 해당 화장품은 자신의 노화를 인정하는 사람만 산다. 큰 글씨로 쓰되 디자인상으로 구현되었어야 할 요소에 불과한 것처럼 표현해야 한다. 디자인을 감각적이고 세련되도록 만드는 과정에서 글씨를 크게 쓸 필요가 있었을 뿐이지, 노안인 사람을 위해 크게 썼다는 느낌을 주면 안 된다.

제품의 타겟팅이 '나이 든 사람'이라는 사실을 노골적으로 드러내면 그 제품을 사는 것만으로도 노화를 인정한다는 꼴이 되어 버린다. 그래서 화장품이라면 '노화 방지'나 '동안 유지' 같은 애매한 표현을 할 바에 차라리 '건강한 피부' 같은 간접적인 묘사가 좋다.

그래도 '주름 개선'이라든가 '리프팅 효과' 같은 기능성 용어는 필요하다. 그래서 이 밸런스를 잘 맞춘 콘셉팅이 중요한 것이다.

노안 치료제 시장의 폭발적 성장 가능성

유사한 흐름에서 보자면 새로 네이밍하는 것만으로도 비즈니스를 조금 더 확장할 수 있을 만한 분야가 많다. 대표적으로 안과가 있다.

눈을 구성하는 수정체와 모양체근이 기능을 상실하여 가까운 거리에 초점을 맞추기 힘들어지는 현상이 있다. 이것을 익숙한 말로 '노안'이라고 부른다. 노안이 나타나는 나이가 보통 40대 중반부터다. 그런데 지금의 40대 중반은 딱 우리나라의 중위연령이다. 그러니 해당 증상에 '노'자가 붙으면, 대한민국 인구의 절반이 '노'인이 되는 셈이다.

수정체가 점점 딱딱해지고 모양체근의 조절 능력이 떨어지는 이 현상은 스마트폰을 오래 보고, 모든 정보를 모니터로 접하는 현대에서는 40대 초반이나 30대에게도 발생할 가능성이 크디. 실제로 40대 초반에 노안을 겪는 사람이 급격하게 늘어나고 있다.

이런 상황에서 노안이라는 말을 쓰면 당사자들이 거부감을 느끼고, 단순히 '늙어서 생기는 병'이라고 생각하여 안과 진료를 미루고 예방법을 회피하기도 한다. 그래서 일본에서는 '피곤한 눈을 새롭게 만든다'라는 의미로 '리프레쉬 아이Refresh Eye'라고 쓰기도 하고, 영미권에서는 '머츄어 비전Mature Vision'이라고 쓰기도 한다.

노안 문제는 아직 사회적으로 크게 대두되지 않는다. 노안은 다른 질병과 다르게 교정할 방법이 없으니 병원에서도 군이 노안 치료를 마케팅할 필요가 없기 때문이다. 하지만 미국에서는 FDA 승인을 받은 '부이티Vuity' 같은 안약이 나오기도 했다. 이 안약은 동공을 살짝 축소해서 가까운 글씨가 또렷하게 보이게 만드는 방식으로, 효과는 6시간에 불과해도 안경 없이 근거리 시력을 교정할 수 있다.

그리고 아직 초기 단계지만, 줄기세포·재생의학 연구를 통해 수정체의 탄성을 되살리려는 시도도 이루어지고 있다. 시간이 지나면 다초점 렌즈나 수술 외에도 시력을 교정할 다양한 방법이 나와서 노안 치료법이 조명될 텐데, 그때를 대비해 소비자 접근성을 개선하려면 노안이라는 명칭을 바꿀 필요가 있다.

경제적 여유가 있는 메인세대는 안전한 치료법이 개발되면 눈의 상태를 개선하는 데 기꺼이 투자할 것이다. 나이가 들면 노안뿐만 아니라 백내장, 녹내장 등이 찾아와 눈의 기능이 급격하게 약해지는데, 수많은 디지털 기기 때문에 그 시기가 점점 빨라지는 요즘은 안과가 피부과처럼 뜰 가능성이 크다. 종합검진부터 안과 질환 예방에 돈을 쓰는 사람들이 늘 테니, 우리 몸의 핵심 장기인 눈에 대해서는 신뢰성 있는 치료법과 약품을 개발하는 게 중요하다.

러닝부터 요가까지, 일상에 파고든 헬스 비즈니스

노화를 늦추려는 움직임은 의학적 치료나 약을 사용한 화학적 방법뿐만 아니라 물리적 방법으로도 나타난다. 그중 생활체육의 확산, 운동이 대표적인 예시다. 헬스에 미쳐서 근육을 키우는 데 신경 쓰는 사람을 '헬창'이라 부르는데, 당연히 이 정도로 운동하는 것은 아니고 꾸준하게 건강을 유지하는 수준의 운동을 일컫는다. 대표적인 예시로 러닝이 있다.

국내 조깅·달리기 경험률은 2021년 약 23%에서 2022년 27%, 그리고 2023년 32%로 꾸준히 증가하는 추세다.[32] 다양한 업계 추산에 따르면, 국내 러너 수는 1,000만 명을 돌파한 것으로 보인다.[33] 그리고 한정판 거래 플랫폼 크림이 발표한 트렌드 데이터에 따르면 2025년 1월부터 7월까지 러닝 검색량은 반년 만에 270% 증가했고, 거래액은 154%, 구매자 수는 153% 증가했다.[34]

이런 통계에 의존하지 않더라도 확실히 주변을 보면 주말에 $10km$ 마라톤을 뛰고 왔다면서 자랑하는 사람이 부쩍 많아진 것을 알 수 있다. 코로나19 팬데믹 이후 직장인들의 저녁 문화는 회식을 지양하고 동호회 활동이나 자기계발 시간을 확보하는 등 나 사신에게 투자하는 시간을 늘리는 쪽으로 변했다. 그러한 트렌드에서도 러닝은 유난히 더 뜨고 있는 스포츠다. 대규모 팀을 꾸릴 필요가 있거나, 반드시 상대방이 있어야 하거나, 혹은 특정 장비를 사야 하는 게 아니라 언제 어디서나 혼자 할 수 있다는 장점 덕분에 다른 스포츠에 비해 접근성이 좋기 때문이다.

가수 이효리가 요가원을 열 정도로 요가 열풍도 만만치 않다. 그러나 개업하는 이효리에게는 미안한 이야기지만, 최근 2년간 국내 요가 스튜디오 신규 개설이 약 40% 증가한 것으로 나타났다.[35] 경쟁이 치열하다는 얘기다. 하지만 반대로 생각하면 그만큼 요가 인구가 증가했고, 수요가 있어서 요가 스튜디오가 늘어난 것일 테니 치열한 경쟁 때문에 어렵다고만 생각할 건 아니다. 이효리의 요가원으로 요가에 대한 관심이 생길 수 있으니, 요가 인구 자체가 더욱 증가할 수도 있다(그러므로 이효리에게 미안하다는 말은 취소다).

이렇듯 전체적으로 국내 생활체육 시장의 규모가 확장되는 추세다. 저녁에 동네 헬스장에 다니는 사람도 많고, 자전거나 테니스를 새로 시작한 사람도 많다. 통계를 봐도 2023년 기준 생활체육 참여율은 약 62.4%로, 코로나19 팬데믹 기간이었던 2022년보다 1.2%포인트 상승한 수치를 나타내고 있다.

이렇게 생활체육 참여율이 상승한 이유는 50대와 60대, 70대 이상의 연령대에서 참여자가 증가했기 때문이다. 10대나 20대는 오히려 코로나19 팬데믹이 종식된 후에는 참여율이 급격하게 줄었다. 30대는 0.6%포인트 낮아졌고, 40대는 1%포인트가 낮아진 데에 비해 50대는 0.6%포인트가 늘었고, 특히 60대는 8.4%포인트 상승했다.[36]

그러니까 50대 이상은 코로나19 팬데믹과 무관하게 운동을 시작한 사람이 많아졌다는 이야기다. 은퇴 시기의 몸이 예전보다 젊어진 것도 운동하는 사람이 많기 때문이고, 무엇보다 건강에 대한 관심이 그들에게 운동을 부추겼다. 또한 운동을 시작했을 때, 그에 대한 정보를 얻기가 쉬워진 영향도 있다.

안티에이징 관련 시장의 확장성

당연히 나이를 먹으면 젊음을 유지하려는 성향이 나타나는데, 보통은 그 가능성을 건강과 음식, 의료 같은 다분히 직관적이고 기능적인 곳에서만 찾는다. 하지만 안티에이징 비즈니스는 의료 분야에만 있는 게 아니다. 오히려 스스로를 젊다고 느끼는 기분을 유지시켜 주는 것, 젊은 취향을 공유하는 것 등에서 크게 확산된다.

외모 관리가 뜨면서 메인세대가 피부과를 찾기 시작하는 것은 물론이고, 눈썹 문신을 하는 40대나 모발이식을 받는 50대가 늘어났다. 메디컬 뷰티나 안티에이징 클리닉 같은 것들이 확산되어 보톡스, 필러, 레이저 시술 등은 이미 대중화되었다. 여기에 피부 재생 치료, 줄기세포 기반 시술 같은 차세대 안티에이징 치료의 수요가 급성장하고 있다.

하나 덧붙이자면 아직까지는 이러한 대중화에서 남성이 빠져 있다. 남성 역시 젊어 보이는 외모를 유지하고자 하는 욕구와 젊음이 사회 경쟁력이 된다는 명분이 있으니, 그들이 자연스럽게 찾을 수 있는 분위기를 만든다면 비즈니스 확장 효과가 상당할 것이다.

그들이 많이 찾는 것은 헤어&두피 케어다. 탈모·새치 관리 서비스나 맞춤형 모발 영양제, 두피 클리닉은 앞으로도 성장할 가능성이 크다. 한때는 연예인이나 받는 시술로 여겼던 모발 이식도 상당히 대중화되었다.

웰니스가 더욱 중요해지는 트렌드에 올라타라

정신적 활력이나 멘탈 웰빙도 중요해지고 있어서 마음챙김이나 명상 프로그램에 대한 수요도 늘고 있다. 스트레스 관리와 뇌 건강을 동시에 잡는 명상이나 호흡법, 요가 등이 뜨는 것이다. '중년의 사춘기'를 겪는 메인세대를 위해 인생 설계 상담을 하고 커리어나 인간관계를 코칭하는 심리·라이프 코칭도 최근 들어서 수요가 생긴 비즈니스 분야다.

지식을 찾고, 인문학을 배우는 메인세대도 많이 늘었다. 사십이나 오십이라는 말이 붙은 책들은 철학자, 고전과 연계된 경우가 대부분이고, 분야로 보면 심리학이 많다. 강연도 인문학 강연들이 특별히 더 많은 관심을 받는데, 말하자면 심리적인 문제에 대해 건강한 인사이트를 받고자 하는 수요가 많다는 것이다. 나이 들면서 공허하고 외로운 감정을 토로하는 사람이 많은데, 그에 대한 대안으로 인문학 지식이 떠오르는 것을 알 수 있다. 강의나 콘텐츠 비즈니스를 하려면 메인세대에 필요한 것, 내면의 공허함을 달래 줄 수 있는 인사이트나 위로 효과가 있는 콘텐츠를 연구해 보아야 한다.

운동을 도와주는 비즈니스도 필요하다. 기본적인 정보는 유튜브가 제공하지만, 사실 동호회를 벗어나 혼자 운동하는 방법은 많지 않다. 물론 동호회에 들어가는 게 가장 빠른 방법이다. 그러나 내향적인 사람이나 인간관계가 덜 절박한 메인세대는 그다지 선호하지 않는 방법일 수 있다. 활발한 네트워킹 없이도 여러 운동에 참여할 수 있다면, 많은 사람이 그 방법을 선택할 것으로 보인다.

나는 10여 년 전에 서울에서 마라톤 $10km$를 뛰어 본 후에 아직 유사한 도전을 한 적이 없다. 마라톤을 신청하려고 해도 혼자 신청하려니 망설여지기 때문이다. 러닝 크루로 활동한다면 당연히 다른 사람과 함께 신청하겠지만, 그런 동호회 활동은 조금 부담스러운 게 사실이다. 이럴 때 마라톤에 참여할 사람을 모집하여 딱 하루만 묶어 주는 플랫폼이 있으면 좋겠다는 생각이 들었다.

평일에는 배드민턴이나 테니스, 피클볼을 함께 칠 사람을 매칭하고, 주말에는 자전거로 양평 라이딩을 같이 갈 사람을 매칭하는 식으로 생활체육 분야에서 동행인 찾는 걸 도와주는 지역 기반 스포츠 플랫폼이 있으면 수요가 있을 것이다. 사용자가 많아지면 관련 스포츠 용품을 파는 가게를 운영해서 비즈니스를 확장할 수도 있다.

03

'놀면 뭐 하니?'라고 말하는 세대

지속적 일자리를 위한 플랫폼 비즈니스

퇴직 후 계획은 유튜버?

여름방학 기간에 대학교에서 취업 담당 교수 간담회가 있었다. 보통 한 학기에 한 번씩 있는 자리로, 같이 일하는 분들과 다음 학기의 전체적인 기조를 어떻게 할지 이야기를 나누는 시간이다. 공식 회의인지라 학교 법인카드로 맛있는 점심을 먹을 수 있는 날이기 때문에 웬만하면 빠지지 않는다. 그런데 이번에 참석했을 때 취업센터 팀장님이 갑자기 이번 달까지만 일하고 그만두신다는 것이다. 그래서 왜 그만두시나 궁금했는데, 그냥 일을 관두고 싶으신

게 아니라 정년퇴임이란다.

정년퇴임이 연상되는 외모와 분위기를 가지신 분이 아니어서 깜짝 놀랐다. 얼핏 보기에는 40대고 많아야 50대 초반 정도로 보였는데, 사실은 60대이신 것이다. 물론 놀란 내색은 하지 않고 마치 알고 있었다는 듯이 자연스럽게 이야기를 나눴다. 혹시 퇴직 후 계획은 있으시냐고 물었더니, 취업센터의 팀장이었던 커리어를 살려서 관련 강연이나 컨설팅 같은 것을 하는 게 제일 합리적이라는 결론을 내셨다고 한다. 그러면서 일단 콘텐츠와 네임밸류를 동시에 쌓는 방법으로 유튜브를 개설할 예정이라고 말씀하셨다. 그러니까 일단 퇴직 후에 유튜버가 될 셈이었다.

4060을 타깃으로 하는 구직 플랫폼이 필요하다

예전에는 '퇴직 후 계획'을 묻는 질문에 전원생활이나 귀촌, 여행, 봉사 같은 대답이 많았다.[37] 일에서 손놓고, 대신 여유 있는 생활에 손대고 싶다는 것이었다. 하지만 지금 압도적으로 많은 대답은 계속 일하기다. 재취업, 시간제, 프로젝트, 플랫폼형 노동 등 형태는 다양해도 정규직은 아니라는 전제를 둔다는 공통점이 있다. 달리 말하자면 (어차피 될 가능성이 낮은) 정규직 외에는 다 할 수 있다는 것이다. 대한민국의 평균 은퇴 희망 연령은 73.3세다. 계속 일하는 이유로는 생활비 보탬이 55%고, 일하는 즐거움은 35.8%

다. 그러니까 지금은 '은퇴=완전한 비경제활동'이 아니라, 일을 지속적으로 하되 '선택'하는 개념 정도로 바뀐 것이다.

창업이나 부업에도 관심이 많아서 은퇴 전후 소득원 확보를 위한 자영업이나 창업이 눈에 띄게 증가하기도 했다. 중소벤처기업부의 자료에 의하면 경제가 어려워지기 시작한 2024년에는 전년도에 비해 모든 연령대에서 창업률이 감소했는데, 60세 이상에서만 4.6% 증가했다고 한다.[38]

60세가 과감한 도전을 한 것인지, 아니면 경기가 어려우니 재취업 길이 막혀서 막다른 길이라는 느낌으로 창업을 선택했는지는 수치에 표시된 게 아니어서 창업 계약서가 핑크빛인지 핏빛인지까지는 알 수가 없다. 다만, 확실한 것은 60대에 퇴직하면 '놀아야지'라고 생각하는 사람보다 '놀면 뭐 하니'라고 생각하는 사람이 훨씬 많아졌다는 사실이다.

사실 대한민국의 프랜차이즈 산업은 2024년 말 가맹사업 정보공개서 기준에 의하면 가맹본부 8,802개, 브랜드 1만 2,377개, 가맹점 36만 5,014개로 전년 대비 가맹본부는 0.5%, 가맹점은 3.4% 증가해서 절대규모는 증가했다.[39] 그런데 외식·주점업의 실질적인 총매출액은 2024년에는 161.1조 원으로, 전년 대비 1.4%포인트 감소하여 코로나19 팬데믹 이후 처음으로 감소했다.[40] 이 두 가지 정보를 합하면 프랜차이즈 매장 수는 늘었는데, 업체별로 벌어들이는 매장당 수익은 감소했다는 얘기다. 지금까지도 수익성이 썩 좋지는 않았는데, 경기가 어려워지면서 프랜차이즈 산업은 더

더욱 호재와 거리가 멀어졌다.

그런데 이렇게 경제가 어려우면 그냥 노는 것이 오히려 재산을 지키는 길일 수도 있는데, 오히려 프랜차이즈 업체 수가 증가했다는 수치는 의아함을 불러일으킨다. 이는 은퇴 후 1~2년 정도 아껴서 버티는 차원으로는 생계를 유지하기 힘들다는 것을 보여 주는 수치다. 프랜차이즈 업체라도 개업해서 앞으로 계속 '먹고살 길' 찾아야 한다는 은퇴자들의 절박한 심정을 엿볼 수 있다.

은퇴자들이 치킨 공화국이라는 비아냥을 들으면서까지 치킨집을 비롯한 프랜차이즈 업종을 찾는 이유는 그동안 직장생활만 해봐서 자력으로 장사할 자신이 없기 때문이다. 가게 위치, 음식 퀄리티 유지, 직원 고용, 접대 메뉴얼 등 무엇 하나 홀로 습득할 수 없으니 5일 간의 교육으로 가게가 잘 돌아가게 만들어 준다는 프랜차이즈 본사의 광고가 눈에 들어올 수밖에 없다.[41]

문제는 결국 준비되지 않은 자영업자가 난립한다는 것이다. 직원도 3개월 간의 수습 기간을 두고 그 회사와 함께 할지 아닐지 결정하는데, 사장이 될 때는 '돈만 있으면' 그만인 셈이다. 아직 준비되지 않은 사장들은 직원에게 매장을 맡기고 저녁에만 찾아가서 '오늘도 흑자'라는 메시지를 받을 미래를 꿈꾼다. 그러다 곧 사장 없이는 매장이 돌아가지 않는다는 것을 깨닫는다. 조금 더 있으면 사장이 있어도 매장이 돌아가지 않는다는 잔혹한 진실까지 알게 된다. 결국 알바도 없이 혼자서 12시간 동안 중노동에 시달린다. 그러다 문득 수익을 계산해 보면 이 시간 동안 다른 가게에 가서 일했으면 더 벌었을 것이라는 팩트 앞에 후회의 눈물을 흘리는 결말을 맞이할 확률이 훨씬 높다.

그래서 많은 자영업자는 일단 원하는 업종에 가서 아르바이트를 해 보라고 조언한다. 최소 3개월, 길면 1년 정도 일하면서 사계절을 겪어 보면 매장을 어떻게 운영해야 하는지 보인다고 한다(사실 안 하는 게 좋겠다는 결론에 이를 가능성이 더 크고, 이미 이 길을 겪어 본 사장들은 그게 바람직하다고 말한다).

그런데 여기에는 두 가지 어려움이 있다. 하나는 대기업 이사나 부장 출신의 60대 은퇴자가 치킨집 알바로 일한다는 것은 결심을 넘어 결기를 요하는 일이라는 것이다. 은퇴 후에도 자신의 지위나 가치, 대우 같은 것을 놓기는 힘들다. 그래도 통장에 돈이 좀 있는데 '치킨집 알바라니!' 같은 생각에 아무래도 선택하기 힘들다.

두 번째 어려움은 앞서 언급한 부분을 감내해도 60대를 알바로 뽑아 줄 사장이 별로 없다는 것이다. 손님이 몰릴 때는 정신없이 돌아가는 요식업 특성상 손이 빠르고, 움직임이 날래야 한다. 그러나 나이 든 알바는 확실히 그런 순발력이 떨어시는 바람에 바쁜 시간대에는 손님들의 컴플레인 대상이 되기도 한다.

파인 다이닝을 운영하는 어느 사장님은 50대를 서빙 알바로 썼는데 아무래도 손님들의 선호도도 떨어지고(한국 사람들은 나이 많은 사람보다 젊은 사람이 서빙하는 것을 선호한다), 행동도 느려서 홀이 아니라 주방으로 보냈다고 한다. 그런데 여기서는 노안이 문제가 되었다. 의외로 주방은 주문서 같은 것을 읽어야 하는 일이 많다. 서버가 주문을 받은 다음에 굉장히 작은 글씨로 적은 메모를 건네주는데, 잘 안 보이는 메모를 눈을 찡그리면서까지 읽으려 노력해도 오독하는 바람에 음식이 잘못 나간 적이 있다는 것이다.

이러한 이유 등으로 사장들은 나이 많은 알바를 선호하지 않는다. 그러니 은퇴자 입장에서는 나름대로 각오하고 알바 자리를 구하려 해도 구하기 힘들다. 4060 나이대의 지원자가 상당히 많이 지원해도 결국 사장은 20대에게 연락한다.

이것이 4060을 위한 구직 전문 플랫폼이 만들어져야 하는 이유다. 이력서 경쟁에서 20대를 이기기는 힘들다. 그러니 처음부터 4060을 대상으로 공고를 올리는 자리에 지원하는 것이 좋다. 그리고 자신의 가게를 내기 위해 아르바이트부터 시작하는 지원자들은 교육비를 낸다는 생각으로 최저임금 이하로 받더라도 우선 경험을 쌓은 뒤, 자신의 가게를 창업할 결심을 해야 한다.

'최저임금 이하'라는 발언은 문제가 될 수 있지만, 이를 취업이 아니라 교육으로 봐야 해서 그렇다. 강의를 들으면 수강료를 지불하듯, 현장에서 실전 교육을 받는다 생각하고 교육 프로세스로 만들면 가능하지 않을까 싶다. 그래야 사장은 그들을 알바생으로 쓸 이유를 느낀다.

프랜차이즈 본사는 돈만 내면 무조건 매장을 내주기보다, 창업 희망자를 다른 매장으로 보내서 2~3개월 정도의 현장 경험을 쌓게 만든 다음에 최종적으로 계약 의사를 타진하는 것이 도의적으로도 실용적으로도 맞다. 무조건 계약자를 확보하는 게 이득인 입장에서는 바로 계약서를 들이미는 게 좋을 것 같지만, 이렇게 준비되지 않은 업주가 창업했다가 접객에서 난항을 겪고 직원 관리를 못해서 1년 안에 망하면 브랜드 이미지에도 좋을 게 없다. '창업하기는 빡세지만, 자격을 얻고 실제로 창업하면 정말로 돈을 버는 프랜차이즈'라는 이미지가 장기적으로는 훨씬 도움될 것이다.

4060을 위한 구직 전문 사이트를 일반적인 취업 사이트처럼 운영하면 별다른 경쟁력이 없다. 앞서 얘기한 현장 교육처럼 다양한 특성과 연결해서 운영해야 한다. 앞으로 이런 비즈니스는 더욱 늘어날 것이다. 이를 희망하는 60대가 많아질 수밖에 없으니 말이다.

실질적 은퇴 시기는 언제인가?

은퇴자들이 일을 찾는 이유 중 하나는 직업 없이 버텨야 하는 시간이 늘고 있기 때문이다. 60~65세에 은퇴해서 75세 정도에 죽음을 맞이하는 1970~1980년대 무렵의 환경이라면 부급으로 시내는 기간이 15~20년에 불과하다. 당시에는 퇴직금도 두둑했고, 은행 이자율도 10~18% 정도로 높았으니[42], 대기업을 퇴직하면서 (집은 재직 중에 샀다는 전제하에) 퇴직금으로 3억 원을 받으면 은행에 저축하고 이자로 여생을 살 수 있었다.

하지만 IMF 이후 이런 노동 환경은 바뀌었고, 금융 환경은 더욱 급격하게 바뀌었다. 이자는 1~2%대까지 내려갔으며, 일반 저축은 거의 제로 금리 수준까지 내려갔다. 그 상황에서 한국인의 기대수명은 기하급수적으로 증가했다. 그러니 은퇴 후 저축으로 버텨야 하는 기간도 자연스럽게 늘어났다. 저축 이자로는 생활비를 커버할 수 없어 원금을 까먹어야 하는데 말이다.

여기에 또 하나의 난제가 생긴다. 은퇴 후 수익 없이 생활하는 기간의 시작점도 앞당겨지고 있다는 것이다. 통계청에 의하면 2025년의 평균 퇴직 연령이 49세다. 과거의 60세보다 무려 11년이나 빠르게 퇴직하는 것이 평균이라는 뜻이다.

평균을 그대로 따르는 정훈 씨가 있다고 가정하면(남자는 정훈, 여자는 은주가 메인세대에 통계상 가장 많은 이름이다)[43], 49세에 퇴직해서 83세에 죽는다. 무려 39년을 무직으로 지내는 것이다. 충분하지는 않지만 소액이나마 나오는 국민연금 수급 개시는 65세부터다. 사적 연금이 없다면 16년 동안 완전히 무급 상태고, 그 후로 18년 동안은 100만 원도 안 될 게 분명한 국민연금만 받고 버텨야 한다. 돈이 없다고 불행한 것은 아니지만, 상당히 불편한 노후를 보내게 될 것은 분명하다.

그런데 요즘 사람들의 건강 상태는 더 좋아져서 은퇴 이후에 오히려 몸이 좋아지는 경우가 많다. 이런 상대에시는 일을 안 할 수 없다. 가족들로부터 생계유지를 요구받기도 해서 재취업 자리를 찾는 것이다(아이들이 아직 학교에 다니는 경우도 많다). 실제로 재취업이나 창업을 하는 등 은퇴 후에도 일하는 경우가 많아서 일터에서 떠나는 실질적 은퇴 연령의 평균은 72세다.

크리에이터 등 새로운 직업을 위한
체계적 교육 비즈니스

창업도 적성에 맞지 않고, 공부는 더더욱 적성에 맞지 않는다고 생각하는 은퇴자들이라고 그냥 노는 건 아니다. 이들의 선택은 재테크나 새로운 디지털 플랫폼의 1인 크리에이터 되기, 스마트스토어로 장사하기, 아마존 셀러 되기 같은 것들이다.

〈테크42〉 신문의 정재엽 대표는 직장에 다니는 요즘 50대들은 모이기만 하면 스마트스토어 이야기를 한다고 했다. 이런 사람들이 SNS 마케팅, 유튜버 되기, 재테크 강의를 돈 내고 듣고, 자신들의 미래를 설계한다. 하지만 시중에 난립한 강의의 문제점은 개인이 한 번 겪은 케이스를 두고 마치 그게 보편적인 것처럼 얘기하며 수강생들을 홀린다는 것이다. 막상 들어 보면 별 얘기 없는데도 수강료를 몇백만 원씩 받아서 문제가 된 적도 있고, 그다지 특별한 것 없는 노하우를 PDF 문서로 만들어서 몇십만 원에 팔아 더더욱 큰 문제가 되기도 했다.

그렇게 가르치는 이야기들이 보편적인 법칙이라면 강사부터가 그런 식으로 스마트스토어를 열든, 유튜브 채널을 운영하든, 인플루언서가 되었든 계속 돈을 벌고 있었을 것이다. 더 이상 그렇게 돈을 벌 수 없는, 이미 단물이 빠진 성공법을 돈 받고 파는 경우가 많다. 사실 그게 그들의 두 번째 돈벌이 수단이기도 하다.

유명한 우스갯소리가 있다. 어떤 사람이 "앉아서 손쉽게 돈 버는 법을 알려 드립니다. 99만 원만 내세요.”라고 광고했다. 그걸 보고 다른 사람이 “여기 99만 원이 있으니 나에게 그 방법을 알려 주세요.”라고 했다. 그러자 처음 광고한 사람이 “바로 제가 지금 한 것처럼 하시면 됩니다.” 하고 99만 원을 챙겨 바람같이 사라졌다는 것이다.

그나마 유튜브나 SNS는 제대로 된 실적이 하나라도 있는데, 재테크 같은 경우는 아예 화면을 조작해서 잔고를 인증하는 식으로 강의를 판매하는 사람도 있다. 이는 사기나 마찬가지다. 그런데도 이런 강의나 PDF 파일이 판을 치는 것은 그만큼 돈을 벌고 싶은, 그리고 벌어야 하는 메인세대의 욕망과 맞닿아 있기 때문이다.

다시 말하자면 이런 강의를 체계적이고 신뢰감 있게 제공해 주는 교육 플랫폼이 절실히 필요한 상황이다. 검증된 사람들이 검증된 방법으로 체계적인 교육을 하는 것이 보장된다면, 돈 버는 교육에 대한 수요가 몰릴 것이다. 한때 클래스 101 같은 교육 플랫폼이 그 역할을 해 줄 수 있으리라고 기대했으나, 최근 들어서는 검증이라는 장치가 많이 사라지고 유튜브 구독자가 어느 정도 있는 인플루언서들한테 무조건적으로 손을 내밀면서 교육 퀄리티가 과거에 비해 떨어졌다. 아무래도 노하우 강의는 지속성이 없어서 안정적인 수익을 얻기 힘들다 보니, 투자를 받아 매출을 내야 하는 입장에서는 퀄리티 관리가 쉽지 않을 것이다.

그래서 조금 더 현실적인 교육 플랫폼이 필요하다. 재테크 강의 외에도 창업에 대한 강의를 준비하고 현장 교육까지 연결해서 예비 창업자들이 철저하게 판단하고, 완벽하게 준비할 수 있도록 돕는 교육 프로그램 말이다.

자격증은 전문적인 영역이어서 안정적으로 교육 비즈니스를 운영할 수 있다. 다만, 공부해서 기사 자격증을 따고 실제 현장에 간 사람들이 현장을 너무 모른다는 측면에서 보완할 부분이 있다. 자격증 학원에서 자격증 취득 이후 현장실습 교육까지 진행한다면, 보다 실용적인 교육 프로그램을 제공할 수 있을 것이다.

이렇게 다방면으로 교육받은 사람들을 실제 취업이나 수습으로 연결해 주는 매칭 서비스와 교육 비즈니스가 합쳐지면 더더욱 바람직하다. 패스트캠퍼스는 처음에 IT 교육을 진행하고, 수강생들을 판교의 IT 업체들과 연결하는 원스탑 서비스를 실시했는데, 반응이 좋아 지금처럼 실무 교육을 전문으로 하는 교육업체가 되었다.

비슷하게 4060의 재취업이나 경제활동을 위한 교육을 제공하는 교육 플랫폼이 필요하다. 다만 실무로 이어지고, 현실적인 교육으로 구현되어야 한다. 그리고 결과가 날 것이라는 확신만 있다면 교육비를 투자하는 이들이 4060이니, 입시업계의 환급패스 같은 출혈경쟁 없이 잘 설계된 교육으로 합당한 돈을 받을 수 있다.

세컨드 커리어로 퀀텀점프를 할 수 있는가?

은주 씨는 49세에 퇴직해서 다행히 재취업에 성공하고, 72세에 실질적으로 퇴직했다. 무려 23년간 재취업한 직업에 종사한 것이다. 은주 씨는 첫 취업을 29세에 했다(취업포털 인크루트의 조사에 따르면 2024년 기준 신입사원의 나이는 남성 30세, 여성 27.9세이므로 남녀 평균을 따졌을 때의 중간값인 29세라고 가정한다).[44]

은주 씨가 휴직 기간 없이 꾸준히 직장을 다녔다는 가정하에 29세부터 49세까지 20년 정도의 시간을 첫 번째 직업에 쏟은 것이다. 그런데 두 번째 직업에는 23년을 종사했다. 그렇다면 어느 게 은주 씨의 메인 잡일까? 은주 씨는 두 번째 직업에 종사한 시간이 더 길다. 그러니 시간을 기준으로 삼으면 두 번째 직업이 오히려 메인 잡에 가깝고, 이를 위해 첫 번째 직업으로 연습했다고 볼 수 있다.

은퇴 후에 찾아야 하는 세컨드 커리어는 첫 취업을 준비하는 것보다 더 중요하다. 생애 가장 긴 시간을 그 직업에 종사할 가능성이 있기 때문이다. 그런데도 은퇴 후에 얻는 직업은 무조건 첫 번째 직업보다 열악하고 퀄리티가 좋지 않다는 인식이 있어서인지 사람들은 세컨드 커리어에 큰 기대를 하지 않는다. 하지만 두 번째 직업의 퀄리티는 스스로 올릴 수 있다.

나의 아버지는 IMF 당시에 오래 다니던 은행을 퇴직하고 집에서 1년 정도 쉬셔야 했다. 다행히 리테일업을 하던 외삼촌이 도움을 줘서 롯데 햄 대리점을 차리셨다. 세컨드 커리어로 사장이 된 셈이다. 우리 집은 이때 처음으로 차를 샀다. 예전에 다니던 은행은 꽤 좋은 직장이었는데도 차를 굴리지 못했는데, 사장이라는 직업을 얻음으로써 차를 끌게 된 것이다. 은행에 다니던 때보다 더 많은 돈을 벌었으니까 말이다.

물론 리테일업에 종사해서 업계를 잘 알고 도움을 줄 수 있었던 외삼촌의 존재가 매우 크게 작용했다. 이런 인맥이 없다면 스스로 철저히 준비해야 한다. 그리고 그런 준비가 잘 되었을 때 두 번째 직업에서 더 큰 돈과 만족(같은 말일 수도 있다)을 얻을 수 있다.

은퇴 후에 준비를 시작하면 당연히 늦다. 노량진이 토요일에 붐비는 것은 자격증 준비를 하는 사람 중 상당수가 직장과 병행하기 때문이다. 마찬가지로 퇴직 후에 프랜차이즈 창업을 준비하는 건 늦다. 주말 알바로 관련 업계에 종사해 보고, 어떻게 할지 판단하는 성의와 준비성이 있어야 한다.

메인세대는 이제 '은퇴 준비'라는 말보다는 '세컨드 커리어를 준비'한다는 말을 써야 하는 게 아닐까 싶다. 50세에 은퇴하고 "산에 들어가서 자연인처럼 살래."라고 하기에는 자녀들도 학교를 졸업하지 않았고, 하고 싶은 일도 많고, 무엇보다 도시에서 살고 싶기도 하다. 그리고 일을 안 하고 살면 빨리 늙는다는 소리도 들었다. 그러니 은퇴 준비보다는 세컨드 커리어를 준비한다는 말이 더 맞는 이야기다. 은퇴 후 재취업을 준비하는 사람을 '실직 청년'이라고 부르기도 하는데, 이 말에 내포된 자조적인 뉘앙스보다는 새 직업을 얻겠다는 포부에 집중하는 게 어떨까 싶다.

앞서 밝힌 바와 같이 실제로 청년기에 취업을 준비해서 성공하면 그 직업에 20년을 머무르는데(사실 매우 이상적인 경우이긴 하지만), 은퇴 후 두 번째 취업에 성공하면 약 23년간 머무른다. 그러니 해야 할 일과 그에 맞게 마련된 시간이 청년만큼 많은 셈이다.

04

메인세대에게는 연결이 필요하다

네트워킹에 내재된 폭발적 비즈니스 잠재력

메인세대가 지닌 이중성

메인세대에게는 이중적 특성이 있다. 살펴본 대로 대한민국의 70~80대는 후진국에서 태어나 자랐다. 그런데 지금 우리나라의 20대는 선진국에서 태어나 자랐다. 그러니까 50~60년 사이에 후진국에서 선진국이 된 셈이다. 대한민국의 과도기에서 태어나 성장하고, 성숙하고, 성공한 메인세대는 후진국에서 태어나, 개발도상국 때 젊은 시절을 보내고, 현재는 선진국에서 살고 있다. 변화의 영향권에 속해서 변화의 과정과 결과를 직접 체감했다. 이런 세대에게 이중적 특성이 없는 것은 말이 안 된다. 그중 누구는 후진국 특성에 가깝고, 누구는 선진국 특성에 가까운 법이니 말이다. 그런데 그 비율이 꽤 골고루 퍼져 있으니, 세대 전체를 놓고 보면 아무래도 이중적 특성으로 느껴질 수밖에 없다.

나와 가까운 메인세대가 누구냐에 따라, 메인세대는 다른 세대에게 나이스하게 기억되거나 꼰대로 찍힌다. 권위가 발가락 끝까지 묻은 사람과 권위 따위는 발가락 끝에서도 찾아볼 수 없는 사람이 똑같이 메인세대에 속한다.

2030은 아직 기관의 장이 되거나 조직의 높은 자리에 앉을 확률이 낮아서 잘 드러나지 않지만, 나이가 들고 경력이 쌓여서 리더의 자리에 올라간 사람의 비중이 큰 메인세대를 보면 이 차이가 확연하게 드러난다. 물이 빠진 수영장에서는 옷을 벗고 있는 사람과 그렇지 않은 사람을 알 수 있듯, 자신의 지위를 빌미로 권위를 내세우는 사람과 그렇지 않은 사람이 구분된다.

현 신길도서관 관장님이 문래도서관에 계실 때, 그곳에 강연을 나간 적이 있다. 관장님, 나, 그리고 담당 사서 분까지 셋이서 도시락을 먹으며 이야기를 나누게 되었다. 일개 강사로서 도서관 관장님과 함께 식사하는 일은 무척 드문 경우였고, 빈 사무실에서 도시락을 먹는 게 조금 낯설긴 했다. 관장님과 대화를 나누면서 이분은 정말 책을 좋아하시고, 또 내 책을 읽으셨다는 느낌을 충분히 받았다. 겸손과 배려라는 단어가 딱 어울리시는 분이었는데, 이때 워낙 좋은 인상을 받아서 그분이 나중에 영등포구립도서관 운영위원회에 의원으로 참여해 달라는 권유를 했을 때, 기꺼이 받아들여서 지금도 활동하고 있다(종로구에 사는데 말이다).

권위 및 특권의식이 없는 것은 2030에서는 그럴 수 있다. 그러나 현재 7080은 권위주의 시대에 살았으니 원래 그런 사람이 아니라고 해도 살았던 시대의 영향을 받을 수밖에 없다. 어쩔 수 없이 권위 같은 것, 대접받고 싶다는 마음, 의전에 대한 약간의 기대감 같은 것이 생기는 것이다.

그러나 시대가 달라지는 과정을 겪은 메인세대에게는 그라데이션이 나타난다. 원래도 사람은 저마다 가진 색깔이 다르지만, 전체적으로 보면 다양한 색깔이 합쳐져 일정한 색을 나타내는 것이 세대론이다. 메인세대는 전체적으로 봐도 그라데이션이 나타난다. 색깔이 골고루 섞인 데다가 중간에 섞인 색깔 역시 다양해서 그렇다.

노동 환경 변화를 관통해 온 세대

우리나라는 1960~1980년대에 선진국에서 주문한 물품이나 부품을 만드는 일을 하며 하청 중심의 기업 문화를 이뤘다. 우리의 경쟁력은 사람을 갈아 넣어 빡빡한 납품 기일을 맞추는 것을 넘어, 오히려 납품 기일 이전에 약속한 물품을 넘기는 것에서 나왔다.

무언가를 창의적으로 만들기보다 그저 매뉴얼대로 만들어 내기만 하면 되므로, 기업은 장시간·고강도 노동과 상명하복형 관리를 표준적인 방법으로 삼았다. 사회적으로도 군사정권이 권력을 잡고 있었기 때문에 자연스럽게 근무·보고 체계가 군대식으로 자리를 잡았다. 직장에서는 상사의 명령을 무조건적으로 따르는 분위기가 강했고, 개인보다 집단, 삶보다 회사가 우선이라는 인식이 강요되어 야근·철야가 미덕처럼 여겨지곤 했다.

1980년대부터 노동자들의 의식이 성장하며 직장별로 투쟁이 발생하곤 했지만, 기업 문화는 여전히 연공서열·상명하복 중심이었다. 직급이 깡패고 연차가 대장이었다는 말이다. 개인의 능력을 요구하기보다 조직을 잘 관리해서 성실하게 돌아가도록 만들면 그만이었다. 연차가 쌓이면 자연스럽게 승진하고, 승진 라인에서 탈락하면 이른바 만년 과장으로 버티면 되는 그런 시기였다. 인사권을 가진 상사에게 잘 보이는 게 중요했기 때문에 어느 정도 올라가면 사내정치를 잘하는 것이 관건이었다. 이런 시기에 직장생활을 시작한 사람들이 흔히 말하는 "라때는 말이야~ 까라면 깠어!"라고 말하는 부류다. 지금의 60대가 이 시기에 직장을 다녔다.

그런데 IMF 이후 한국의 기업 문화는 급속도로 바뀌었다. 구조조정과 정리해고가 현실화되면서, 조직에 대한 절대적 충성심이 약화되기 시작했다. 그리고 이때를 게기로 기업들은 성과 중심 평가를 도입했고, 연공보다는 성과와 능력을 강조했다. 이는 조직 내 생존경쟁 심화를 불러왔고, 동료의식보다 개인의 성과가 우선되는 분위기가 강화되었다. 사회적으로도 민주화 운동이 진행되면서 군사정권이 물러나고 민주주의가 정착되는 분위기였다. 그래서 사회

전반에 뿌리내렸던 군대 문화도 점점 약해졌다. 이 시기에 직장생활을 시작한 사람들이 지금의 50대다.

2004년부터는 단계적으로 주5일제(주당 40시간)가 점진적으로 도입되어 장시간 노동 관행을 제도적으로 축소하기 시작했다. 그리고 대기업들이 글로벌 스탠더드 경영을 선언하면서 평가·채용·보상 시스템이 정교해지고 영어 사용과 해외법 협업이 일상화되었다. 대한민국 기업의 팀·프로젝트 단위 문화는 삼성, LG, SK 같은 대기업이 1990년대 중반부터 조금씩 도입했지만, 본격적으로 도입된 것은 2000년대부터다. IMF가 결정적인 계기로 작용하면서 대부분의 대기업이 팀제를 표준으로 정착시켜 버렸다. 팀제는 단순 구조조정 수단을 넘어, 성과 평가·보상 단위로 활용되었다. 그리고 많은 스타트업과 IT 기업이 닷컴 열풍을 타고 설립되었는데, '~님', 영어 이름, 닉네임을 사용하는 등 기존의 호칭을 파괴했다. 이는 단순히 호칭만 바뀌는 것이 아니라, 기업 문화가 수직적 문화에서 수평적 문화로 바뀌어 간다는 것을 뜻했다.

팀 단위로 업무가 재편되면서 성과급이나 핵심성과지표KPI, Key Performance Indicator도 팀 단위로 부여했다. 결과적으로 팀제라는 시스템은 우리나라 기업에 잘 정착했다. 하지만 대기업에는 겉모습은 팀제이지만, 조직 문화는 팀장 권한 집중과 수평적 문화 미정착 문제로 약간 혼란스러운 분위기가 남아 있었다. 지금의 40대는 바로 이 시기에 직장생활을 시작했다.

2008년에 들이닥친 글로벌 경제위기는 기업 문화를 또 한 번

뒤흔들었다. 50대 이상이 주요 대상이었던 구조조정을 40대까지도 가능하게 만들었고, 이에 대응하기 위해 조직은 더더욱 성과를 강조했다. 그러면서 성과의 핵심 주체를 팀 혹은 팀보다 더 유연한 프로젝트 조직으로 바꿨다. 팀제에 태스크포스Task Force, TF나 애자일Agile 조직을 병행하며 일의 단위를 소규모 자율 조직으로 쪼갰다.

2010년대에는 김영란법(2016년)이 시행되면서 접대나 과도한 회식이 줄었고, 조직 내 투명성과 윤리성이 강조되기 시작했다. 주52시간제 도입(2018년)으로 장시간 노동 관행이 제도적으로 제한되며 효율적 근무와 자기 시간 확보에 대한 관심이 커지기도 했다. 그리고 직장 내 괴롭힘 금지법(2019년) 시행으로 권위적·폭압적 리더십에 제동이 걸렸다. 바로 이런 시기에 40~50대는 핵심 실무자로서 직장생활을 했다.

2020년대는 코로나19 팬데믹 이후 원격근무·하이브리드 근무가 일상화되며, 물리적 공간에 기반한 위계적 문화가 약화되었다. 대기업과 공공기관까지 복장 자율화, 재택·유연근무제를 실험적으로 시행하면서 개개인의 생활방식이 존중받는 방향으로 분위기가 바뀌기도 했다.

여기에 MZ세대의 가치관이 반영되면서 '회식은 선택', '성과보다 성장 및 경험 중시', '수평적 소통'이 중시되는 시대가 되었다. 그러니까 직장 문화가 유연하고 개인을 존중하는 방향으로 바뀐 것이다. 이런 시대에 40~50대는 관리자가 되어 일하고 있다.

협업 및 커뮤니티 비즈니스의 적정선

이렇듯 팀제와 함께 성장한 메인세대는 협업을 익숙하게 느낀다. 처음에는 팀원이었고, 나중에는 권위적인 팀장이었다가, 지금은 수평적인 팀장으로 변신을 거듭했다. 물론 그 변화에 적응하지 못한 사람도 있지만, 그런 이들은 변화의 과정에서 도태되었을 가능성이 크다. 그러니 현재진행형으로 직장생활을 하는 사람들은 시대 변화에 적응하는 데 성공한 이들인 셈이다.

그래서 메인세대는 수평 문화에 익숙하다. 수직·수평 문화를 다 겪어 보았기 때문이고, 자신에게 잘 맞거나 생존을 위해 잘 맞도록 강요된 방향으로 스스로를 맞춰야 했기 때문이다. 메인세대가 그들의 선배 세대와 달리 수평 문화에 익숙한 이유는 우리 사회와 기업이 그렇게 변했기 때문이다.

그래서 메인세대는 연결이나 협업에 대한 욕구가 생각보다 강하다. 그 윗세대가 공동체주의, 그리고 아랫세대가 개인주의라면 메인세대는 그 중간쯤 되는 팀주의라고 할 수 있다. 소규모 공동체가 익숙한 것이다. 윗세대에서는 20~30명 단위의 큰 모임을 좋아하는 사람이 많고(그래서 동창회나 향우회 등이 지속된다), 아랫세대는 1:1 만남을 선호하는 데 비해서 메인세대는 3~8명 정도의 모임을 선호한다. 1:1은 좀 심심하고, 4~6명이 가장 편하고, 최대 8명까지는 가능하다는 느낌이다.

그래서 메인세대를 대상으로 커뮤니티 비즈니스를 하려면 규모가 너무 커지면 곤란하고, 팀 단위로 설계해야 한다는 점을 숙지할 필요가 있다. 러닝크루를 모집해도 40~50명이 무작정 섞여서 같이 뛰는 것보다 6~8명 단위로 나눠서 팀을 만들고, 개인의 완주가 아니라 팀의 완주라는 미션을 주고, 팀장을 선임하는 방법이 좋다. 뒤풀이도 40~50명이 한꺼번에 가는 것보다 팀 단위로 유도하는 것이 다음 모임에도 꾸준히 나오는 유인이 될 수 있다.

모임을 팀 단위로 조직하고, 팀장급들을 관리하는 방향으로 비즈니스를 전개하면 상당히 편하다. 이런 시스템이 당연한 것 아니냐고 생각하는 사람은 아마 메인세대일 가능성이 높다. 20~30대로 갈수록 팀 단위는 싫어하고 개인적으로 참여하거나 친구랑 둘이서 참여하는 사람이 많다. 그보다 윗세대는 뒤풀이는 다 같이 가면 좋다고 생각하는 사람의 비중이 크다. 팀 단위로 조직을 관리하는 게 기본이라고 생각하는 사람은 기업이 그렇게 운영될 때 조직 시스템을 한창 체화한 메인세대일 것이다.

에이지 믹스, 성공적 비즈니스를 위한 필요조건

메인세대는 소규모 조직에 대한 갈급함과 참여 의사가 있는데, 여기서 문제가 되는 것은 나이다. 20대만 있는 모임에 50대가 끼면 엄청난 위화감이 느껴진다. 교수와 대학원생 모임이 아니고서야 이럴 수 없다. 이게 영화의 설정이라면 학위를 받아야 하는 대학원생의 스펙터클하고 처절한 고난기를 그린 스토리가 될 것이다. 반면 50대만 있는 모임은 보통 지속되지 않는다. 모임이 거듭될수록 그 모임에 속한 사람들이 잘 안 나오기 때문이다.

와인을 소재로 커뮤니티 비즈니스를 하는 어느 지인은 모임을 지속시키려면 에이지 믹스가 필요하다고 강조한다. 가령 20~30대가 있는 모임에서는 50대가 비싼 와인을 가져오거나 자신이 쏘겠다며 고가의 와인을 척척 사 주기도 하는데, 똑같은 사람이 50대만 있는 모임에 오니까 와인 가격을 깐깐하게 따지면서 어지간하면 지갑을 열지 않는다는 것이다.

메인세대는 그들보다 젊은 세대와 어울리고 싶다는 마음이 있다. 아직 사회생활을 하고 있으니 최신 트렌드를 알아야 하는 이유도 있지만, 사실 이러한 이유는 일부분에 불과하다. 보다 직접적인 이유는 젊다는 느낌을 공유하고 싶어서다(왜냐하면 자신의 감각은 실제 나이보다 젊다고 생각하니까). 그리고 선배로서 대접받고, 인정받고 싶은 속마음도 있을 것이다.

그러므로 다른 사람과 연결되고자 하는 욕망을 충족하는 비즈니스는 앞으로 활발하게 일어날 것이다. 팀으로 활동하는 데 익숙한 메인세대는 은퇴 후 생활체육 모임에 나가도 팀 단위로 활동하고 싶어 한다. 세부적으로는 모임 성격에 따라 다르겠지만, 이왕이면 다양한 나이와 배경이 섞여야 모임이 지속될 확률이 높다. 모임을 매칭하고 주선하는 비즈니스를 하려면 무조건 또래를 묶는 게 좋다고 생각하면 안 되고, 모임의 성격에 따라 에이지 믹스의 필요성에 대한 고민이 있어야 한다.

일단 모임에서 나이가 부각되지 않아야 한다. 예를 들어, 와인 모임에서는 와인에 대한 지식을 많이 가진 사람이 대화를 주도하는 것이지 나이가 많다고 무조건 그 사람의 이야기를 경청해야 하는 것은 아니다. 당연히 나이가 있는 사람은 연장자에 대한 대접을 바랄 것이 아니라, 모르는 것은 '많이' 듣고 아는 것은 '조금' 말한다는 자세로 참여해야 한다.

독서 모임도 나이가 크게 부각되지 않는다. 오히려 참가자들은 다양한 연령대의 생각과 관점을 들음으로써 독서 경험을 더욱 풍성하게 만들 수 있다는 장점을 얻는다. 이런 경우에는 에이지 믹스가 바람직하다.

메인세대의 소비 기조는 무엇인가?

메인세대의 이중성에 대해 고려할 요소가 하나 더 있다. 메인세대는 어쨌든 권위주의 시대를 간접적으로 경험한 사람들(그들의 상사가 권위주의적인 군대 문화에 익숙하다)에게 영향받았다. 말로는 아니라고 해도 체면, 대접, 위치 등에 구애받는다. 다른 사람의 시선이나 다른 사람이 자신을 어떻게 대하는지 신경 쓰는 것이다.

20~30대가 장기하와 얼굴들의 노래 〈그건 니 생각이고〉를 온 마음으로 공감할 때, 메인세대는 이성적으로 공감하되 감정적으로

는 꼭 그렇지만은 않다. 은퇴 후 두 번째 직업에 종사하더라도 자신이 원래 받던 연봉을 받지 못하는 건 각오하는데, 사회적 대접이나 바라보는 시선의 각도가 떨어지는 것은 심적으로 받아들이기 어렵다. 대기업 이사님과 건물 관리인에 대한 사회적 시선은 다를 수밖에 없다는 것을 머리로는 알지만, 막상 그러한 상황에 처하면 감당하기는 힘들다.

그래서 섣부르게 창업해서 사장님 소리를 듣거나 오피스텔에 출근할 사무실도 마련하지만, 수입 없이 지출하기만 하는 고정비 때문에 1~2년 후에는 울면서 후회하고 그로부터 10년 후에는 더욱 크게 울부짖으며 후회한다. 세컨드 커리어의 토대를 쌓을 시간을 놓치면, 60~70대에 새로운 직업을 얻기는 더더욱 힘들기 때문이다.

이런 성향은 소비에도 나타난다. 그래서 메인세대를 대상으로 소비 욕구를 자극할 때는 그들의 이중성을 고려하고 비즈니스를 설계해야 한다. 메인세대쯤 되면 어떤 물건을 살 때 무조건 싼 것만 고집하거나 돈이 있다고 무조건 비싼 것만 고집하지는 않는다. 메인세대의 일반적인 기조는 '합리적 소비'다. 불돈 합리적이라는 기준이 사람마다 다르지만, 메인세대가 돈을 쓰면서 스스로 사치라고 생각하는 경우는 많지 않다.

메인세대는 비싼 물건이나 서비스를 사면 그에 상응하는 가치가 있다고 생각한다. 저렴한 옷을 사서 1~2년 입는 것보다 조금 비싸게 주고 사서 10년 동안 입는 것이 낫다고 생각하기 때문이다. 중요한 것은 효과성, 효율성이다.

얼마 전에 만났던 50대 중소기업 CEO 한 분은 일본에 갔을 때 공항에서 택시를 탔더니 호텔 앞까지 편하게 와서 매우 만족스러웠다는 이야기를 했다. 그러면서 덧붙이는 말이 유튜브를 보면 일본에서 택시를 탔다간 큰일이 날 것처럼 얘기하는 콘텐츠가 많은데, 생각하는 것보다 택시비가 그리 비싸다고 느껴지지 않았다는 것이다. 공항에서 도쿄 시내의 호텔까지 편안하게 와서 체력과 시간을 세이브한 것을 생각하면, 그 비용이 자신에게는 과하지 않다는 이야기였다.

이것이 효과성에 대한 개념이다. 그리고 효과성 안에는 자신이 받는 대접에 대한 비용도 카운트된다. 메인세대는 좋은 대접을 받으면 그 비용을 지불할 수 있다고 생각한다. 좋은 레스토랑에 가서 비싼 음식을 먹어도 음식의 맛에만 신경 쓰는 것이 아니라, 종업원의 접객 태도도 품평한다.

비싼 돈 주고 형편없는 대접을 받을 바에는 그냥 패스트푸드점의 햄버거를 먹겠다고 말하는 것이다. 반면 음식은 그냥 평범하게 맛있는 수준이지만, 서비스가 정말 세심하고 배려심 깊어서 만족한다는 사람도 있다.

그러니까 어느 정도 경제적 여유가 있는 메인세대를 상대로 비즈니스를 하거나, 메인세대의 소비를 이끌어 내야 하는 비즈니스를 구상할 때는 '환대'에 대한 설계를 해야 한다. 대접받는다는 느낌을 줘야 하는 것다. 이 환대와 대접이 단순히 돈을 바른다고 되는 게 아니다. 비싸다고 먹히는 게 아니기 때문이다.

기꺼이 소비하게 하는 힘, '환대'

얼마 전에 어느 기업에서 만든 회원제 클럽의 VVIP 바에 간 적이 있다. 누구나 들어갈 수 있는 것이 아니라 클럽 회원이 초청해야만 갈 수 있는 곳이다. VIP도 아닌 VVIP 바라서 큰 기대를 품고 갔는데, 아니나 다를까 가구와 장식, 인테리어가 무척 고급스러웠다.

입구에 배치된 유니언 잭 무늬의 소파에는 1,700만 원이라는 가격표가 그대로 붙어 있었다. 1,700만 원짜리 소파가 어떤 느낌인지 궁금해서 앉아 봤는데, 그냥 엉덩이가 무척 부담감을 느꼈다. 그런데 나중에 찍힌 사진을 보니 앞에 있는 테이블은 2,100만 원이고 그 주변의 장식품들은 950만 원이었다. 장식품과 소파가 여러 개였기 때문에 말하자면 한 번 앉는 데 1억 원 정도가 놓여 있던 셈이다.

그야말로 VVIP 바라는 이름에 걸맞는 인테리어였다. 올라가서도 화려한 인테리어가 눈을 압도했다. 하지만 나는 VVIP 바에서 그만한 대접을 받았다고 느끼지는 못했다. 물론 내가 회원이 아니기 때문이겠지만, 방문하는 사람을 돈으로 압도할 뿐이지 세심하거나 배려심 깊은 서비스로 환대하는 느낌은 없었다. 시설이나 가구들이 고급이라고 환대의 느낌을 줄 수 있는 건 아니다. 한 번 방문해서 사진을 찍고 SNS에 올리면 더 이상 올 필요가 없어진다.

반면 환대받는 느낌을 받은 곳은 다시 방문하게 된다. 일반 음식점에서도 사장이 직접 와서 친밀하게 아는 척을 하면 환대받는

VVIP 바 입구에 놓인 최고급 소파 세트

다는 느낌을 줄 수 있다. 물론 서비스라고 음료수라도 챙겨 주면 더더욱 호감을 갖지만, 그냥 사장이 아는 척을 하는 것만으로도 귀한 대접을 받는 느낌이 드는 것이다. 주인이 고객을 세심하게 챙겨서 라포를 쌓는 매장과 그렇지 않은 매장은 1년 후의 미래가 다를 수밖에 없다. 이것이 가급적 매장에 주인이 있어야 하는 이유다. 주인이 없으면 아르바이트생이 돈을 횡령한다는 것은 다 옛날 이야기다. 요즘은 주문부터 계산까지 다 키오스크로 하고, 대부분 현금을 쓰지 않고 카드로 계산하기 때문이다.

메인세대는 대접받는 느낌을 주는 서비스에 지갑을 연다. 프리미엄 서비스는 비싸기만 한 서비스가 아니다. 비싼 재료를 쓴 데다가 구성 또한 비싸다면 그만한 돈을 치를 수밖에 없는데, 메인세대가 원하는 프리미엄은 이런 게 아니다. 서비스에 상대방을 생각하고 배려하는 환대가 얼마나 들어있는지까지가 지불을 고려하는 요소다. 특히 50대 이상은 자녀들도 하나둘씩 제 갈 길을 찾아 떠나고, 직장 동료들 역시 자신만의 길로 떠나는 시기를 겪고 있기 때문에 외로움과 고독감을 쉽게 느낀다. 그럴 때 서비스나 상품에서 살짝 배어 나오는 휴먼터치가 의외의 감동을 줄 때가 있다. 그래서 환대의 설계가 필요하다.

배달 음식을 시켰을 때, 손글씨로 처음 찾아 주셔서 감사하다는 메시지를 적어서 보내는 매장이 있다. 그러면 정성이 느껴져서 호감이 간다. 하지만 이제 그 정도 서비스는 보편화되었기 때문에 완전히 단골이 되기에는 감동적인 요소가 살짝 모자라다. 그런데 이 휴먼터치를 AI로 보완할 길이 있다. 맞춤형 메시지, 그 사람만을 위한 메시지를 AI가 작성해 주기 때문이다.

AI가 데이터베이스를 바탕으로 고객이 지난번에 시켰다가 리뷰를 남긴 메뉴에 대해서 정리할 수 있다. 그리고 거주하는 동네나 주문 시 적어 놓는 요청 같은 것들을 종합해서 그 고객만을 위한 메시지를 만들어 줄 수 있는 것이다. 이왕 손글씨로 메시지를 적는 거, 인쇄물이나 다름없는 보편적인 메시지 대신 이렇게 개인화된 맞춤형 메시지를 적으면 그 고객이 단골이 될 확률이 조금은 더 높아질 것이다(물론 음식이 일정 수준 이상은 되어야 한다).

서비스, 아니면 앞으로 만들 비즈니스에 어떤 식으로 휴먼터치 같은 환대 서비스를 결합하느냐에 따라서 소비자를 확보할 가능성이 커진다. 사실 이런 설계는 AI 시대에 점점 외로워지고 고립되는 모든 세대에게 소구점으로 작용하는 포인트이기도 하다. 하지만 역시 통계적으로 보았을 때 가장 돈이 많고, 또 사회생활의 전환점을 맞아 부쩍 외로움과 고독감을 느끼는 메인세대에게 가장 효과적인 전략이 될 것은 자명하다.

MAIN GENERATION

4부

메인세대가 바꿔 놓을 노동과 산업

여기서는 메인세대에게 보다 현실적으로 다가오는 그들만의 재테크와 일자리를 찾는 방법에 대해서 정리해 보겠다. 이를 살펴봄으로써 메인세대의 현실적 니즈를 파악할 수 있으며, 향후 해당 분야에서 대두될 서비스와 비즈니스를 예측할 수 있을 것이다.

메인세대의 재테크는 '얼마 벌었나'가 아니라 '매달 들어오는 숨구멍을 몇 개 만들었나'가 관건이다. 당장 쓸 돈은 잔잔히 흐르게, 4~10년 정도 쓸 돈은 든든히 받쳐 줄 수 있게, 10년 이후에 쓸 돈은 천천히 불어나게. 세 개의 바구니에 시간을 담아 두어야 불안의 기운이 조금씩 뒤로 밀려난다. 연금, IRP, 인컴형 계좌, 주식 등 금융상품을 잘 설계해서 삶의 템포를 잃지 않는 현명함이 필요하다.

부동산은 이제는 '앞으로 오를 것인가?'보다 구조의 설계에 집중해야 한다. 시간(수명·만기)×위치(의료·교통)×현금(월 유입/유출)×세금(보유·양도·상속) 4개의 축으로 소유 여부와 구조를 결정해야 한다. 상속세를 비롯하여 부동산에 얽힌 세금뿐만 아니라 단독주택 트렌드와 전원주택 이야기까지, 생각할 거리가 다양하다.

금융 비즈니스는 메인세대에 맞춰 재설계할 것들이 많다. 현금 흐름-세제-건강-일-가족을 통합 패키지로 묶어 하나의 상품으로 제시해야 하는데, 이런 맞춤형 변화가 아직 미약하다. 앞으로 여러 산업과 비즈니스에서 고려할 필요가 있다.

사실 계속 일을 해서 일정한 수입을 만드는 것이 가장 바람직하다. 자영업과 프랜차이즈는 진입은 쉽고 경쟁은 과열되었다. 나만의 강점이나 네트워크가 뒷받침되지 않는 창업은 위험하므로 철저히 준비해야 한다. 준비만 잘한다면 창업에 성공하는 평균 연령이 45세라는 조사 결과가 나에게도 현실로 나타날 수 있다.

월급을 받기 위해 자격증을 딴다면 현재의 수요보다 5~10년 후의 AI 기술 발전 등을 감안하여 그때 필요할 것 같은 자격증을 선택해야 한다. 전기, 지게차처럼 AI가 인간을 대체할 가능성이 큰 분야보다 웰니스, 여가, 스포츠 등 인간 대면 역량이 필요한 영역을 노리는 것이 유리하다.

01

메인세대의
경제적 특성

**여전히 돈을 모으고
불려야 하는 세대**

4060의 니즈를 반영한 금융상품은 어디에?

영 시니어나 신중년 같은 말은 당사자들이 굉장히 싫어하는 말이지만, 이 말을 유용하게 쓰는 업계가 있다. 금융권이나 보험사 같은 금융 관련 비즈니스가 그렇다. 확실히 4060이 투자와 저축, 금융 상품을 대하는 자세는 2030과는 확연히 다르다. 그러면서도 사실상 가장 많은 돈을 굴리는 집단이므로 이들을 위한 맞춤형 상품 설계와 마케팅 전략이 필요하다. 그러니 그들을 지칭하는 용어를 새롭게 만들 필요가 있다.

대한민국의 4060은 압축 성장과 위기, 그리고 제도 변화를 모두 경험한 세대로서 40대는 IMF 이후 구조조정을 목격하며 사회에 진입했다. 그리고 '교육비·주거비·대출 상환'이라는 3중고에 시달리고 있는 사람들이다. 50대는 산업화와 외환위기를 동시에 겪으며 '한 직장·내 집 마련·자녀 교육'을 인생의 목표로 삼아 달려왔다. 그리고 지금은 부모 부양과 자녀 지원을 동시에 떠안는 샌드위치 세대의 대표주자라고 할 수 있다. 60대는 아직 모두가 은퇴를 맞이하지는 않았다. 법으로 정해진 정년은 만 60세지만, 건강과 기대수명은 80세를 넘어섰기 때문에 은퇴 이후에도 20년 넘게 재무적 자립을 고민해야 하는 세대다.

이들의 공통점은 '현금흐름의 압박'이다. 자녀 교육, 주거 비용, 부모 요양, 본인 노후까지 모두 챙겨야 하기에 다른 나라의 동년배보다 재무적 부담이 훨씬 무겁다. 따라서 메인세대의 재무적 결정은 보수적일 수밖에 없다. 한 푼이라도 잃어선 안 되는데, 사실 '하이 리스크 하이 리턴, 로 리스크 로 리턴'이기 때문에 평범한 전략으로는 물가상승률을 따라잡기도 쉽지 않다. 하지만 아무것도 안 하면 자녀와 부모의 존재로 인해 수입보다는 지출이 많을 수밖에 없는 상황이라 반드시 뭐라도 해야 한다.

이런 상황과 고민을 파고들어야 하는 곳이 금융권과 보험사다. 그런데 메인세대가 극도로 싫어하는 네이밍을 굳이 가져다 붙이는 것을 보면 과연 그들에게 조금이라도 공감하는 것인지 의심스럽다. 어떻게 하면 효과적으로 비즈니스를 할 수 있는지 고민하며 접

근해야 한다. 메인세대가 민감하게 여기는 부분을 고려하는 것은
물론이고 장기적으로는 메인세대에 대한 수치적 분석을 넘어서 공
감적 이해로 나아가야 한다.

메인세대의 자산관리 전략을 결정짓는 요인

현재 메인세대의 재무환경은 몇 년 전과는 확연히 다르다. 저금
리와 경기부양으로 대표되던 2010년대는 재테크로 돈을 벌기 비
교적 쉬웠다. 부동산으로 짭짤한 재미를 본 사람들을 살펴보면 대
부분 2010년대에 아파트나 건물을 샀다. 대출을 90%까지 받아 건
물을 사고, 원금은 놓아둔 채로 이자만 갚는다. 월세를 통해 이자
를 갚으면서 약간 남는 돈은 부수익으로 5~10년 정도 놔두면, 건
물 시세는 1.5~2배가 된다(물론 입지에 따라 그 정도로 오르지 않는
곳도 있고, 3~5배로 뛴 곳도 있다). 그런데 인플레이션 때문에 갚지
않은 원금의 가치는 그 사이에 2/3나 1/2까지 떨어진다. 그러니까
빚은 인플레이션이 갚고, 돈은 시세 차익에서 버는 구조다.

하지만 코로나19 팬데믹 이후 경기가 나빠지고 금리는 오르면
서 모든 것이 변했다. 대출 규제도 엄격해지고, 이른바 불로소득을
잡겠다는 기조가 강해지면서 재무설계의 전면적 재조정이 필요해
졌다. 물론 앞으로 몇 년 후에 경기 상황이 달라질 수 있겠지만, 가
장 어려운 때를 기준으로 하는 것은 안정적인 전략이다. 현 상황을

기준으로 재무 설계를 하고, 상황이 나아지면 조금씩 공격적으로 시도하는 것도 전체적으로는 나쁘지 않은 방향이다.

현재 메인세대의 자산관리 전략을 결정짓는 몇 가지 환경적 요소를 살펴보면, 우선 금리가 있다. 현재는 고금리에서 다시 저금리로 돌아선 시기라고 할 수 있다. 고금리는 돈을 빌려야 하는 입장에서는 매우 힘든 조건이지만, 현금이 어느 정도 있는 사람에게는 꽤 괜찮은 조건이다. 투자 손실이 날 확률이 조금이라도 있는 부동산이나 주식보다는 돈을 잃을 확률이 아예 제로인 적금 같은 곳에 잘 쌓아 두면, 적어도 물가상승률은 따라잡아 주기 때문이다. 돈을 벌 수는 없어도 있는 돈을 유지할 수는 있게 해 준다. 현금이 있는 사람들에게는 그것만으로도 만족스러울 수 있다. 하지만 금리 인하기로 들어간다는 것은 예금만으로는 노후 대비를 할 수 없다는 뜻이다. 하지만 그렇다고 주식으로 들어가자니 그것도 위험이 따른다. 채권이나 ETF, ISA 같은 '중간 해법'이 이때 등장한다.

채권은 나라나 기업에 돈을 빌려주고 이자를 받는, 비교적 안전한 자산이다. 부도로 나라가 사라질 일은 흔하지 않으니 말이다. 그리고 ETF Exchange Traded Fund는 결국 주식이기는 한데, 여러 종목에 동시에 투자해서 리스크를 분산하는 합리적인 투자법이다. 여러 종목을 한 바구니에 담아 투자하기 때문에 특정 기업이 망하더라도 전체 자산이 크게 흔들리지 않는다는 장점이 있다. 그리고 ISA Individual Savings Account는 계좌 안에서 채권, ETF, 펀드 등을 자유롭게 담을 수 있는 상품이다. 중요한 건 절세 효과가 있다는 점이다. 수익이 나도 일정 한도까지는 비과세·저율과세 혜택을 주기 때문에 ISA는 투자를 안전하게 만들기보다 세금 납부의 측면에서 유리하게 만들어 주는 안전판이라고 할 수 있다. 이상 세 가지 방법은 한 기업의 주식을 사거나 부동산 하나를 사는 것보다 비교적 안전한 투자라고 할 수 있다.

그리고 재테크에서 중요한 또 다른 요소는 예금자보호법의 한도가 1억 원이 되었다는 것이다. 보통 '은행은 안 무너질 거야'라고 생각하지만, 대한민국 사람들은 한빛은행, 서울은행, 동화은행, 외환은행, 한미은행 등 비교적 큰 은행들이 망하거나 합병되어서 사라지는 사례를 많이 봤다. 그래서 은행 예금도 안전한 곳을 찾아 움직인다. 이전에는 예금자보호법의 한도가 5,000만 원이었기 때문에 자산가들이 자신의 자산을 분산해서 예치하기에는 한계가 있었다. 현금 10억 원을 가졌는데, 조심스러운 성향의 사람이라면 20개 은행에 분산해서 예금을 넣어야 안심할 수 있었기 때문이다. 하지만 예금자보호법의 한도가 1억 원으로 늘면서, 이제 10개 은행에만 분산하면 된다. 발품이 반으로 줄어든 만큼 예금 분산 설계는 자산관리의 기본 공식이 되었다.

그리고 총부채원리금상환비율Debt Service Ratio, DSR을 생각해야 한다. 이는 내 소득에서 1년 동안 갚아야 하는 모든 원리금 상환액이 차지하는 비율을 말한다. 만약 연 소득이 6,000만 원이고, 대출 때문에 매년 원금과 이자를 합쳐 2,000만 원을 갚아야 한다고 가정한다면 DSR = 2000/6000 × 100 = 33.3%가 된다. 그러니까 연 소득의 1/3이 빚 갚는 데 들어간다는 말이다.

DSR이 중요한 이유는 대출을 받을 때 정부와 은행이 가장 먼저 보는 기준이기 때문이다. DSR이 높으면 신규 대출이 나오지 않는다. 이 빚은 주택담보대출뿐만 아니라 신용대출, 카드론까지 모두 합산한 것이므로 DSR이 높은 상황에서 추가로 대출할 일이 생기면 그야말로 '대략 난감'해지는 것이다. 40대는 보통 집을 마련하는 데 사용한 대출이 많아 DSR 관리가 필수적이다. 금리를 고정금리로 바꾸거나 상환기간을 조정해 매년 부담을 줄이는 게 중요하다. 그리고 50대는 자녀 교육비와 부모 부양비 때문에 생활비 지출이 많다. DSR이 높으면 은퇴 준비용 추가 대출을 막는 요인이 되기 때문에 직장이 있고 수익이 있을 때 어떻게든 이 비율을 줄여야 한다. 그리고 60대는 은퇴 후에 소득이 줄어드니 DSR이 자연히 높아진다. 사실 '성공적인 은퇴는 빚 없는 은퇴'라는 아주 단순한 명제가 가장 실현하기 어려운 목표다.

가장 독특한 재무적 환경, 낀 세대의 지출

자녀 교육비와 부모 부양비가 동시에 나가는 이중 구조는 서구 사회에서는 보기 드문 지출 항목이다. 이 두 항목이야말로 대한민국의 4060이 가진 가장 독특한 재무환경이라고 할 수 있다. 일단 한국의 사교육은 보통명사가 아니라 생활명사에 가깝다.

2024년 기준 초·중·고 사교육 총지출은 29.2조 원, 학생 사교육 참여율 80%, 사교육 참여 주당 7.6시간, 참여 학생의 월평균 지출 59만 2,000원이다.[1] 학생 수가 줄어도 총지출은 매년 사상 최대치를 경신 중이다. 학원비 상승률이 물가상승률보다 훨씬 높다는 말로 이해할 수 있다. 우리나라에서 사교육은 선택이 아니라 '입시의 기본 인프라'로 또 하나의 의무교육처럼 여겨진다.

일본에도 사교육이 있지만 부모들이 느끼는 의무감의 하중 면에서 우리와 비교할 수 없다. 또한 미국에서는 사교육이 정말 보조 장치의 역할이기 때문에 더더욱 그렇다. 게다가 한국의 사교육은 그 어느 나라보다 장기간 이루어진다. 영어 유치원 같은 유아기의 사교육부터 시작해서 초·중·고를 거쳐 대학, 나중에는 취업까지. 사교육이 필요한 기간이 길어지고 있다. 그리고 이는 모두 부모의 책임이 된다(자녀는 그 교육을 받기 바쁘니까).

그리고 부모 요양비 역시 지출 기간이 길어지고 있다. 의학의 발달, 그에 따른 수명의 연장으로 부모님이 돌아가시는 나이가 계속 늦어지기 때문이다. 그리고 길어진 수명에 맞춰 그에 따른 질병이나 노환 발병도 늘었다. 1960년대에 치매는 큰 병이 아니었다. 치매의 강도가 약해서가 아니라 치매가 올 때까지 사는 분들이 많지 않아서 그렇다. 지금은 많은 사람이 장수하고 있어서 치매 환자가 점점 흔해지고 있다. 그에 따라 메인세대가 부담해야 하는 간병비는 계속 증가하는 추세다.

그나마 한국은 2008년에 노인장기요양보험을 도입함으로써 돌봄 비용을 보험제도로 끌어올렸다. 도입 첫해 21만 명이던 수급자는 2023년에는 109만 8천 명(노인인구의 11.1%)으로 증가했고, 시설·재가 서비스 공급도 크게 늘었다.[2] 즉, '부모 돌봄=전적으로 가족의 책임'이던 시대에서 '공적 보험+민간 지출'의 혼합형으로 변화한 셈이다. 그래도 본인부담금, 비급여, 간병인 비용이 남아서 여전히 메인세대의 현금흐름을 압박한다.

메인세대는 바로 이런 이중 비용의 압박 사이에 껴 있다. 핵심은 동시성과 의무감의 강도다. 자녀 교육 경쟁은 이 정도면 됐다고 할 정도의 상한선이 없다. 한 달 사교육비는 어느 정도까지라고 설계해도, 막상 자녀에게 필요하면 야간에 대리운전이라도 하면서 학원비를 마련하는 것이 한국의 부모다. 부모 부양도 마찬가지다. 유교 종주국이라는 중국보다도 훨씬 더 봉양의 의무감을 느끼는 게 한국 사람들이라, 장기요양보험으로 커버되지 않는 본인부담금, 비급여, 돌봄 공백을 메우느라 시간과 돈을 함께 쓴다. 결과적으로 메인세대의 가계는 앞(자녀)과 뒤(부모)에서 현금흐름이 동시에 잡아당겨지는 구조가 된다.

그래서 다달이 들어오는 수입 설계가 중요하다. 그것이 연금이다. 건물주가 되고 싶은 이유도 결국 매달 안정적으로 들어오는 돈이 필요하기 때문이다. 그 돈이 연금보다는 많았으면 좋겠다는 욕망 때문에 건물주가 되는 걸 꿈꾸는 것이다. 하지만 성공 사례만 보고 모든 건물주가 행복하다고 생각하면 오산이다. 좋은 입지의 건물이라면 그럴 확률이 높은 것이 사실이지만, 좋은 입지의 부동산은 그만큼 초기 비용이 많이 든다. 사실 다달이 들어오는 연금보다 조금 더 많이 받는 수준이 목적이라면, 차라리 그 돈을 저축해 놓고 쪼개서 받는 것이 스트레스를 덜 받을 수도 있다.

건물을 재테크로 생각한다는 것은 월세는 노후 생활비로, 그리고 인플레이션으로 오른 부동산은 자녀들에게 물려주는 용도가 되길 원한다는 뜻이다. 그런 수익형 부동산은 당연히 비싸다. 그래서 무리해서 투자한다. 투자에 성공할 수도 있지만, 안타깝게도 실패라는 엔딩을 볼 확률이 높다. 우리가 아는 부동산 투자 사례는 성공했기 때문에 시중에 나와 돌아다니는 이야기이지, 실패 사례는 애초에 문턱을 넘지 않고 이불 속에만 숨어 있다. 그러니 마치 모든 건물주가 잘된 것처럼 느껴지는 것이다. 건물도 이렇게 위험한 투자라고 한다면, 결국 가장 든든한 노후 대비는 다달이 안정적으로 들어오는 연금이다.

평생 월급 만들기가 필요하다

연금 설계를 논하기 이전에 '노후 자금 만들기'라는 말 말고 '평생 월급 만들기'라는 말로 바꾸는 걸 제안하고자 한다. 그래야 긍정적으로 생각하고 이에 참여하는 사람이 늘어난다. 그리고 일찌감치 참여하여 준비 기간이 늘어날수록, 보다 튼튼한 노후 설계를 할 수 있다. 투자에 있어 시간이 주는 복리 효과만큼 확실한 게 없으니 말이다.

연금 설계는 '매달 얼마가 자동으로 들어오나'가 핵심이다. 목표는 간단하다. 기본 월급(공적연금), 보조 월급(퇴직연금·연금저축·IRP), 자유 월급(ISA·일반계좌)까지 3개의 수도꼭지를 만들어 그 총합이 내 생활비를 안정적으로 보장하도록 만드는 것이다. 평생 월급을 만들기 위한 첫 번째 단계는 '3버킷 방법'이다. 내 돈과 그에 맞는 투자법을 3개의 바구니로 분리하는 것이다.

첫 번째 바구니는 월세, 식비, 관리비 같은 고정 생활비를 인출하는 계좌다. 3년 정도 둔다고 생각하며 관리하면 된다. MMF**Money Market Fund**나 단기채 같은 것에 넣어서 입출금은 비교적 자유롭되 2~3%의 수익률을 발생하도록 만든다. 이런 계좌는 마음의 안정을 보장한다. 두 번째 바구니는 4~10년 정도 두는 계좌인데, 생활비의 안정을 책임진다. 이 계좌로 채권이나 배당형 ETF를 해서 저위험 투자를 한다. 그리고 세 번째 바구니는 10년 이상을 바라보는 계좌로, 주식이나 글로벌 ETF에 사용한다. 장기적으로 보면 미국 주식도 좋은 선택이다. 미국의 대표적인 주식을 모은 ETF인 S&P500은 1926년 이후부터 지금까지 연평균 10.49%의 수익률을 기록하고 있다.[3]

이상의 세 가지 바구니는 들어오는 돈을 담을 계좌를 설계하는 것이다. 즉 돈을 지출해야 하는 곳과 그에 맞는 계좌를 선택하는 것이라고 이해할 수 있다.

현금흐름을 만드는 4가지 방식

그러면 실제로 돈이 들어오는 수도꼭지에는 어떤 것들이 있을까? 은퇴한 사람이든, 은퇴 이후의 삶을 설계하는 컨설턴트든 모두가 입을 모아 말하는 한 가지 진리는 '근로소득이 최고'라는 것이다. 사실 꼭 근로소득이 아니고 사업소득이라 해도 안정적으로 들어오기만 하면 무엇이든 상관없다. 어쨌든 나이가 들어서도 근로소득을 벌 수 있다면야 그것이 최고의 수도꼭지다.

그렇지 않다면 안정적인 수도꼭지 4개를 이해해야 한다. 편의상 이것을 축구의 포지션에 비유해서 이해를 돕겠다. 먼저 국민연금은 골키퍼다. 최소 10년간 납부했다면, 조건에 따라 수령액은 다르지만 평생 다달이 지급받는 '기본 월급'이 된다.

국민연금은 1969년생 이후는 65세부터 수급이 가능하다(하지만 은퇴를 미리 한 경우, 65세까지 무급으로 버텨야 한다는 약점이 있다). 이 수도꼭지의 장점은 액수는 크지 않더라도 죽을 때까지 나오는 돈이라는 것이다. '나는 투자를 잘하니 국민연금은 의미가 없다'라고 생각하는 사람도 있는데, 경기 막바지(80~90대)에 공격수의 체력(자산)이 떨어지면 골키퍼의 선방이 빛나는 법이다.

그리고 퇴직연금을 포함한 연금저축과 IRP는 수비수 역할이다. 직장에 다니는 사람은 퇴직연금에 돈을 쌓고, 프리랜서나 일반 개인들은 IRP에 쌓는다. 직장인도 퇴직할 때 IRP로 옮겨서 평생연금처럼 꺼내 쓰는 통로를 만들기도 한다. 연금저축과 합산하여 세액

공제 한도 900만 원(계좌 납입은 더 할 수 있어도 공제는 여기까지)인 것이 일반적 기준인데, 바로 이 세액공제·과세이연으로 세후 수익률을 지키는 것이다. 연간 인출을 '분리과세 기준선' 안에서 가늘고 길게 유지하여 세금을 최소화한다. 채권, 리츠, 안정적 ETF 등을 중심으로 변동성은 낮추고 꾸준한 패스(분할 인출)로 경기를 오랫동안 뛸 수 있도록 만드는 게 해당 계좌들의 역할이다.

그리고 허리 역할을 하는 미드필더가 있다. 배당·이자·인컴 ETF를 담아 세후 효율을 높이고, 필요할 때 부분 인출이라는 패스로 생활비를 마련한다. 국내·해외 ETF, 채권, 현금 자산까지 폭넓게 담기 쉽다. 그리고 만기 후 연금계좌로 넘겨서 세제 릴레이도 가능하다. 상황에 따라 수비수, 그리고 공격수 역할까지 하는 것이 미드필더다 보니 유연하게 운용할 수 있다.

2030이 일반적으로 하는 주식이나 여러 재테크는 메인세대에게는 공격수가 된다. 이런 방식들은 성장주, 테마주, 해외주식 등 자유도 높은 공격을 담당한다. 그러니까 하이 리스크 하이 리턴 형태의 투자를 하는 것이다. 이것도 장기투자, 단기투자로 나눠서 위험과 성장성을 분산하는 것이 현명한 공격 전략이다.

그리고 목표 수익과 손절 규칙을 정확하게 지켜서 과도한 욕심을 부리지 않아야 한다는 걸 명심하고 또 명심해야 한다. 보수적으로는 플러스 마이너스 10%, 조금 공격적으로는 플러스 마이너스 20% 정도가 많은 사람이 지키는 규칙이다.

생애주기에 따른 재무전략의 설계

예전에는 재테크 방식이 단순했다. 은행에 돈을 맡기면 10%에 가까운 금리가 따라왔고, 집을 사면 집값이 두세 배씩 오르던 시절이 있었다. 그래서 지금의 메인세대는 그들의 부모에게 재테크에 대해 보고 들은 바가 별로 없다. 주로 집을 사라는 말만 들었을 것이다. 하지만 지금의 금리는 들쭉날쭉하고, 집은 더 이상 무적의 안전판이 아닌 시대가 되었다. 강남의 똑똑한 한 채를 외치지만, 그 똑똑한 한 채는 똑똑하기 이전에 '오지게 비싸다'라는 특징도 가지고 있어서(사실 정확히는 비싸니까 똑똑한 셈이다), 누구나 접근할 수 있는 게 아니다.

4060을 묶어서 메인세대라고 지칭했지만, 자산관리 측면에서는 사람마다 입장이 다르고 환경이 확 바뀌는 것이 그들의 특징이다. 40대는 막내의 학원비 고지서를 보며 한숨을 쉬고, 50대는 부모님의 병원비와 자녀의 대학 등록금 사이에서 마음이 무겁다. 60대는 정년이 끝나서 수입이 없지만, 앞으로 20년 이상 너 살아야 하므로 삶을 어떻게 꾸려갈지 고민한다. 그래서 나이대별로 자신에게 맞는 자산관리를 생각해 볼 필요가 있다.

40대는 쌓는 것보다 줄이는 것이 중요한 나이다. 40대에게 돈은 늘 모자라다. 대출 이자는 아직 남았고, 자녀는 이제 막 사교육의 늪에 들어섰다. 여기서 '빚의 구조'를 재정비하는 것이 중요하다. 변동금리를 고정금리로 바꾸고, 만기를 연장하며, 원리금상환

비율을 가처분소득의 30% 아래로 내려야 한다.

투자의 무대도 바뀐다. '언제 돈이 필요할지 모른다'라는 현실 때문에 단기 예금과 채권, ETF로 나누어 만기를 설계하는 방식이 필요하다. 이 나이대의 투자는 큰 수익을 노리는 게 아니라, 현금 흐름의 틀을 만들고 지출 구조를 바로잡는 것에서 출발해야 한다.

50대는 흐름을 예행연습해야 하는 나이다. '리허설 세대'라고 할 수 있다. 퇴직이 눈앞에 다가왔고, 아이들은 대학에 들어가거나 사회 초년생이 되어 여전히 부모의 도움을 필요로 한다. 이때 은퇴 이후의 현금흐름을 미리 시뮬레이션해 보는 것이 중요하다. 연금 저축과 IRP에서 연간 1,500만 원을 꺼낸다고 가정하고 가계부를 작성해 보는 것도 리허설 방식의 하나다. 실제로 생활비가 감당되는지, 어디서 구멍이 생기는지 드러난다. '연금 수령 예행연습'은 은퇴 후의 경제적 충격을 줄이는 가장 확실한 방법이다.

그리고 이 시기는 집을 어떻게 할지도 정해야 한다. 1주택 비과세 12억 원의 기준을 고려해 다운사이징을 할 것인지, 임대소득을 노릴 것인지 판단하는 것이다. 메인세대에게 부동산은 단순히 자산이 아니라, 노후의 생활비와 직결된 도구가 된다.

60대는 인출과 분배의 밸런스를 맞추는 시기다. 60대는 더 이상 자산을 불리는 나이대가 아니다. 모은 자산을 어떻게 꺼내 쓸 것인지가 모든 전략의 핵심이다. 그래서 앞서 말한 3버킷 방법을 세팅하고 실행해야 한다. 주택연금은 또 하나의 해답이 될 수 있다. 공시가격 12억 원 이하의 주택을 가진 사람이라면, 집을 유지하면서도 매달 현금이 들어오는 안정적인 구조를 만들 수 있다. 60대에게 집은 단순한 거주지가 아니라, 노후의 현금흐름을 보장하는 마지막 카드다.

가상화폐 등 하이리스크를 경계해야 하는 세대

대한민국 메인세대의 자산관리 전략은 외국의 일반적인 투자 이론과 다르다. 오롯이 자신에게만 집중할 수 없는 구조로, 여전히 돈 쓸 곳이 있는 데다가 경조사가 있어서 때로는 과도하게 써야 한다. 교육비와 부양비라는 한국적 특수성을 인정하고, 이 두 가지를 염두에 두면서 자금 계획을 세우는 게 좋다.

그래서 절세 전략을 잘 짜야 한다. 같은 5% 수익이라도 세금을 떼면 차이가 크기 때문에 ISA나 연금계좌를 적극적으로 활용해야 한다. 그리고 현금흐름 중심적인 사고가 필요하다. 자산의 총규모보다는 매달 들어오고 나가는 돈이 삶을 지탱한다. 마지막으로 집의 역할도 새롭게 정의해야 한다, 집값이 아무리 뛰어도 그것을 팔지 않으면 내 돈이 아니다. 비싼 집에 거주하면서도 현금이 없어 가난하게 산다면 넉넉한 삶이라고 할 수 없다. 집은 은퇴 이후의 삶을 유지하는 '현금 창출 자산'이 되는 만큼, 다운사이징이나 주택연금 등 다양한 가능성도 생각할 필요가 있다.

이때 주택연금이 만능은 아니라는 점을 주의해야 한다. 주택연금은 물가상승률이 반영 안 되는데, 보통 24년이 지나면 자산 가치는 반토막 나므로 이 같은 사항도 고려해야 한다.

그리고 메인세대의 재테크에서 코인처럼 변동성이 심한 자산은 지양할 필요가 있다. 종종 코인으로 대박이 난 사람들의 수익률을 들으면 자꾸 코인으로 고개가 돌아가기도 한다. 하지만 메인세대의 돈은 2030의 돈과 다르다. 아이들 학원비와 부모님 부양비, 곧 닥칠 은퇴의 종소리, DSR로 조여진 원리금 등 이 모든 현실 앞에서 돌아간 고개를 다시 바로잡지만, 살짝 곁눈질하게 되는 마음까지는 어쩔 수 없다. 그래서 '굳이?'이긴 하지만, '그래도' 메인세대가 코인을 한다면 어떻게 해야 하는지도 말해 보겠다.

코인은 주식보다 더 크게 오를 때가 있다. 동시에 더 깊게, 더 오래 하락하기도 한다. 비트코인의 -70% 낙폭과 여러 해에 걸친 회복 기간은 드문 일이 아니다.[4] 코인은 기본적으로 버티는 자만이 할 수 있다. 그런데 주식을 해 본 사람은 알겠지만, 꼭 재테크가 하락세일 때 현금이 필요한 일이 생긴다(메인세대라면 이런 상황이 더 자주 생긴다). 그래서 버티면 회복할 수도 있는데, 어쩔 수 없이 손해를 보며 현금화한다. 코인은 그런 성향이 더 강해서 월급이 끊길 수 있는 메인세대의 삶과 잘 맞지 않는다. 코인은 성장형 '위험자산'이지, 연금처럼 매달 들어오는 현금흐름 자산이 아니다.

제도도 아직 불안정하고, 과세에 대한 것도 정확하게 정리되지 않았다. 그리고 플랫폼 자체가 없어져 버리는 리스크도 존재하는 것이 코인 거래다. 그래도 시도하고 싶다면, 말 그대로 '조금만' 담아야 한다. 수익이 조금 났다고 해서 더 담았다가는 순식간에 강제로 계좌 다이어트를 하는 일이 생길 수도 있다.

자신의 현금흐름을 건드리지 않는 선은 안전형이라면 보통 2%, 중립형이라면 3%, 공격형이면 4~5% 정도라고 생각하면 된다.[5] 그 이상 넘어가면 하락장일 때 생활비의 흐름이 흔들릴 가능성이 크다. 룰은 단순하다. '적게' 그리고 '길게'다. 레버리지는 금하고, 불꽃에 뛰어들지 말아야 한다. 자칫하다가 그 불꽃이 집에 옮겨붙어 아이의 책상과 부모님의 약상자를 태울 수도 있다.

02

메인세대, 부동산 자산은 어떻게 관리할까?

집값, 제도, 수명이라는 변수

애증의 존재, 부동산 자산

메인세대에게 부동산은 애증이다. 부동산으로 돈을 벌었으니 '애'이며, 부동산으로 돈을 벌지 못했으니 '증'이다. 돈을 날려서가 아니다. 그렇다면 유지까지는 했다는 뜻이니까 주식이나 코인으로 돈을 날린 것보다 낫지 않냐고 생각할 수도 있다. 문제는 비교다.

사람들은 영혼까지 끌어모은다는 '영끌'을 통해 무리하게 대출받고 집을 산 사람들을 보며 감당 못할 빚을 지는 게 상식적이지 않다며 비웃었다. 그런데 그 빚을 인플레이션이 대신 갚아 주는 것을 보면서, 그 아파트가 직장인 연봉의 서너 배 이상을 벌어 재끼는 것을 보면서 혼란에 빠졌다. 이 무렵에 '나는 직장에서 용돈벌이 정도만 하면 되고, 돈은 집이 벌어다 주는 것'이라는 말이 현자의 조언처럼 유행하기도 했다.

대한민국 부동산 시장의 폭등기

우리나라에서 집값의 급등기는 크게 세 번 있었다. 먼저 1차 급등기는 1980년대 후반에서 1990년대 초반이다. 서울올림픽이 열리던 1988년, 대한민국 사회는 '한강의 기적'의 절정에 있었다. 올림픽 전후로 개발이 본격화되면서 강남은 불과 몇 년 사이에 아무것도 없는 땅에서 아파트 숲으로 변모했다.

이때부터 '강남 불패'라는 말이 자리 잡았고, 집값이 몇 년 만에 두세 배 뛰는 경우도 흔했다. 이때 집을 산 사람들은 당시 30대 초·중반에서 40대 초반으로, 이세 막 사회에서 사리를 잡고 결혼이나 자녀 교육을 고려하며 아파트를 매입했다. 50대가 자녀 교육 때문에 강남, 목동 등에 투자하는 경우도 있었다. 이들은 현재 65세에서 85세 정도가 된다. 그러니까 4060의 부모 세대다.

지금은 이들에게서 4060으로 부동산이 이전되기 시작하는 시기다. 그러므로 아파트를 가진 부모를 둔 4060은 현재 자신의 자산에 상속받는 집까지 더해서 경제적으로 훨씬 여유로워질 가능성이 크다.

2차 급등기는 2001년에서 2006년 사이다. IMF 외환위기의 후유증이 채 가시기도 전에 부동산은 또다시 폭발적으로 뛰어올랐다. 강남 재건축 단지를 중심으로 아파트 가격이 몇 년 만에 두 배로 뛰어올랐다. 현금 부자들이 IMF 때 집을 싸게 샀다가, 바로 이 시기에 몇 배를 벌어들였다.

강남 재건축 단지와 목동·분당·평촌 등 1기 신도시 아파트가 크게 뛰었다. 이때 집을 산 사람들은 이른바 386세대(30대, 80년대 학번, 60년대생의 준말로, 즉 1960년대생)가 많았다. 당시에는 맞벌이가 늘어나고, 은행 대출도 상대적으로 쉬워서 적극적으로 부동산 투자에 뛰어든 사람들이 많았다. 이들은 지금 5060 정도의 나이대다.

3차 급등기는 2015년에서 2021년 사이다. 가장 거대한 급등의 기울기가 바로 이때 나타났다. 초저금리, 풍부한 유동성, 공급 부족 심리가 한꺼번에 몰려들자 전국적으로 집값이 폭등했다. 거기다가 코로나19 팬데믹이 불안 심리를 자극하며 '지금 안 사면 평생 못 산다'라는 패닉바잉이 번졌다.

이때 집을 산 사람들이 지금의 4050이다. 이때 20대도 영끌한 자본으로 집을 사기도 했다. 그러나 다수라고 할 수는 없고, 코인을 해서 벼락부자가 되었다거나 기타 특수한 이유가 있는 사람들 중심이었다.

이 시기에 큰 이익을 본 건 이미 집을 보유하고 있던 50~60대였다. 특히 50대 후반에서 60대 초반은 '은퇴 전 마지막 부동산 전

성기'를 누렸다. 반대로 사회 초년생인 2030은 상대적 박탈감에 휩싸였다. '벼락거지'라는 자조 섞인 신조어가 등장했고, 부동산 불평등은 세대 갈등의 불씨로 남았다.

메인세대에게 부동산은 단순한 자산을 넘어 일종의 운명이기도 했다. 누군가는 처가댁 근처에 살아야 해서 억지로 서울 근교의 작은 아파트 한 채를 샀는데, 바로 그 덕분에 인생의 판도가 바뀌었다. 또 누군가는 전세 빠지는 날이 안 맞아 '에이, 한 번만 더 전세로 살면서 기다리자'라고 했다가 순식간에 벼락거지가 되어 버렸다. 이 세대에게 집은 단순한 거주 공간을 넘어 부의 불평등, 기회와 박탈감을 동시에 상징하는 '생물'이다.

지금까지 대한민국 사회에서 내 집 마련은 자산 증식의 수단이자 '성공'의 대명사였다. 월세에서 전세로, 빌라에서 아파트로 옮겨가는 과정은 주거 이동을 넘어서 계층 이동에 성공했다는 것을 뜻했다. 하지만 당시에 과감하게 대출을 받아 집을 산 사람과 부동산 거품이 곧 꺼질 것이라 믿으며 관망한 사람의 인생은 20~30년이 지난 지금 극석으로 갈라졌다.

누군가에게 부동산은 피와 땀을 보상해 주는 돈나무였지만, 또 다른 누군가에겐 '왜 나는 그때 사지 않았을까?'라고 집 생각만 하면 돌아 버리게 만드는 후회가 되었다. 집값은 한번 오르면 예전으로 돌아가지 않았고 '내 집 한 채가 곧 노후 대책'이라는 말은 진부하면서도 절실한 현실이 되었다.

리스크를 버틸 수 있는 구조가 필요하다

그러면 메인세대는 이제 부동산 투자에 어떤 식으로 접근해야 할까? 메인세대에게 집은 세 가지 얼굴을 갖는다. 잠을 자는 쉼터, 노후를 지탱하는 자산, 그리고 절세와 과세 사이를 오가는 제도적 생물이다.

문제는 세 가지 특징이 서로를 방해할 때다. 넓은 집은 마음을 채우면서도 현금흐름을 바싹 말리고, 수익형 부동산은 통장을 채우면서도 마음의 평온을 싸그리 없앤다. 집은 늘 이런 식으로 우리를 시험에 들게 만들었다. 그래서 4060의 부동산 전략은 '오를까? 내릴까?'가 아니라 '내 삶을 어떤 속도로, 어떤 모양으로 움직일 것인가?'에 대한 기술이어야 한다.

재테크 실패는 사실 한 가지 원인이 압도적인 경우는 거의 없고, 여러 원인이 복잡하게 교차하면서 창발적인 상황을 만들어 내기 때문에 이른바 고수라는 사람들도 덤터기를 쓰는 일이 흔하다. 추세라는 것은 있지만, 절댓값이 될 수는 없다는 것을 명심해야 하는 게 그동안 우리가 투자를 하면서 얻은 교훈이었다.

대한민국 부동산에는 고유한 리스크가 있다. 금리와 가계부채는 기본이고, 전세 제도의 변화, 재건축·리모델링의 시간 불확실성, 수도권과 비수도권의 양극화, 초고령화에 따른 돌봄·병원 접근성, 기후 리스크와 보험료의 상승, 그리고 가장 한국적인 변수인 정책의 변동성이다.

이 일곱 가지는 '집값 예측'으로는 막지 못한다. 실패를 막을 수 있는 건 구조뿐이다. 즉 '내가 어떤 집을 어떤 이유로, 어떤 구조로 소유하고 있을지' 미리 설계하는 것이 필요하다. 그러니까 조금 더 쉽게 말하면 어떤 일이 발생하더라도 손해는 안 보는 구조, 그리고 손해를 보더라도 결국 내가 살기 편하니 만족할 수 있는 구조를 만들어야 한다.

집값이 오를 것 같아서 불편한 것을 감수하고 이사를 가는 게 아니라, 누구나 살고 싶은 입지에 위치한 집을 사야 한다. 무리해서 대출을 받는 것보다 적당한 현금흐름을 만들 수 있는 가격대의 집을 사는 것 또한 설계 시 고려해야 할 부분이다. 그리고 지나고 보면 보통 이러한 구조를 갖춘 사람이 오래 버틴다.

그러니 이제 집값의 등락 여부보다 어떻게 집을 이용해 효과적으로 살 것인가에 관심의 초점을 옮겨야 한다. 크게 한탕 하기 위해 매수하는 것의 불편함, 투자 시기를 맞추지 못하는 것에 대한 불안함, 또 이사 가냐는 가족들의 불만 같은 것을 모두 감수한 삶은 풍족한 통장을 선사하여 나름 만족스럽게 느껴질지 모르지만, 조금 더 나이가 들면 쌓인 통장 잔고보다 편안하고 안정감을 주는 집이 삶의 질을 결정하는 요소가 된다.

메인세대 정도 되는 나이는 부동산을 경주마로 대하면서 무조건 빨리 달리고, 승부에 나서야 한다고 생각하면 안 된다. 부동산을 반려동물처럼 여기고 인생의 동반자로 삼는다는 생각으로 접근해야 하는 시기라는 걸 명심할 필요가 있다.

부동산 자산의 관리 4가지 원칙

메인세대가 부동산 구조를 설계하기 위해서 고려해야 할 축은 총 4개다. 3차원 좌표계보다 더 복잡한 4차원 좌표계이기 때문에 자칫 길을 잃기도 쉽지만, 매우 직관적인 기준이기 때문에 생각보다 복잡하지는 않다. 네 개의 기준은 시간, 위치, 현금, 세금이다.

시간 좌표에서 변수는 수명, 은퇴, 대출만기 등이다. 그리고 위치 좌표의 변수는 직주, 의료, 교통, 돌봄의 동선 등이다. 개인에 따라 문화생활을 하기 가까운 곳 같은 추가 변수도 충분히 존재할 수 있다. 그리고 현금흐름은 월 단위 순유입과 순유출이다. 월세가 들어오고, 관리비가 나가는 흐름 같은 거라고 생각하면 된다. 그리고 마지막 좌표는 세금이다. 보유, 양도, 상속 시기를 표시해야 한다.

크게 보면 메인세대의 부동산 전략은 캘린더 관리나 마찬가지다. 보유세 기준일, 계약금·중도금·잔금 지불 타이밍, 상속·증여의 시차, 재건축 조합의 의사결정 주기, 이런 이벤트를 고려하면 무엇을 하고 무엇을 하지 말아야 할지가 어느 정도 보인다. 물론 이 기준은 나만의 기준이다. 여전히 오직 돈이 기준인 사람과 삶도 고려하는 사람은 조금 다른 시차에서 결정할 것이다.

메인세대에서는 무주택과 1주택, 2주택 이상의 희비가 교차한다. 그렇지만 보유한 아파트의 수가 많거나 아파트의 평수가 넓다고 무조건 바람직한 건 아니다. 가장 흔한 1주택의 경우, 집 한 채로 노후를 버틴다는 말은 여전히 유효하지만 전제 조건이 바뀌었다. '큰 집=큰 안정감'의 시대는 끝났다. 메인세대에게 가장 비싼 비용은 어설픈 여유다. 방 두 개가 남는 집, 엘리베이터가 없는 고층, 관리비가 비싼 초고층, 대수선을 앞둔 노후 단지 같은 요소가 매달 통장에 자잘한 구멍을 낸다.

통장에 물이 새는 곳이 많다고 느끼면 다운사이징을 고려해야 한다. 다운사이징은 패배가 아니라 정밀화다. 병원, 지하철, 시장과 가까운 곳으로 옮기고, 평면을 넓히는 대신 동선과 관리 효율성을 높인다. 리모델링을 택한다면 감성 대신 에너지 효율, 누수 여부, 창호, 단열 같은 요소가 우선이다. '집의 품격'은 평수가 아니라 생활 피로도의 낮음으로 정의해야 한다(개인적으로 비가 오면 누수가 일어나 두꺼비집이 내려가는 집에 살아 본 적이 있는데, 정말 피곤했다).

1가구 2주택 같은 경우는 종종 '잠을 빼앗는 두 번째 집'이 된다. 세금 때문이 아니라 목적이 섞여서다. 노부모 근처의 정서적 거점인지, 수익을 노리는 임대자산인지부터 구분해야 한다. 감성 주택은 현금흐름이 음수여도 존재 이유가 있다. 대신 보유 기간과 처분 기준을 명확히 세워야 한다. 수익주택은 감성의 여지가 없다. 공실률, 임대수익률, 유지보수 예비비, 만기대출 조건, 그리고 매각 목표 시점을 명확히 정한다. 투자라면 주택의 입지가 겹치는 걸 피해야 한다. 입지가 같으면 비슷한 사이클을 탈 수 있으니 위험을 분산하기 위함이다. 그래서 실거주용 도심 주택과 임대용 역세권 소형 주택처럼 서로 다른 파동을 타는 조합으로 포트폴리오의 상관관계를 낮추는 것이 좋은 전략이다.

당연히 메인세대 중에도 무주택자가 꽤 있다. 자녀 교육, 이혼, 사업 실패 등 이유는 다양하다. 이때 가장 위험한 건 '마지막 자존심'이다. 체면을 지키려다 현금흐름을 잃으면 재기할 기회가 사라진다. 지금의 임대 시장은 예전의 전세 레버리지 공식이 잘 작동하지 않는다. 그렇다면 우선 월 현금흐름이 양수인 집을 골라야 한다. 통근, 돌봄, 안전 같은 사용 가치를 기준으로 삼아 총비용을 숫자로 비교한다. 이때 총비용에는 월세와 관리비뿐만 아니라 교통에 들어가는 비용과 시간도 포함해야 한다. 그리고 수명이 길어진만큼 여전히 매수의 기회가 있으므로 일회성 도박이 아니라 부의 사다리라고 생각하고 계획을 세워야 한다. 청약·특공이 막혔다면 구축 소형의 실거주에서 준신축 환승 같은 순차 전략을 세워 시간을 아군으로 만든다. 그리고 가장 중요한 것은 자존심이 아니라 회복탄력성을 선택해야 한다는 것이다. 남이 보기 좋은 집보다 내가 오래 버틸 수 있는 집이 곧 막판 승리의 기회를 줄 것이다.

먼저 준비해야 할 미래, 내다보지 말아야 할 미래

생각하고 싶지 않다는 이유로 생각하지 않았을 때의 대가가 큰 것이 상속 문제다. 상속 시점이라는 것은 필연적으로 부모님의 죽음을 전제로 두기 때문에 입 밖에 내기 어렵다. 특히 부모님과 상의하는 것도 부적절하다고 느껴진다. 하지만 유언이나 교통정리

없이 돌아가신 부모님 때문에 의가 상한 형제자매는 널렸다.

'부모로부터 집 한 채'는 축복이자 시험이다. 한국의 상속은 정서, 법, 세금의 시험이 한꺼번에 몰린 형국이다. 집 한 채라는 것은 현금처럼 칼같이 나눌 수 없기 때문에 반드시 분쟁의 불씨가 된다. 지금 시세의 반을 다른 형제가 지불하더라도 추후에 집값이 오르거나 내리면 뒷말이 나올 수밖에 없다.

생전 증여는 세금이 덜 나올 때도 있지만, 생활 균형을 무너뜨리는 부작용이 생긴다. 형제자매간 불화가 조기에 시작되는 역효과가 일어날 수도 있고, 부모의 노후 불안 문제가 따를 수도 있다 (요양원에는 미리 상속하면 자식들에게 홀대받는다는 격언이 알림판 생활의 지혜 코너에 적혀 있기도 하다). 반대로 사후 상속은 절세보다 분쟁 비용이 더 크게 드는 경우도 발생한다.

해법은 의외로 단순하다. 부모의 죽음을 공론의 자리에서 거론하는 것이다. 가족회의를 '일회성 이벤트'가 아니라 종종 있는 회의로 만드는 것부터가 시작이다. 부모와 거주하는 자녀와 그렇지 않은 자녀의 이해를 분리하고 지분, 현금 보전 원칙을 문서로 남긴다. 상속은 공정의 문제가 아니라 예측 가능성의 문제다. 미리 작성한 한 장의 문서가 수년의 감정 소모를 방지한다.

그리고 오히려 생각하지 않는 게 나을 때가 있는 것은 재건축이다. 재건축이나 리모델링은 메인세대에게 달콤한 후반전처럼 보이지만, 실은 체력 게임이다. 조합 설립 - 안전진단 - 인허가 - 분담금 - 이주 - 분양 - 입주의 긴 호흡을 버틸 현금과 시간과 건강이 다 필요하다. 그리고 때로는 조합원들 간의 분쟁이나 뒷담화로 인한 심리적 스트레스까지 주는 게 재건축이다. 불안과 불신, 불만과 불평, 게다가 때로는 불의와 불법까지 모든 것이 세트로 있다.

몇억 원이 오를 것이라는 막연한 기대 이전에 나에게 골치 아픈 사안들을 견딜 체력, 돈, 정신력이 있는지 자문해야 한다. 특히 분담금 상한 시나리오와 이주 기간의 이중주거비, 대체 거주지의 접근성, 그리고 무엇보다 실패 시 행할 플랜 B 같은 계획은 구체적이고 현실적인 디테일을 요한다(처음 이야기한 분담금이 실제 사업에 들어가면서 수억 원씩 오르는 일이 비일비재하다).[6] 재건축은 '추세를 맞히는 투자'가 아니라 '몸으로 버티는 투자'다.

상속·증여세에 대한 대비책

메인세대 금융 전략의 키워드는 무조건 현금흐름이다. 은퇴, 자녀 독립, 부모 돌봄이 겹치는 10년 동안 '월 단위의 플러스'가 자신을 지키는 실드다. 대출금의 원리금 상환 같은 계획을 잘 짜야 한다. 부동산이 올라서 마음은 부자여도, 그 부동산에 자신이 거주하고 있는 이상은 통장이 그 마음을 따라오지 못한다. 잘못하면 30억 원짜리 고급 아파트에 살면서 친구들에게 저녁 한 끼 사지 못하는 처지가 되고 만다.

고정·혼합의 재조정, 일부 상환으로 월 상환금 부담을 낮추고,

필요하면 임대 구역을 쪼개 부분 임대로 숨구멍을 만든다. 주택연금은 자존심을 파는 것이 아니라, 거주권을 지키며 현금을 만드는 기술적 선택이다. 부동산에서 진짜 위험은 현금이 마르는 순간에 온다는 것을 명심하고 현금흐름에 집중해야 한다.

이렇게 아등바등 현금을 창출해서 통장을 조금 살찌운다 싶으면 어김없이 그 냄새를 맡고 채가는 것이 국세청이다. 정말 절묘하게 세금은 항상 현금이 없을 때 크게 나온다(분명 정부에서 국민을 곤란에 빠뜨려서 경제 체력을 키워 주려는 큰 그림일 것이다). 그런데 사실 이 말에 크게 공감을 표하는 것 자체가 그동안 세금을 제대로 배우지 못했다는 고백이나 다름없다. 애초에 세금은 철저하게 예상하고 대응해야 한다. 보유세는 기준일에 따라 달라지기 때문에 부동산을 언제 사고 파는지가 굉장히 중요하다. 이미 작정하고 시기를 정했기 때문에 갑작스러운 보유세가 나올 일은 없다. 양도세 같은 경우는 기한과 순서의 문제로, 이 역시 계획이 필요하다.

그리고 상속·증여세는 시차의 문제다. 나 같은 경우는 장인어른이 돌아가셨을 때 상속을 포기한 일이 있었다. 유산이 없어서가 아니라 장모님에게 돌리기 위함이었다. 그런데 4~5년이 지난 뒤에 갑자기 세무서라며 부동산 상속세를 억 단위로 내야 한다고 연락이 왔다. 물론 유산포기각서를 작성한 덕분에 별다른 문제가 발생하지 않았다. 그러나 실제로 유산을 상속받고 갑자기 억 단위의 돈을 현금으로 납부하라는 통지를 받으면, 지옥에서 온 입영통지서보다 지독하게 느껴질 것 같다는 생각을 한 적이 있다.

상속과 증여가 일어났고, 그것이 세무서도 눈치챌 만큼 거액이라면 반드시 세금을 내야 할 시기를 계산하고 적절한 대비책을 세워 두는 것이 좋다. 그렇지 않으면 -30%에서 버티고 있는 주식을 팔거나, 아끼는 차를 팔아야 하는 일이 발생할 수도 있다.

또한 정부는 종종 세법을 바꾼다. 정권이나 시류에 따라 바뀐 세법이 자신에게 유리할 수도 있고 불리할 수도 있으니 이런 부분을 인지하면서 계획을 세워야 한다.

집값, 제도, 수명의 속도

집을 둘러싼 세 가지 속도가 있다. 집 자체의 가격, 집 외부의 제도, 집 내부에 사는 사람의 수명이다. 집값은 빠르게 뛰어오르기도 하고 한참 동안 별다른 변화가 없기도 하다. 제도의 변화는 느려 보이지만, 일단 한번 바뀌면 크게 바뀐다. 수명은 조용히 길어지고 있다. 이 세 가지 속도가 서로 어긋날 때 사고가 일어난다.

메인세대의 부동산 전략은 속도를 맞추는 일이다. 집값이 빠르게 변하는 시기에는 현금흐름을 조정하여 부채가 쌓이는 속도를 늦추고, 제도가 빠르게 바뀔 때는 전략을 결정하는 속도를 높인다. 그리고 수명이 길어질수록 집을 관리하기 용이한 구조로 만들어 거주할 때의 피로도를 낮춘다. 속도를 맞추면 집을 향한 애증은 노후를 버티는 기술이 된다.

기술자가 되기 위해서는 문서를 활용하는 것이 효과적이다. 월 현금흐름표(12개월), 보유세·관리비 5년표, 대수선 예치표, 부채 상환 시나리오표(금리+1.5%포인트 스트레스), 상속·증여 메모(해마다 업데이트). 이 다섯 장이면 충분하다. 메인세대의 부동산은 돈이 아닌 집이다. 투자가 아닌 삶이며, 보물이 아닌 보금자리다.

취향과 라이프스타일에 맞는 주거환경이 뜬다

그런 면에서 앞으로 나타날 새로운 부동산 트렌드에 대해 하나만 이야기하고자 한다. 바로 단독주택이다. 그동안 한국에서 집이라고 하는 것은 아파트를 의미했다. 잘사는 학군의 초등학교 아이들끼리 "너희 집은 어디야?"라고 물어보면 그건 "어느 아파트 몇 동 몇 호야?"라는 질문과 같은 말이었다. 평수와 층에 따른 가격 차이가 대번에 나오니 사실 주소에는 그 집의 경제 사정이 뚜렷하게 직혀 있는 것이나 마찬가지이기도 했다.

하지만 최근 들어서 이 아파트를 벗어나고자 하는 사람들이 조금씩 등장하기 시작했다. 강남이나 잠실, 마포, 용산, 성수 아파트 등 이른바 똘똘한 한 채 정도를 살 자산은 안 되는 사람들이 어차피 다른 아파트는 그다지 크게 오를 것 같지 않으니, 단독주택을 사도 다를 게 없다고 생각한 것이다. 그리고 단독주택이 아파트처럼 오르지는 않아도 서울 땅을 가지고 있다는 것은 우상향 되는 자산을 가지고 있다는 말과 같으니, 손해를 보는 것은 아니라는 믿음도 작용했다. 무엇보다 틀에 박힌 아파트 생활 자체가 싫다고 생각하는 사람들이 늘어났다.

이들을 중심으로 아파트로 획일화되었던 거주 트렌드가 조금씩 바뀌고 있다. 우선 5060 중에는 아파트값 급등으로 돈을 번 사람들이 있다. 그런데 아파트에 거주해야 했던 이유인 자녀 교육이 끝나고, 가구구성원 감소로 2인 가족이 되는 케이스가 생겼다. 이 사람들에게는 강남권 아파트에 거주할 필요성이 반감된다.

게다가 아파트에 깔고 앉았던 돈을 슬슬 현금화해서 노후의 현금흐름을 설계할 필요도 있다(취업에 실패한 자식 하나가 창업비용을 달라고 조르는 것이 영 눈에 밟히기도 한다). 그러면 아파트값 급등으로 번 돈의 절반을 써서 거주를 해결하고, 나머지 절반으로 또 다른 삶을 준비할 수 있다. 그러면 이 집을 어디에 살 것인가?

아파트의 편안함 때문에 다시 아파트로 간다고 하면, 경기도 신도시로 갈 수 있을 것이다. 어느 정도 인프라가 갖춰졌기 때문이다. 하지만 그것은 생활이나 교육 인프라지, 나이가 들어서 필요한 문화 인프라는 아니다. 서울까지 거리가 있어 친구들을 만나기도 불편하고 젊은 세대에게 최적화된 생활 동선도 조금 불편하다.

이들이 눈을 돌리는 곳이 서울의 단독주택이다. 단독주택은 살기 불편하다는 인식이 있지만, 최근 들어 자동화되고 고도화된 기술로 단독주택에 사는 것이 예전만큼 불편하지 않다. 무엇보다 서울의 단독주택은 아파트처럼 현금화가 바로바로 되지 않는다는 이유로 투자 대상에서 멀어지다 보니 '이런 입지에, 이런 뷰에, 이런 컨디션에, 이런 가격이!' 하면서 놀랄 정도인 매물이 있다. 고급 주택은 여전히 비싸긴 해도 고급 아파트만큼은 아니다.

좋은 지역의 괜찮은 단독주택도 비슷한 조건의 아파트 가격에 비하면 합리적일 수 있으니, 결코 떨어지는 법이 없는 서울 땅을 확보한다는 측면에서도 이런 선택이 나쁘지 않다. 손주들이 놀러 오면 마당에서 뛰어놀게 하고 싶기도 하다(물론 그 친구들은 어딜 가든 방구석에서 스마트폰을 만질 테지만, 조부모의 로망이라는 게 있는 법이다). 여러모로 단독주택 선택지가 나쁘게 느껴지지 않는다.

40~50대 중에서도 아파트의 획일화에서 벗어나 개성을 추구하는 사람들이 많이 생겼다. 매번 힘들게 아파트를 갈아타면서 돈을 버는 투자를 하느니, 그냥 내가 살고 싶은 집을 예쁘게 꾸며서 나만의 개성을 드러내겠다는 것이다.

지금의 50대가 20대일 때 엄청난 유럽 배낭여행 붐이 있었고, 그 뒤로 10여 년 동안 이런 붐은 이어졌다. 그러니까 지금 4050은 청년기에 유럽에서 아름다운 건축물을 보고 온 세대들이다. 한국의 빌라나 아파트만 봐서는 도저히 가질 수 없는 식견과 미감을 가진 사람들이 이 세대에서 등장하기 시작한 것도 우연은 아니다.

4050은 투자나 아이들을 키우는 여건상 아파트에 살았다가 어느 정도 투자 성과를 이루고, 아이들의 교육 여건을 고려하지 않아도 되는 상황이 되면 원래 가지고 있던 단독주택 로망을 실현하려고 한다. 아파트에 살 때는 인테리어에 담고 싶은 욕망을 내부를 꾸미는 데에만 쓸 수밖에 없어 오늘의 집 같은 플랫폼이 떴는데, 단독주택은 집의 외관까지 내 취향에 맞게 꾸밀 수 있으니 진정한 로망이 시작되는 것이라고 할 수 있다.

미국에는 핼러윈이나 크리스마스 때 집 외관을 꾸미는 문화가 있는데, 한국도 조금씩이지만 때가 되면 장식을 바꾸거나 한시적으로 집 외관을 LED 등으로 장식하는 단독주택들이 생기기 시작했다. 그래서 최근 가드닝, 홈가드닝, 그리고 반려식물이 취미로 뜨고 있다.

한국발명진흥회 지식재산평가센터의 조사에 따르면, 국내 실내 농업 관련 시장 규모가 2021년에 약 1,216억 원 수준이었다가 연평균 약 75% 성장해 2026년엔 1조 7,519억 원에 달할 것으로 전망한다.[7] 취미 여가 플랫폼 솜씨당이 발표한 '2023 취미·여가 트렌드'를 봐도 요가, 필라테스가 전년도에 비해 성장률이 큰 폭으로 올라 61%였고, 디저트와 케이크가 32%, 스쿠버 다이빙, 수영이 22%로 그 뒤를 잇고 있다. 외중에 가장 큰 폭으로 성장한 것은 가드닝, 테라리움(유리 용기 안에 토양, 식물 등 다양한 재료를 넣어서 꾸리는 사육장)으로 무려 270%나 성장했다.[8]

가드닝 중에서도 식물 관련 쪽이 뜬다는 이야기는 아파트에 사는 사람들도 예전처럼 거실에 소파와 TV만 놓고 사는 건 싫어한다는 뜻으로 해석할 수 있다. 아파트 내에서도 식물을 가꾸고, 자신만의 생태계를 만들고 싶어 한다는 이야기다.

그중 용자들이 단독주택으로 나간다. 이들이 선택하는 동네는 아파트를 팔고 반값으로 갈 수 있는 곳이다. 가지고 있는 아파트 자체가 비쌌던 60대는 그 절반으로도 평창동, 성북동, 한남동에 자리 잡을 수 있고, 그보다 예산이 모자라면 고급스러운 느낌은 있지만 전체적으로 평수도 조금 더 작고 상대적으로 만만한 구기동, 부암동, 연희동, 연남동 등이 후보지가 된다.

그리고 아파트는 아예 쳐다보지도 않고 단독주택만을 선호하는 사람들이 있다. 이런 사람들은 개성이 파묻힐 수밖에 없는 아파트보다 마음대로 꾸며서 자신의 개성을 마음껏 드러낼 수 있는 단독주택을 선호하는 경향이 있다. 단독주택만 돌아다녔던 탓에 아파트 급등기에 돈을 불리지는 못해서 계속 비슷한 가격의 구기동, 부암동, 연희동, 연남동 같은 지역 내에서 움직인다. 물론 구리, 남양주 같은 곳에도 단독주택이 있으나 분당이나 일산의 아파트에 살았던 사람은 어차피 똑같은 경기도 인프라니 일산, 분당 근처의 단독주택으로 가는 경우도 있다.

단독주택 로망은 정보를 타고 메인세대에게 흐른다. 개성과 취향을 중시하는 메인세대가 자녀 양육 같은 의무에서 벗어난 뒤에 단독주택으로 향하는 비율이 10% 정도만 증가해도, 서울의 단독주택 시장은 꽤 탄탄해질 것이다. 단독주택이 있던 공간을 빌라가 잠식해 가면서 단독주택이 남은 지역이 많이 사라져서 공급은 줄었는데 수요는 느는 격이기 때문이다.

전원주택, 로망과 현실을 구분하라

은퇴를 앞두고 전원생활을 꿈꾸는 사람들이 있다. 서울 부동산은 장기적으로 희망이 없다고 생각하는 사람들이 많아지면서 서울 근교의 전원주택에 대한 수요도 생겼는데, 최근 들어서는 이런 추세가 좀 꺾인 느낌이다.

물론 은퇴 후 전원생활이라는 로망은 분명히 존재한다. 2023년에 한국농촌경제연구원이 발표한 보고서에 따르면 도시민 37.2%가 향후 귀농·귀촌을 희망한다고 대답했다. 하지만 이는 '언젠가 통일이 되면 백두산에 가고 싶다' 정도의 막연한 발언이며, 구체성과 현실성이 결여된 희망사항에 불과하다.

전원주택은 서울의 단독주택과는 완전히 다르다. 서울의 단독주택은 어떻게 관리하느냐에 따라 거의 아파트급의 편의성을 가질 수 있는데, 전원주택은 뭘 어떻게 해도 편하게 지낼 수 없다. 벌레와 뱀이 출몰하고, 텃세 심한 이웃과의 불화도 있으며, 생각보다 부지런해야 한다. 그리고 모든 것을 스스로 고칠 수 있는 '자가 수리 능력'과 그에 따른 의지가 필수적으로 요구된다.

자연의 새소리를 듣고 싶어 전원생활을 꿈꾸는 사람들은 실제로 전원생활을 하다가 자신이 진정으로 좋아하는 소리는 차 소리였음을 깨닫는다. 전원주택에서 살았다가 유턴하는 사람이 많은 이유다. 그래서 전원생활 대신 지방에서 한 달 살기 같은 것으로 가끔 올라오는 전원생활에 대한 욕구를 만족시키는 편이 낫다.

실제로 최근 여러 지자체에서 한 달 살기 체험 프로그램을 지원하고 있다. 지방자치단체가 제공하는 프로그램에서는 숙박비와 활동비, 여행자 보험 등 각종 경비를 지원한다.[9] 한 달 살기에 대한 지원이 많다는 것은 참가자로서는 비용보다는 시간 부담이 더 큰 요인이라는 뜻이다. 이런 측면에서 일과 자녀에게서 분리되었거나 조만간 분리될 예정이어서 시간 활용이 자유로운 메인세대가 이 혜택을 누릴 확률이 높다.

03

금융산업의 판도가
완전히 달라진다

금융상품과 서비스의
재설계

은행은 살아남을 수 있을까?

메인세대에게 금융 서비스는 굉장히 중요하다. 현금흐름의 창출과 돈 관리가 가장 중요한데, 바로 그 부분에 다양한 서포트가 필요하기 때문이다. 지금은 카드사의 역할이 늘고, 금융 포털은 자신의 브랜드가 붙은 '페이' 시스템을 만들어서 쓰고, 핀테크 앱 사용자가 늘었다. 전통적인 금융업의 입지와 장래가 그다지 밝지만은 않다. 물론 대출 이자 같은 예대마진 수익은 엄청나지만, 대출해서 부동산을 사고, 또 다른 사람이 대출해서 그 부동산을 더 비싸게 사는 순환구조가 깨지면 대한민국의 은행들은 상당히 위험한 상황에 처할 것이다.

2030에게 은행은 이자율이 낮아서 돈을 맡기고 싶지 않은 곳이다. 통장으로 월급이 들어오는 곳이지, 은행을 활용해서 주식을 하거나 재테크를 할 이유를 잘 느끼지 못한다. 하지만 메인세대에게 은행은 아직까지 신뢰의 상징이다. 또 메인세대가 어렸을 때 은행 이자율은 10%까지 갔기 때문에 은행에 좋은 기억을 가진 사람들도 있다. 메인세대에게는 여전히 은행 직인이 찍힌 통장이나 은행 보증의 무게감이 다르다. 메인세대는 은행을 단순한 민간 기업이 아니라, 국가적 시스템과 연결된 공적 권위처럼 바라보는 경향이 있다. '은행이 망하면 나라가 무너진다'라는 말을 철석같이 믿고 자랐기 때문이기도 하다. 이후 몇몇 은행이 실제로 무너지는 것을 목격했는데도 이러한 믿음을 근본적으로 갈아엎지는 않았다.

따라서 메인세대의 가장 복잡한 과제인 앞으로의 현금흐름 설계에서 은행의 역할은 꽤 크면서도 퍽 적다. 메인세대의 합리적 성향상 무작정 은행에 돈을 맡기고 알아서 해 달라는 고객의 존재는 점점 사라질 것이다. 주식 투자를 하더라도 직접 ETF 같은 재테크 방법을 택해서 안정성을 추구할 가능성이 크다. 충분한 정보와 방법이 제공되어 누구나 재테크를 시도하기 쉬운 시대이니 말이다.

그러나 은행이 합리적이고 마음 편한 서비스를 개발해서 제공하기만 하면 은행에 자신의 돈을 맡길 이들이 메인세대다. 현재의 은행은 거금을 맡기는 VIP 고객은 관리하지만, 일반 고객들까지 관리하지는 못한다. 은행이 메인세대를 위해 앞으로 제공하면 좋을 금융 서비스를 5대 전략으로 풀어서 제시하겠다.

메인세대를 위한 금융 서비스 상품화 전략

첫 번째 전략: 안정적인 현금흐름 설계

변동성은 줄이고 매달 안정적으로 들어오는 현금흐름을 만든다. 사람마다 성향은 다르지만, 금융 수익을 창출하는 게 최우선이 되어야 한다는 건 공통적이다. 그러기 위해서는 투자가 이뤄져야 하는데, 고위험 고수익은 너무 위험하고 저위험 저수익은 반대로 너무 답답하다. 그래서 중위험 중수익까지 선택의 포인트를 넓혀 주는 상품이 필요하다. 변동성 높은 고수익 추구가 아니라 다달이 들어와서 예측 가능한 현금흐름을 중심에 둔 포트폴리오를 설계할 수 있어야 한다. 앞서 언급한 3버킷 전략을 실행할 수 있는 투자 상품을 운용하면서 꾸준히 현금흐름을 창출하는 것을 목표로 삼아야 한다. 메인세대의 목표는 생활비와 의료비, 여행비를 획득하는 것이다. 경기·금리 국면에 맞춘 자동 리밸런싱 알림을 통해 변동성에 대비하고, 세금 최적화 리포트로 나가는 돈도 최소화한다.

두 번째 전략: 헬스·보험 통합

보험을 사후에 금전적으로 책임지는 구조가 아니라, 실제 건강까지 관리하는 종합 상품으로 업그레이드한다. 웨어러블 및 검진 데이터와 보험을 연결해 보장과 리워드를 동시에 잡는 방식이다. 미국에서는 운전 습관에 따라 보험료를 실시간으로 조정하는 자동차 보험이 히트했다. 운전 습관이 양호할수록 사고율은 낮아진다. 마찬가지로 인간의 행동도 웨어러블 기기나 IoT 센서를 통해 측정할 수 있으므로 이와 연동하여 보험 설계를 하는 것이다.

걸음·수면·심박 기준을 충족하면 다음 갱신 시 보험료를 할인해 주는 행동연동보험은 운동을 할 동기부여가 된다. 그리고 병에 걸리면 알아서 치료하라며 방치하지 말고, 치료에 전문화된 서비스를 제공하는 게 좋다. 치매·장기요양 보장도 돈만 지급하는 것이 아니라 주간보호센터 바우처, 전담 코디네이터, 돌봄택시 서비스 패키지를 제공하는 식이다.

보험이 체지방률도 관리해 주고, 혈당도 체크하는 등 나만의 헬스 트레이너가 되어서 건강을 유지시켜 줄 수 있다. 매년 있는 갱신 때 저절로 종합건강검진을 받을 수 있으며, 건강이 개선되면 갱신 보험료가 인하되거나 포인트 마일리지가 적립되는 방식이니 금전적 이득도 확실하다.

세 번째 전략: 세컨드 커리어·소득 만들기

경험이나 네트워크 등 메인세대의 강점을 소득화할 금융 패키지를 만든다. 예를 들어, 프리랜서 전용 파이낸스 같은 것이다. 사실 프리랜서는 은행에 가면 '천민' 대접을 받는다. 야구 선수 류현진이 메이저리그로 떠나기 직전에 신용카드 발급을 신청했다가 직업이 없고 소득이 불규칙하다는 이유로 거절당한 이야기는 꽤 유명하다(당시 류현진은 6년 총액 6,173만 달러로 LA 다저스와 계약을 맺은 상태였다).[10] 말하자면 프리랜서에게 은행 문은 닫힌 정도가 아니라, 아예 출입구가 없는 수준이다. 그러니 세컨드 커리어를 시작하려는 메인세대가 금융권에서 자금을 조달할 방법은 많지 않다. 바로 이런 부분을 상품화해서 변동 소득을 반영한 신용평가를 하고, 전문성 기반 창업대출 상품을 만드는 것이다. 업종 리스크를 반영한 차등 금리를 적용하되, 멘토링을 제공하거나 강의·자문·프로젝트 의뢰를 연결하고 표준 계약서·세무 패키지를 제공한다. 그러니까 벤처기업 인큐베이팅을 하듯 새로운 커리어를 빌드업하는 것을 도와주며, 이것을 상품화하는 것이다. 금융이 일자리까지 연결해 줘서, 한창 일할 수 있는 메인세대의 의지와 능력이 사장되지 않도록 만든다는 사회적 의의도 있다.

네 번째 전략: 상속·가족 거버넌스

상속을 세금 절감 기술이 아니라 가족의 가치와 관계를 정리하는 과정으로 재설계한다. 라이트 패밀리 오피스로 세무·법무·부동산·증권·신탁을 한 화면에서 처리한다. 가업승계, 가족회의 운영 가이드, 증여 로드맵 같은 것들이 가족 모두에게 투명하게 오픈되는 것이다. 그리고 디지털 상속 금고를 운영해 계좌·증권·부동산·디지털자산을 한꺼번에 관리한다. 생전 증여나 교육 신탁 같은 주문을 수행하면서 가족 재무 워크숍을 열고 분쟁 예방에 힘쓴다. 그러니까 중립적인 입장에서 유언 집행 컨시어지 역할을 하며, 상속 시 분란이 없도록 조정하는 역할을 하는 서비스 상품이다.

다섯 번째 전략: 라이프스타일·경험 결합 플랫폼

연금·투자·보험을 여행·문화·웰니스와 엮어 즐겁게 지속할 수 있도록 만든다. 연금 저축액 일부를 여행 포인트로 전환해서 오프 시즌 특가로 여행을 갈 수 있는 서비스도 만들 수 있다. 그리고 동년배 투자 라운지, 실물투자 클래스 등 투자 커뮤니티의 참가를 유도하고, 건강검진·피트니스·명상센터 제휴 패키지로 웰니스 멤버십을 운영할 수도 있다. 목표는 금융 서비스에 경험의 끈을 더하는 것이다. 메인세대가 금융으로는 자산을 쌓게 만들고, 경험 서비스로는 관계 자산을 쌓을 수 있도록 돕는다.

모든 산업이 메인세대 중심으로 바뀐다

메인세대에게 재테크는 단순히 돈을 불리는 기술이 아니라, 건강·일·가족·즐거움을 함께 설계하는 행위라는 것이 핵심이다. 그래서 금융 서비스의 재정의가 필요하다. 이렇게 휴먼터치가 들어가면 제일 빠르고 깊게 반응할 세대가 메인세대이기도 하다. 메인세대를 타깃으로 삼은 금융 상품 재설계는 자산이 어느 정도 있는 베이비붐 세대가 은퇴를 맞이하면서 본격적으로 시작되었는데, 사실 아직 임팩트 있는 브랜드나 상품이 없다. 만약 모두가 관심을 기울일 만한 서비스가 나오면 은퇴자뿐만 아니라, 은퇴를 준비해야 하는 4050까지도 관심을 가질 것이다.

특별히 금융 산업에 초점을 맞추고, 메인세대의 특징을 적용해서 상품이나 서비스를 기획하는 방향을 구체적으로 살펴보았는데, 사실 모든 산업에서 이런 리패키징, 리빌딩이 일어나야 한다. 앞으로 AI 시대를 맞이해서 본격적인 사회적 조정이 일어날 텐데, 그 타이밍과 비슷하게 자기 인생에서 큰 조정 장세를 맞이하는 것이 메인세대다. 상품을 소비하거나 서비스를 이용하더라도 지금까지와는 다른 마음과 상태로 이용할 메인세대를 고려하라. 그 상황과 심리에 맞는 비즈니스의 재편이 곳곳에서 일어날 것이다. 메인세대의 소비자로서의 영향력을 고려했을 때, 그것을 선제적으로 잘 해내는 업체에서 그 비즈니스의 리더로 올라올 가능성이 크다.

04

메인세대의 창업,
늪에 빠지지 않으려면

지식, 경험, 인맥 관리

대기업 임원 출신도 장사는 어렵다

60세 이상 자영업자는 2014년의 144만 명에서 2023년에 207만 명으로 증가했다. 통계 자체는 60세 이상이라고 되어 있지만, 보통 70대 초반에는 일에서 완전히 은퇴한다는 통계도 있으므로 두 가지 수치를 합하면 207만 명이라는 수치에서 60대가 큰 비중을 차지한다는 사실을 추론할 수 있다.

60대 자영업자의 비중은 전체 자영업자 중에서 약 36.4%로 가장 큰 비중을 차지하고 있다. 50대가 약 27.3%, 그리고 40대가 세 번째로 높은 비중인 20.5%를 차지한다. 4060의 비중이 무려 84.2%다. 그러니까 자영업자 5명 중 4명이 메인세대다.

눈여겨보아야 할 것은 60대의 비중이 가장 크다는 사실이다. 4050에 비해 재취업이 어려운 60대가 할 수 있는 일은 비정규직이나 자영업이다. 즉 결과적으로 자영업으로 '내몰린' 사람들이라는 사실을 짐작할 수 있다. 문제는 철저히 조사하고, 경험하고, 실험해서 창업한 것이 아니라 별수 없이 창업한 사람들이다 보니 자영업이 적성에 맞지 않는다는 것이다. 자영업이 잘 맞는 사람이라면 젊을 때 창업해서 이미 어느 정도 궤도에 올랐을 가능성이 크다.

60대 창업자는 원래 자영업자가 꿈이었던 사람보다 월급을 받으며 일하다가 구조조정이나 정년퇴직 때문에 어쩔 수 없이 창업한 사람이 더 많다. 당연히 망하는 사람이 속출할 수밖에 없다. 국회예산정책처가 발표한 보고서에 따르면 60대 폐업자는 약 15만 명, 창업자는 약 13만 명으로 순창업자(창업-폐업)가 마이너스 2만 명이다. 폐업자가 창업자보다 뜻인데, 얘기인데, 40~50대 모두 창업자가 폐업자보다 각각 6만 명, 3만 명 더 많았다. 60대가 망할 확률이 훨씬 높다는 얘기다.[11]

60대 이상 자영업자들은 은퇴 후 창업하거나 생계유지 목적으로 가게를 시작하는 경우가 대부분인데, 매출 부진, 임대료·인건비·재료비 등의 비용 부담, 치열한 경쟁 등으로 버티지 못하는 경우가 많다. 그런데 폐업이 남긴 부채는 평균 1억 236만 원이다. 그야말로 생계유지는커녕 생존도 힘든 상황으로 내몰리는 것이다.

베이비붐 세대의 은퇴가 시작되었으니 이런 극단적인 경향은 앞으로 몇 년 동안 지속될 가능성이 크다.

그렇다고 40대나 50대가 장사를 잘한다는 것은 아니다. 우리나라 자영업 상황이 워낙 좋지 않기 때문이다. 한국경영자총협회의 보고서에 따르면 2023년에 개인 사업자는 864만 8,000명이었고, 그중 폐업자는 91만 1,000명으로 10.5% 정도가 폐업했다.[12] 폐업 비중이 1/10밖에 안 된다고 생각할 수도 있지만, 여기에는 함정이 있다. 사람들은 보통 어떤 가게가 자리를 잡으려면 1~3년은 유지해야 한다고 생각한다. 그래서 사업이 유지되는 수준이거나 살짝 손해 보는 정도라면 계속 운영하는 경향이 있다. 엄청난 적자가 지속될 때가 되어서야 폐업을 결심하는데, 그런 자영업자들이 10명 중 1명이라는 얘기다.

60대가 특히 그렇지만 4050 역시 자영업으로 승부를 보기 쉽지 않다. 생전 장사라고는 해 본 적도 없는 사람들이다 보니, 손님과 이야기 한번 나누는 게 어려워서 손님을 피하는 사장도 나올 정도다. 장사 매뉴얼도 없고, 직원은 어떻게 뽑아서 교육시켜야 하는지 모른다. 대기업 이사 출신이라고 해도 자기가 맡았던 분야에서만 스페셜리스트일 뿐이지, 자영업에 요구되는 모든 일을 알지는 못한다. 구체적으로 말하자면 20대 알바에게 일 시키는 방법, 화장실 청소를 빠르게 끝내는 방법, 진상 손님을 상대하는 방법 등 익숙한 일보다 서툰 일이 32배는 많은 것이 자영업이다.

'카페나 한번 해 볼까?'라는 건 옛말

자영업 가운데 가장 접근이 쉽다고 생각하는 분야가 카페다. 다양한 음식을 만들어야 하기에 까다롭고, 위생 관리를 철저히 하지 않으면 식중독 위험까지 있는 음식점에 비해 에스프레소 머신에서 커피만 내리면 되고, 빵이나 쿠키는 기성품을 발주하면 된다고 생각하기 때문이다. 자격증이나 숙련된 경험이 없어도 카페 운영 정도는 할 수 있다고 여긴다. 그리고 자신이 이용해 본 동네 카페의 주인은 책을 읽거나 핸드폰을 보다가 손님이 오면 그제야 일어나서 커피를 내리는 이미지였다. 그 영향으로 카페는 운영이 단순하고, 창업비용도 크지 않다고 착각한다.

그리고 무엇보다 카페는 음식을 먹는 곳이 아니라 감성을 소비하는 곳이기 때문에 빡빡하게 장사하기보다 자아실현을 하면서 우아하게 자신의 공간을 가꾼다는 이미지가 있다. 다양한 이유가 복합적으로 작용하여 은퇴자나 경력이 단절된 사람은 자연스럽게 카페 창업을 생각한다. 무엇보다 자기 사업이니까 잘만 되면 성심당처럼 거금을 버는 것이 가능하리라 믿으며 비전을 꿈꾼다.

하지만 당연히 현실은 다르다. 낮은 진입장벽은 고스란히 경쟁자 수의 증가로 나타난다. 2024년 기준으로 CU, GS25, 세븐일레븐, 이마트24 등 모든 편의점 브랜드의 점포 수는 약 5만 5,580개였다.[13] 그런데 2023년 기준으로 카페의 수가 10만 6,452개다.[14] 동네 사거리에 3~4개씩은 있어 정말 많아 보이던 편의점보다 카페가 거의 두 배 가까이 많은 것이다.

게다가 카페를 창업하는 사람들 가운데에는 자영업 자체가 처음인 사람이 많다. 다른 자영업보다 필요한 기술이 적고 운영이 쉽다고 생각하기 때문이다. 그래서 카페의 존속 기간은 특히나 짧은 편이다. '100대 생활업종'의 평균 존속 기간은 약 8년 9개월인데 비해 카페는 3년 1개월이다.[15] 거의 3배 가까이 차이 난다.

그리고 카페를 창업하고 1년 정도 지나면 약 78.5%가 살아남고, 3년이 지나면 48.8%만 살아남아 반 이상이 문을 닫는다.[16] 문을 닫는다는 것은 유지가 힘들 정도로 큰 폭의 적자가 나거나 아르바이트생 없이 혼자 버티다가 너무 힘들어서 내리는 결정이다. 그러니 '카페나 한번 해 볼까?'라는 말은 무모하기 짝이 없다.

특히 카페는 음식점처럼 완전히 차별화할 만한 요소가 별로 없기 때문에 경쟁 심화, 원가 상승, 상권 변화, 트렌드 변화 등에 민감하다. 요즘은 인스타그램에 올릴 사진이 잘 나오도록 매장을 잘 꾸미는 게 중요해서 그것을 경쟁력으로 삼는다 해도, 보통 1년이 지나면 인테리어를 다시 해야 한다. 트렌디함을 경쟁력으로 선택했으면 그 트렌드를 계속 따라잡아야 하기 때문이다.

전문 분야와 네트워킹 활용이 답이다

특별한 기술 없이도 창업할 수 있다고 생각한 카페가 이 정도면 다른 업종의 어려움은 말할 것도 없다. 결과적으로 특별한 기술이나 경험이 없으면 적어도 네트워킹이라도 있는 분야에서 창업해야 한다. 그게 아닌 한 메인세대의 창업은 쉽지 않다.

반면 자신만의 특장점을 활용하는 창업에는 일말의 가능성이 있다(물론 사업체를 운영하는 것은 복합적인 요소가 작용하기 때문에 특장점이 하나 있다고 다 잘되는 것은 아니다). 예를 들어 전기·설비·건축 분야에서 오랜 경력을 쌓은 사람이 소규모 유지보수 업체를 차리거나 주택 리모델링·친환경 설비 설치 전문점을 창업하는 식이다. 물리치료사, 운동 지도사, 간호사 출신이라면 고령층을 대상으로 재활운동센터, 건강관리 코칭 스튜디오 창업도 가능하다. 회사에서 IT, 디자인, 회계, 세무 등 전문적인 업무를 담당한 경력이 있다면, 그 경력을 바탕으로 1인 컨설팅·코칭 창업, 온라인 강의 제작, 작은 스터디센터 운영도 가능하다. 다만, 교육이나 지식 쪽은 현재 AI가 사람을 대체하기 시작했기 때문에 점점 접근하기 어려워지는 상황도 감안해야 한다.

현장에서의 경험과 업계 이해도를 사업으로 전환하는 사례도 있다. 예를 들어 출판, 마케팅, 광고, HR, 노무 등에서 프리랜서 인맥을 모아 프로젝트별로 팀을 꾸리고 매니지먼트 역할을 하는 플랫폼형 소규모 창업이 있다. 하지만 이런 창업 역시 AI에 자리를 내어 줄 가능성이 큰 영역이니, 이왕이면 문화·취미형 창업이 낫다. 왜냐하면 AI가 생산성을 높여 주면 아무래도 인간에게는 더 많은 시간이 주어질 테고, 그렇게 발생한 여유 시간을 인간만이 할 수 있는 '노는 일'(다른 말로는 여가)에 쓸 가능성이 크기 때문이다. 여행, 와인, 골프, 등산 같은 취미를 기반으로 체험 프로그램을 기획하는 것도 좋다. 4060은 소비 여력이 있고 또래 네트워크를 활용하기 쉬우니 취미 기반 창업이 가능하다.

AI에 잠식당할 확률이 낮으면서도 메인세대의 커리어를 활용할 수 있는 창업은 보통은 네트워킹 기반 창업이다. 4060의 장점 중 하나가 바로 '인적 네트워크'이므로 후배·동료·업계 지인들의 도움을 받아 비즈니스의 기회를 만드는 것이다. B2B 연결 사업이 대표적인데, 제조업, 무역, 유통업에서 오랫동안 거래처를 관리한 경험을 활용해 중소기업의 수출입 대행이나 글로벌 판로 개척 에이전시 창업을 하는 식이다. 그리고 대학 동문회, 직장 선후배 모임 등에서 얻은 인맥으로 고급 고객층을 겨냥한 소규모 사교·비즈니스 공간을 운영하는 커뮤니티 사업도 있다. AI 시대에 더 필요한 사업이기도 하다.

카페나 해 보자는 식으로 가볍게 시작한 창업은 결국 아무런 준비도 하지 않았다는 얘기나 마찬가지다. 막연한 생각으로 성공하길 꿈꾸는 것인데, 이대로라면 퇴직금을 100배의 속도로 소진하는 지름길밖에 안 된다. 메인세대의 창업은 준비가 필요하다.

네트워킹 창업을 이야기하면 은퇴한 사람들은 다 소용없다고 말한다. 회사에서는 인맥이었던 사람들이 밖에 나와서 자연인으로 만나면 아는 사람일 뿐이지, 인맥은 아니라는 것이다. 그래서 관리직으로 올라간 사람들은 인맥 관리를 한다. 조금 더 친절하게, 배려심 있게 주위 사람들과 관련 인사들을 대하기 시작한다. 미운 사람보다는 호감이 가는 사람에게 친절한 것이 인지상정이다.

대기업에서 오래 일한 사람은 자신도 모르게 대기업 직원 같은 태도가 밴 경우가 있다. 아무래도 협력업체와의 관계에서 갑의 위치에 있었기 때문에 자신은 매우 정중하게 말했다고 생각하지만, 냉정한 느낌이나 무언가 거리를 두는 느낌이 스며들어 있기도 하다.

언제 한 번은 대기업에서 차장으로 근무하는 후배를 개인적으로 만나서 컨설팅을 해 준 적이 있다. 신사업 준비를 맡게 되었는데, 그쪽 분야를 잘 몰라서 내게 묻고 싶은 게 있다고 해서 만났다. 신사업을 검토하는 단계였기 때문에 특별히 일을 받는 자리도 아니고, 그냥 업계 동향이나 트렌드에 대한 이야기를 자연스럽게 나누는 자리였다. 후배가 도움을 요청하기도 했고, 나도 후배를 도와준다는 생각으로 나온 느슨한 자리였다.

그런데 2시간 정도의 대화를 마치고 나갈 때, 그가 "선배님, 오늘 했던 이야기는 정리해서 저에게 메일로 공유 좀 해 주세요."라고 말하는 것이다. 마치 하청업체 사람에게 보고서를 올리라는 듯한 말투에 순간 감정이 상했지만, 그는 회사 일로 사람을 만나면 늘 이런 식으로 회의를 마무리했을 거라는 생각이 들었다. 그러니까 그에게는 이런 멘트가 정상적인 마무리 수순이리라 이해하고 그냥 "그래."라고 대답했다(물론 메일을 보내지는 않았다).

아직 회사를 다니고 직책을 가지고 있을 때 창업 준비를 해야 한다. 그 준비라는 것은 자리나 비용을 알아보라는 것이 아니라,

인맥 관리다.

사실 많은 사람이 나름의 인맥이었던 사람을 퇴직 후에 찾아가면 "한 번은 도와줄 수 있다. 하지만 그 이상은 안 된다." 같은 말을 듣는다. 서운해도 다시 생각하면 '한 번의 기회'가 있는 셈이다. 그 기회를 잘 살리려면 어떻게 쓸 것인지 신중하게 생각하고, 또 효과적으로 써야 한다. 하지만 신중함을 기한답시고 지나치게 오랜 시간을 들이면 그 한 번의 기회마저 사라진다.

철저하게 준비하고(여기에는 계획을 세우는 것뿐만 아니라 인맥 관리 같은 다양한 것이 포함된다) 자신의 장점, 지식, 경험을 활용해 창업에 나선다면 주어진 기회를 아주 적절하게 써먹을 수 있을 것이다. 그리고 한 번의 기회를 약속한 사람이 10명이라면, 사실 10번의 기회가 있는 것이나 마찬가지다. 게다가 창업이 성공적이라 사업으로 이어질 것 같으면, 한 번만 도와준다던 사람들이 오히려 계속 도와주겠다며 찾아온다. 그들의 일이나 경력에 도움이 될 것 같다고 판단했다는 이야기다. 사실 그들 역시 퇴직 이후를 생각해야 하는 우리와 똑같은 처지다.

프랜차이즈의 옥석을 가리는 눈

이런 노하우나 자신만의 특장점, 인맥 같은 것이 없는 메인세대도 많다. 그들이 사용할 수 있는 수단은 결국 프랜차이즈다. 자리를 잡는 것부터 메뉴 구상, 직원 교육, 고객 동선 등 창업자가 생각하고 체화하여 가게에 구현해야 할 모든 것이 이미 매뉴얼로 정리되었기 때문이다. 처음에는 상당 부분의 일을 본사 담당자가 대신해 주기도 한다. 단기간의 교육으로 '장사의 신'이 되어 홈페이지에서 약속한 500만 원 정도는 매달 손쉽게 가져갈 것이라 생각한다. 꿈에 부풀어 퇴직금을 프랜차이즈 창업에 쏟는 것이다.

프랜차이즈 업체들이 타깃으로 삼는 연령대가 4050이다. 65세가 넘어가는 사람이 창업하는 것은 말리는 분위기다. 물론 그런 가이드라인이 존재하거나 대놓고 공고에 명시하는 것은 아니지만, 2025년 여름에 개최된 한 창업박람회에서 보호자를 동반하지 않은 65세 이상 노인의 관람을 제한하는 공고가 떠서 논란이 된 적이 있었다.[17] 박람회를 무료 급식소처럼 이용하는 몰지각한 사람들 탓이라는 의견도 있지만, 만약 프랜차이즈 업체들의 타깃에 65세 이상도 포함된다면 그 정도는 마케팅 비용이라고 생각했을 것이다.

프랜차이즈의 모토는 '매뉴얼대로 하면 다 잘되니 우리만 믿고 같이 하세요. 돈만 내시면 됩니다.'라는 말이다. 그리고 프랜차이즈의 타깃이 4050이라는 이야기는 그 '돈'이 사실 퇴직금이라는 뜻이다. 프랜자이즈 창업비용은 너무나 '우연하게도' 퇴직금 수준에 맞춰졌다. 40~50대에 직장에서 나오는 사람은 할 수 있는 일이 매우 제한되어서 안 되는 줄 알면서도 '그래도 나는 다르지 않을까?' 하는 근거 없는 믿음으로 프랜차이즈의 문을 두드린다. 어쨌든 퇴직금이 있으니 수중에 돈이 아예 없는 것은 아니다. 그들에게는 이

퇴직금으로 세컨드 커리어를 성공으로 이끌겠다는 욕망이 있다.

물론 프랜차이즈 업체가 퇴직금을 털어먹는 악당이라는 건 아니다. 어떻게 보면 프랜차이즈 업체는 노하우도 경험도 부족한 사람들에게 희망을 주고 살길을 제시하는 착한 상생업체일 수도 있다. 다만, 돈만 있으면 창업할 수 있는 시스템이다 보니 창업 희망자의 자질이 모자라고 교육이 부족해도 가맹계약을 맺고, 점주는 결국 장사를 망친 사례가 많다는 것이다.

그런 폐해를 막기 위해 프랜차이즈 본사들은 운영을 쉽게 만드는 시스템을 보다 고도화해서 개발한다거나 점주 교육을 철저하게 하는 식으로 보완점을 찾고 있다. 폐업률이 높아지면 프랜차이즈 본사로서도 좋을 것이 없으니, 어떻게든 점포별 이익을 극대화해야 한다는 목표는 프랜차이즈 본사나 점주나 동일하다.

닭꼬치 프랜차이즈 중에서 매출 1등을 달성한 청춘닭꼬치는 가맹계약을 맺는 프로세스 중에 점주 지원자의 면접이 있다. 대표가 직접 점주가 되고 싶은 사람과 면접을 진행해서 실제로 이 점포를 끌고 갈 열정이 있는지, 어느 정도의 각오가 되어 있는지 체크하는 단계를 거친다. 처음에는 면접을 통과해야 가맹계약을 내준다는 프로세스가 기분 나쁘게 느껴진다는 의견도 있는데, 결국 면접을 통해 열정을 확인받고 점포를 낸 점주가 잘될 확률이 훨씬 높다는 사실에는 동의할 수밖에 없다.

물론 어떤 프랜차이즈 본사는 인테리어비, 물류비 등을 빌미로 본사만 돈을 버는 구조를 만든다. 그래서 프랜차이즈 창업을 희망

청춘닭꼬치는 본사 인터뷰를 통과해야 가맹계약을 체결할 수 있다.

하는 사람이라면 프랜차이즈 업체에 대한 철저한 조사가 필요하다. 특히 폐업률이나 원가율, 어느 정도 지근 거리에 점포가 붙어 있는지 같은 사항들을 잘 알아보고, 상담 시 세세하게 따져야 한다.

결국 프랜차이즈 창업 역시 개인의 준비성에 성패가 달렸다. 분쟁 중인 프랜차이즈 업체가 언론에 보도되는 건 문제가 있으니까 뉴스에 실린 것에 불과하다. 잘 돌아가고, 점주와 상생하는 프랜차이즈 업체는 좀처럼 뉴스에 나오는 법이 없으니 프랜차이즈 창업은 항상 문제가 많은 것처럼 보이는 것이다.

프랜차이즈 창업으로 어느 정도 수익이 생기는 구조를 만들기 위해서는 문제 있는 시스템, 점주들의 퇴직금과 이익만 털어먹는 프랜차이즈 업체를 스스로 찾는 과정을 먼저 거쳐야 한다.

가벼워진 창업비용을 활용하는 사람들

프랜차이즈나 카페처럼 정보를 수집할 수 있는 업종은 어떻게든 준비할 수 있지만, 자신만의 창업을 생각하는 사람은 정보 수집을 어떻게 할 것인가 고민해야 한다. 컨설팅 회사를 만들거나 화장품을 만들어 K-뷰티 붐을 타야겠다고 생각한 사람은 범용적인 업종에 비해 공유되는 정보가 현저히 부족하다는 사실을 느낄 것이다. 이미 퇴직해서 여유가 있는 사람이라면 정보 수집 시간을 늘려 폭넓게 검토해 볼 수 있는데, 퇴직 전에 미리 은퇴 설계를 하는 사람들에게는 이렇게 투자할 만한 시간적 여유가 없다

그런데 최근 경향은 사실 이런 사람들에게도 기회가 있음을 나타낸다. 통계상으로 집계된 것은 아니지만 재직 중 창업하는 사람이 많이 늘었다. 직장에는 보통 겸업 금지 조항이 있기 때문에 재직 중 창업은 양성화된 방법이 아니어서 통계에 잡히지 않을 뿐이다. 실제로 최근 들어 "사실은"이라고 운을 떼면서 창업 후 다른 회사를 운영 중임을 고백하는 부장이나 팀장급을 종종 만난다. 그중에는 성공한 사람도 많다. 왜냐하면 원래 다니던 회사에서 월급이 나오는 상황이다 보니 눈앞의 매출에 급급하지 않고, 장기적인 설계를 하며 회사를 운영할 수 있기 때문이다. 제품 개발에 더 많은 시간과 비용을 투자할 수도 있고, 아니다 싶으면 그 사업에 매달리지 않고 청산한 후에 또다른 사업을 시도해 볼 수도 있다.

보통은 1인 회사 아니면 3인 내외의 직원을 두고 운영해 보는데,

비대면 라이프스타일의 발달로 예전처럼 점포나 사무실이 반드시 필요하지 않다. 제품 개발비도 OEM_{Original Equipment Manufacturing}, ODM_{Original Development Manufacturing} 업체들이 잘 되어 있고, 인터넷을 통한 직접 소통이 쉬워진 덕분에 가격이 예전보다 저렴하다. 당연히 마케팅 역시 인터넷 세상에서는 보다 용이해졌다.

K-뷰티 같은 경우는 1인 사업체를 차려서 제품을 론칭하는 데 4,000만 원이면 된다는 통계도 있다.[18] 이렇게 소규모로 론칭했다가 바람을 타서 히트한 제품이 나오면 한 달 매출이 150억 원이 되는 경우도 있다니, 매우 매력적인 이야기가 아닐 수 없다.

요즘의 창업은 전반적으로 간소하게 시작할 수 있고 구조적으로 헤비하지 않게 설계할 수 있다. 점포 계약에 인테리어, 상품 매입이나 창고 계약 등이 필수가 아니다. 작게는 스마트스토어 같은 데서 팔면서 반응을 보고 확장이나 폐업을 결정할 수도 있다.

얼마 전에 인터뷰를 진행했던 한 화장품 회사의 CEO는 사실 글로벌 기업의 이사로 재직하던 시절에 지금 운영하는 화장품 회사를 설립했다. 직원 3명을 근무시키고 가족의 명의를 대표로 올렸지만, 실제로는 그가 경영하는 회사였다. 2~3년 정도 그런 식으로 운영하다가 회사가 어느 정도 안정적인 구조에 들어서자 다니던 회사를 나와서 자신이 만든 화장품 회사의 CEO로 정식 취임을 했다. 그리고 현재는 아주 만족해하며 회사를 성장시키고, 글로벌 진출도 차곡차곡 진행하고 있다.

기존 회사의 입장에서는 바람직하다고 할 수 없겠으나, 개인으로서는 한결 쉬워진 창업 환경을 잘 활용하는 것이 좋다. 기발한 아이디어가 떠오르면 아이디어 구상 차원에서 그치지 말고, 그것을 구현해서 실험해 보는 과정을 거쳐야 한다. 아이디어를 현실로 구현하는 과정에서는 생각지도 못한 문제가 발생하여 실패하는 경우도 많으니 적용 단계가 반드시 필요하다.

성공하는 창업가의 평균연령, 45세

메인세대의 창업에서 문제가 되는 것은 나이가 아니다. 실제로 MIT와 미국 국립경제연구소National Bureau of Economic Research, NBER가 발표한 연구에 따르면 성공한 창업가의 평균연령이 45세라고 한다. 한국에서도 비슷한 통계가 발표된 적이 있다. 서울시50플러스재단의 연구에 따르면 '50대 사업가의 창업 성공 확률이 가장 높다'고 한다.[19] 이유는 명확하다. 풍부한 경험과 전문성, 탄탄한 네트워크와 신뢰도, 여유 있는 자금력 등이 뒷받침되기 때문이다.

창업은 2030의 전유물이라는 생각은 마크 저커버그나 샘 올트먼처럼 세계적인 빅테크들의 성공 신화만 보도하는 언론들 때문에 편향된 지식이지, 실제 성공은 40대 이상에서 더 많이 일어난다. 앞서 MIT의 연구진은 '나이 든 사람이 창업하는 것이 젊은 사람이 창업하는 것보다 성공률이 더 높다'라는 결론을 내리기도 했다.

다만, 메인세대는 갑자기 퇴직당한 후에 준비가 안 된 상태에서

급하게 창업하는 것이 문제가 될 수 있다. 이런 건 나이의 문제가 아니라 제대로 된 준비의 문제다. 45세가 성공하기 좋은 나이라는 것은 제대로 공부하며 창업을 준비했다는 전제를 둔다. 아직 그런 준비를 하지 않은 사람이라면 지금이라도 차근차근 준비해야 한다. 그래야 진짜 내 인생의 '메인'이 되는 시기를 살 수 있다.

05

메인세대의
세컨드 커리어

자격증보다 중요한 것

메인세대의 재취업이 더 어려워진 진짜 이유

지금까지 창업 이야기를 했지만, 사실 창업하려면 상당한 노력과 용기가 필요하다. 리더가 되는 것이기 때문이다. 리더는 의무와 책임이 무거운 자리다. 게다가 그 책임에 자신의 저축과 퇴직금, 그에 따른 가족의 명운이 걸려 있다면 더욱 그렇다. 누구나 CEO의 자리를 감당할 수 있는 것은 아니므로 월급이 꼬박꼬박 나오는 자리가 있다면 그게 훨씬 더 좋을 수도 있다. 하지만 청년 취업도 어려운 시대에 메인세대의 취업은 말할 것도 없다. 일반 기업의 정규직 일자리를 얻는다는 것은 거의 불가능한 일이라고 생각해야 한다. 이는 어쩔 수 없는 시대적 추세 두 가지 때문이다.

먼저 저성장 때문이다. 고성장 시대에 청년기를 보낸 메인세대는 이직하거나 전직할 때, 마음처럼 안 되면 자신의 나이가 많기 때문이라고 생각하기 쉽다. 하지만 이는 나이 탓 이전에 저성장 사회로 변한 탓이 더 크다. 고성장 시대에는 나이가 많은 사람도 필요한 일자리가 분명히 있었지만, 저성장 시대에는 젊은 사람도 구직이 어렵다.

그런데 젊은 시절의 성공은 훗날 실패를 마주쳤을 때, 계속 나아갈 힘을 빼앗는 경향이 있다. 나이 탓이라고 생각하지만 나이라는 부분은 어쩔 수 없는 데다가 시간이 지날수록 더 불리해질 수밖에 없다. 그래서 이런 지점을 고려하지 않으면 자칫하다간 실망감에 은둔할 수도 있다.

두 번째는 AI가 인간의 일자리를 차지하기 시작했기 때문이다. AI 기술의 발달로 인한 본격적인 감원 현상은 5년 후에 태풍처럼 불어올 것이다. 5년 안에 AGI와 여러 생산성 향상 도구가 맞물려, 인간이 필요한 일이 급격하게 줄어들 것이기 때문이다. 한국에 비해 고용 유연성이 커서 정규직 해고도 쉬운 미국에서는 이미 개발자 위주로 대규모 해고 사태가 일어나고 있다. 예전에는 전문적인 기술이 있거나 특별한 노하우가 있으면 그것을 무기로 관련 업체에 이직할 수 있었지만, 이제는 쉽지 않다. 모두 AI로 대체 가능해져서 있는 사람도 나올 판이니 말이다.

공인중개사 자격증은 더 이상 필요하지 않다

메인세대는 저성장 시대와 AI의 등장이라는 대한민국의 현 상황을 생각해서 다음 행보를 준비해야 한다. 자격증은 현재 가장 보편적인 은퇴 준비 수단인데, 사실 자격증이 있다고 안심할 수는 없다. 예를 들어 공인중개사 같은 경우는 한때 4050의 필수 자격증처럼 여겨져서, 마치 운전면허증처럼 웬만한 사람이라면 가지고 있어야 할 국민자격증이라는 인식이 있을 정도였다.

특히 2021년은 공인중개사 자격증의 최정점이었다고 할 만하다. 이때 공인중개사 시험 접수자는 39만~40만 명 정도였다.[20] 하지만 이 수치는 지난 몇 년 사이에 급격히 하락하여 2024년에는 시험 접수자가 과거에 비해 반토막 난 21만 명이었고, 실제 응시자는 훨씬 적은 15만 4,669명이었다.[21] 에듀윌 같은 공인중개사 학원은 이 시기에 경영이 어려워져 비상 경영체제에 돌입하기도 했다.

여기에는 경기가 안 좋아지고 아파트 투기를 방지하기 위해 여러 규제가 강화되면서 부동산 시장이 침체한 탓도 있지만, 자격증의 가치가 하락한 이유도 크다. 과거에는 '은퇴 후 부업' 혹은 '자격증 하나만 있으면 안정적이다'라는 인식으로 공인중개사 자격증을 따는 사람이 많았다. 그런데 막상 따고 보니 개업으로 이어지기도 어렵고, 실제로 개업해도 생존하기는 더 어려운 일이라는 것을 알게 되었다.

그리고 인터넷이 발달하면서 온라인 플랫폼, 비대면 중개 서비스 등이 등장해서 전통적 중개 방식의 필요성과 매력이 줄어들기도 했다. 이제 부동산 업계에서 성공하려면 인스타그램이나 블로그를 잘 활용하는 디지털 역량이 있든가, 탄탄한 자본력으로 양질의 매물을 확보하는 경쟁력이 필요하다.

즉 자격증보다 비즈니스 능력이 중요해졌다. 그도 그럴 것이, 2025년 기준으로 공인중개사 자격증 소지자는 약 55만 명인데, 그중 실제로 개업한 사람은 약 11만 명에 불과하다.[22] 이 정도만 해도 충분하다는 것은 동네에 공실로 나온 부동산 중개 사무실을 보면 알 것이다. 부동산 중개업자들이 부동산 중개 사무실을 중개해야 하는 상황이 된 것은 이미 공급 과잉이라는 얘기다.

특별한 비즈니스적 전략이나 경쟁력 없이 혹시 모른다는 마음으로 공인중개사 자격증을 따는 것은 굉장히 큰 비용을 낭비하는 행위일 수도 있다. 시험을 보거나 자격증을 모으는 것이 취미인 사람이라면 여가 활동이라는 차원에서 권할 수 있지만, 그렇지 않다면 공인중개사 자격증에 대한 관심은 넣어 두는 것이 좋다.

AI 시대에는 의뢰인의 요구와 실제 집의 컨디션이 알고리즘으로 자동 매칭될 확률이 높다. 이집 저집 복권 뽑듯이 돌아다니는 지금의 부동산 프로세스는 역사 속으로 사라질 것이다. 인생에서 가장 고가의 소비를 하는데, 고작 5분만 둘러보고 사야 하는 지금의 부동산 관행은 사실 매우 불합리하기 때문에 기술력만 충분하면 실제 도입에 대한 시도와 요구는 꽤 막강할 것이다.

주말에 노량진에서 컵밥을 먹는 메인세대

주말에 노량진에 가면 포장마차 앞에서 컵밥을 먹는 사람들의 나이가 생각보다 많아서 놀란다. 횟집에서 술 한잔 걸치는 게 조금 더 맞을 것 같은 중년 아저씨들이 삼삼오오 모여서 문제집을 손에 들고 커피 한잔 하다가 독서실로 들어가는 모습은 더 놀랍다.

그들은 자격증 공부를 하는 사람들이다. 특히 공대 출신은 전기기사, 소방시설관리사 같은 자격증 획득에 더 몰두한다. 이런 자격증이 있으면 건물 관리를 할 수 있기 때문이다. 70대 후반까지도 근무가 가능한 자격증인데, 기능사를 넘어 기사 자격증까지 따면 관리자 역할까지 맡을 수 있으니 돈도 더 많이 받고 은퇴 시기도 연장된다. 일부 과정은 50대가 가장 많다는 현장 증언도 있다.[23]

실제로 아이비김영의 엔지니어랩에서 자격증 파트 실장을 맡고 있는 석미란 팀장에 따르면 자격증을 따려는 사람이 20대 초반과 50대로 양분되어 있다고 한다. 통계도 이런 경향을 증명한다. 2024년에 한국산업인력공단이 발표한 국가기술자격 통계연보에 따르면, 50대 이상 응시자의 비중이 14.1%다. 이는 전년에 비해 22% 증가한 값이다. 역대 최다 응시인원을 갱신했다. 50대 이상이 많이 응시하는 자격은 지게차운전기능사(2만 5,694명), 한식조리기능사(2만 459명), 전기기능사(1만 7,013명) 순이었으며, 60대 이상은 조경기능사에 많이 응시했다.[24] 특히 문과도 할 수 있는 주택관리사 같은 경우는 1차 합격자에 40~50대가 74%, 60대 이상이 18%로

4060 중심 현상이 뚜렷했다.[25]

자격증의 긍정적 의미는 분명하다. 심리적 효과다. 채용·승진·재취업에서 '자격증 보유 여부'가 스펙으로 작용하는 한국은 자격증 중심주의가 강한 나라다. 경험이나 실력보다 스펙이 우선시되는 나라이기 때문에 자격증은 '새로운 일자리에 대한 보험' 같은 의미로 여겨진다. 따라서 이런 자격증을 딴다는 것은 심리적 안전망을 스스로 만든다는 의미가 있다.

실제로 기사 자격증(기계·전기·건설 등)은 건설 현장·시설 관리·안전 분야 취업에 도움되고, 지게차·중장비 같은 기능 자격증은 물류·제조업 등에서 즉시 쓸 수 있는 기술로 인정된다. 요양보호사 같은 경우는 초고령사회에서 수요가 늘어나는 자격증인데, 자격증을 따고도 활동하는 사람이 적어 일자리를 얻는 게 비교적 손쉬운 것으로 나타난다.[26] 그리고 조리사·제과제빵 자격증은 창업이나 은퇴 후 취미와 결합한 소득원으로 활용되기도 한다.

또한 자격증 공부는 '나는 여전히 배울 수 있고, 쓸모 있는 존재'라는 자기효능감과 성취감을 준다. 메인세대는 자녀의 교육과정을 지켜보며 공부 습관을 다시 가지는 경우가 많다. 또 지금까지 공부를 통해 성공했던 사람이 많은 세대이기도 해서 공부로 목표를 성취하는 것을 익숙하고 편안하게 여긴다(말하자면 이리저리 잔머리 쓰고 눈치를 보는 게 아니라, 우직하게 앉아서 공부하면 성공이 따라온다는 환상에 쉽게 혹한다는 말이다).

그리고 정부가 시행하는 직업능력개발훈련, 고용센터 지원 프로그램, 평생교육원 과정도 대부분 자격증 취득을 목표로 설계되었다. 300만 원 정도 지원되는 국민내일배움카드나 여러 지자체의 프로그램이 메인세대가 제2·제3의 경력을 준비하면서 자연스럽게 자격증 취득을 할 수 있도록 도와준다.

미래에 무엇이 더 필요한가?

여기서 주의할 점이 하나 있다. 바로 시차다. 주말에 노량진에서 자격증을 공부하는 4050이 많다는 얘기는 이들이 직장에 재직 중이라는 뜻이다. 은퇴 이후의 미래를 대비하기 위해 지금부터 차근차근 공부해서 자격증을 따면, 실제 그 자격증을 활용해 취업하기까지는 5~10년 정도 걸린다.

그러면 지금은 자격증 소지자로 채운 일자리가 미래에는 기술 발달로 인해 AI나 기계로 대체될 가능성이 있는지 생각해 봐야 한다. 앞서 공인중개사는 AI 기반 부동산 검색·추천 시스템, 블록체인 기반 등기·계약 자동화, 직거래 플랫폼이 발전하면서 단순 매물 중개 기능은 점점 불필요해질 것이라는 얘기를 했다. 미국에서는 질로우Zillow가, 한국에서는 직방이나 다방 같은 앱들이 이미 '중개사 없는 거래' 기능을 실험 중이다.

가장 인기 있는 자격증 중 하나인 지게차, 중장비 기능사는 물류 자동화의 등장으로 필요 인력이 급격하게 감소할 가능성이 높다. 스마트 물류센터, 무인운반차Automated Guided Vehicle, AGV, 자율주행 지게차가 이미 도입되기도 했다. 아마존처럼 자동화 비율이 높은 시설은 앞으로 지게차 기사 수요를 크게 줄일 것으로 보인다.

중소기업의 공장이나 물류 창고에서도 자동화 시스템이 발달하면 꼭 경제성이 좋지 않더라도, 말하자면 기계를 활용하는 게 더 비싸더라도 기계를 도입할 가능성이 크다. 혹시 모를 인명 사고의 가능성을 아예 없앨 수 있기 때문이다. 주휴수당이나 근로자의 피로 누적 같은 것을 고려하지 않고 밤새 일을 시키거나 주말에도 일을 시킬 수 있어 결국 경제성 측면에서도 기계를 쓰는 것이 이득이다.

조리사나 제과제빵사 같은 경우는 현재 푸드테크가 급속하게 발전하고 있다는 것을 고려해야 한다. 바쁜 술집에 가 보면 생맥주 따르는 기계까지 등장해서 활약하는 걸 볼 수 있다. 자동조리 로봇, 레시피 알고리즘, 3D 푸드 프린팅 기술이 빠르게 발전하고 있어서 하루가 다르게 조리 자동화가 이뤄지는 중이다. 특히 프랜차이즈나 대형 급식업체는 인건비 절감을 위해 조리 자동화를 적극 도입해서, 기술 발전도 매우 가속화되고 있다.

기사 자격증도 당연히 기술 발전으로 인한 대체 대상이다. 메인 세대의 기사 자격증이나 소방 자격증은 결국 건물 관리자를 목표로 삼아서 취득하는 건데, 바로 이 건물 관리 업무가 디지털과 융합되어 자동화되고 있기 때문이다. 전기 설비 점검은 드론과 IoT 센서가 대체할 수 있고, 건축물 안전 점검은 AI 이미지 인식 기술을 활용할 수 있다. IoT, 스마트 빌딩, 자동진단 시스템 도입으로 단순 기능적 업무는 갈수록 줄어들 수밖에 없다. 수리가 필요하기 전에 자체진단을 하고, 심지어 자가수리까지 할 수 있으므로 전문 인력의 필요성은 최소한으로 줄어든다. 그리고 남은 인력은 단순 관리나 수리가 아닌 디지털 제어나 데이터 분석, AI 협업 역량이 요구되는 인력이기 때문에 자격증 하나 땄다고 쉽게 얻을 수 있는 일자리가 아니다.

종합적으로 보면 시험으로 따는 자격증이 필요한 업무, 그러니까 규격화되어 매뉴얼이 분명하고 비교적 반복적인 일들은 자동화될 가능성이 크다. 반대로 복잡한 상황 판단이나 고객 맞춤형 서비스, 데이터를 고려한 종합적 판단 능력이 필요한 부분에서 인력 수요가 증가할 것이다.

자격증을 따고자 한다면 이런 방향으로 자신이 활용할 수 있을 것인지, 그리고 실제 자격증을 활용할 수 있는 시기가 언제인지 등 여러 사항을 잘 고려해서 미래를 설계해야 한다. 2021년이라는 정점에서 공인중개사 자격증을 딴 사람들은 공부에 고작 1년만 쏟은 게 아니다. 3∼4년 공부했나고 치면 2017년 혹은 2018년부터 공부하기 시작해서 2021년에 자격증을 손에 넣은 셈이다. 그러나 이후 공인중개사 시장이 하락세를 보여, 지금까지 쏟은 시간과 비용의 달콤한 결과물은 결국 손에 넣지 못했다.

당장 취업이 쉬워지는 자격증이 아니라 미래에 필요해지는 자격증이 무엇인지 생각해야 한다. 레크리에이션 자격증이나 독서지도사, 스포츠 심판 자격증 같은 것이 나을 수도 있다. 기계가 대신 일할수록 인간은 문화, 스포츠처럼 노는 것에 집중할 테니 관련 자격증을 따면 사용할 일이 더 늘어날 수 있기 때문이다.

　나는 요즘 피클볼을 배우는데, 같은 YMCA 피클볼 클래스에 피클볼 심판이 되려는 분이 있다. 피클볼 선수가 되는 것은 재능이 필요해 어렵지만, 심판이 되는 것은 열정과 성의만 있으면 그보다 훨씬 쉬울 것이다. 앞으로 피클볼이 더 많이 보급되어서 동네 단위의 시합이 많아지면, 이분이 할 일도 많아질 것이다. 게다가 자신의 취미를 살린 직업이니 그 일을 수행하는 건 무척 즐거울 것이다.

프롤로그 K-브랜드의 설계자, 메인세대

1 행정안전부 국가기록원, "시기별 인구정책", https://theme.archives.go.kr/next/population-Policy/policy1980.do.

2 저출산고령사회위원회, "한국이 초고령사회가 됐어요!", 2025년 1월 16일, https://www.betterfuture.go.kr/front/policySpace/scrapDetail.do?articleId=344&listLen=10.

3 국가데이터처, "향후 고령인구에 대한 전망은?", 2024년 1월 18일, https://www.kostat.go.kr/board.es?act=view&bid=3207&list_no=161820&mid=a10502020100&nPage=1&ref_bid=3203%2C3204%2C3205%2C3206%2C3207&tag.

4 곽아람, "제목 바꾼 덕에 히트친 하루키와 알랭 드 보통의 대표작은?", 조선일보, 2020년 2월 10일, https://www.chosun.com/site/data/html_dir/2020/02/10/2020021000157.html.

5 정관웅, "X세대 신패션, 부조화 패션이 특징", MBC 뉴스데스크, 1994년 9월 17일, https://imnews.imbc.com/replay/1994/nwdesk/article/1938566_30690.html.

6 이상훈TV, "[특집] 연예인 최초 박물관 오픈 실화냐?? 오픈런 가즈아!! 후니버설 스튜디오!!", 2022년 8월 26일, https://youtu.be/tHe6XqNqF6s?si=KkTbzBN424mEo9oX.

1부 메가트렌드를 창출하는 메인세대의 4가지 특성

1 김변호, "제21대 대통령 선거 후보들 득표율, 이재명 49.42%, 김문수 후보 41.15%", 업코리아, 2025년 6월 24일, https://www.upkoreanews.kr/news/articleView.html?idxno=95268.

2 강푸른, "제20대 대통령 윤석열 당선…직선제 도입 뒤 가장 적은 표차", KBS뉴스, 2022년 3월 10일, https://news.kbs.co.kr/news/pc/view/view.do?ncd=5412185.

3 日本 内閣府, "第3章 ストックの力で豊かさを感じられる経済社会へ 第1節", https://www5.cao.go.jp/j-j/wp/wp-je24/h03-01.html.

4   한지훈, "10억 초과 코인 보유자 1만명 넘었다…20대도 137명", 연합뉴스, 2025년 8월 24일, https://n.news.naver.com/mnews/article/001/0015582642.

5   우승호, "스타트업 인재들 3년새 3만명 이탈 '데드크로스' 초읽기…제약사 손잡은 바이오텍, 상반기 실적 '날개'", 서울경제, 2025년 8월 22일, https://www.sedaily.com/article/14107510.

6   박민식, "회사에 20대 사원보다 50대 부장이 더 많아… 세대 역전", 한국일보, 2025년 8월 5일, https://www.hankookilbo.com/news/article/A2025080511210000224.

7   남기현 외 2인, "24년前보다 후퇴한 중산층의 삶", 매일경제, 2014년 12월 16일, https://www.mk.co.kr/news/special-edition/6461193.

8   류성훈, "광주發 '육아기 10시 출근제' 전국 확대 '기대 반 우려 반'", 무등일보, 2025년 9월 10일, http://www.mdilbo.com/detail/DMWzDX/747654.

9   행정안전부, "육아휴직제도, 2008년부터 달라지는 사항", 2009년 2월 4일, https://www.mois.go.kr/frt/bbs/type001/commonSelectBoardArticle.do?bbsId=BBSMSTR_000000000015&nttId=39686.

10 안지연, "'아빠 보너스제' 수급자도 일반 육아휴직급여 받는다…형평성 보완", 데일리팝, 2025년 5월 28일, http://www.dailypop.kr/news/articleView.html?idxno=88280.

11 양정우, "극장가 레트로 열풍…'슬램덩크' · '타이타닉' 쌍끌이", 연합뉴스, 2023년 2월 15일, https://www.yna.co.kr/view/AKR20230215045400005?input=copy.

12 박서연, "유튜브와 OTT 이용률 세대별 차이 극명", 미디어오늘, 2023년 4월 6일, https://www.mediatoday.co.kr/news/articleView.html?idxno=309468.

13 채널십오야, "데뷔 30년차 작은거인 박은빈과 함께 라이브", 2025년 3월 4일, https://www.youtube.com/live/kzcx7JUiRX0?si=JvH788xMXy8_jKmJ.

14 "응답하라 1988", 14화 "걱정말아요 그대", 연출 신원호, 각본 이우정 외 3인, 2015년 12월 19일 방영, tvN.

15 임종윤, "50대 스마트 기기 활용, 20대 못지 않다", SBS Biz, 2020년 10월 31일, https://n.news.naver.com/article/374/0000224277.

16 윤진석, "포노 사피엔스 뜻 무엇? 스마트폰 없이 못 사는 사람들", 아시아타임즈, 2020년 9월 6일, https://www.asiatime.co.kr/1065591265886323.

17 옛송TV, "누구나 기억하는 충격과 공포의 데뷔 무대! 서태지와 아이들 - 난 알아요: 1992년 특종TV연예", 2019년 12월 23일, https://youtu.be/Zr-9NlWLr5g.

18 백지영, "8282 · 486…마음 설레게 하던 '삐삐'의 추억", 디지털데일리, 2021년 12월 15일, https://www.ddaily.co.kr/page/view/2021121509250514493.

19 14F, "삼성 6:1, 현대 6:1 취업 경쟁률에도 '바늘구멍' 소리 나왔던 90년대 취준생의 삶", 2020년 6월 6일, https://www.youtube.com/watch?v=Q7zdDjmZSXU.

20 노정연, "8월14일 '검은98년' 기나긴 '취업 암흑기'의 시작", 경향신문, 2018년 8월 14일, https://www.khan.co.kr/article/201808140010001.

21 이태호, "'닷컴버블 붕괴'와 함께 무너진 신뢰…코스닥 '20년 침체' 불렀다", 한경코리아마켓, 2019년 5월 24일, https://www.hankyung.com/article/2019052422531.

22 동아닷컴 연예뉴스팀, "한비야, '7급 공무원이 꿈' 젊은이 때려…누리꾼 '너무했다'", 스포츠동아, 2012년 1월 13일, https://sports.donga.com/article/all/20120113/43286500/1.

23 소준철, 《가난의 문법》, 2020년, 푸른숲.

24 명순영, "[사람들] 신세대 여행사 CEO 전광용 이오스여행사 사장", 매경이코노미, 2006년 5월 10일, https://n.news.naver.com/mnews/article/024/0000015731?sid=101.

25 박진우, "국내 은둔형 외톨이 '40만', 지원은 걸음마 단계", 고대신문, 2023년 3월 13일, https://www.kunews.ac.kr/news/articleView.html?idxno=40624.

26 노구치 유키오, 《일본이 선진국에서 탈락하는 날》, 박세미 옮김, 2022년, 랩콘 스튜디오.

27 이현영, "빌게이츠 '한국, 수혜국서 공여국으로…미국, 최대 원조국으로 남을 것'", SBS 뉴스, 2025년 8월 24일, https://news.sbs.co.kr/news/endPage.do?news_id=N1008228576.

2부 변화의 물결을 만든 다이내믹 메인세대

1 채널십오야, "대한민국 예능계 두 거장의 정상회담 | 나영석의 나불나불", 2025년 8월 15일, https://youtu.be/OC6PRiQoffY?si=C5lqwmX1TztMj6HP.

2 채석원, "'한국 드라마 역사상 시청률 가장 높은 드라마' 3위 '허준', 2위 '사랑이 뭐길래', 1위는…", 위키트리, 2024년 11월 16일, https://www.wikitree.co.kr/articles/1000573.

3 윤서영, "최민식 카지노, MBC 편성 후 시청률 1위… 강렬한 존재감 빛났다", 톱스타뉴스, 2025년 7월 11일, https://www.topstarnews.net/news/articleView.html?idxno=15728140.

4 하수정, "시즌1 내내 1%..'아파트 404' 유재석→제니, 시즌2 가능할까?", OSEN, 2024년 4월 13일, https://www.osen.co.kr/article/G1112315522.

5 김범석, "0% 굴욕 피하려면 …이영애 고현정 1971년생 동갑 내세운 드라마의 고충", 뉴스엔, 2025년 8월 29일, https://www.newsen.com/news_view.php?uid=202508291425201610.

6 뜬뜬, "한솥밥은 펑계고 | EP.80", 2025년 6월 28일, https://www.youtube.com/watch?v=mX7zl5mMTHY.

7 국가데이터처, "장래인구추계", 2026년 1월 29일, 주요 인구지표(성비,인구성장률,인구구조,부양비 등)/전국, https://kosis.kr/statHtml/statHtml.do?orgId=101&tblId=DT_1BPA002&conn_path=I2.

8 세계일보 뉴스팀, "아이유가 대학에 가지 않은 이유…대입 포기 ★들의 소신 발언", 세계일보, 2018년 1월 19일, https://www.segye.com/newsView/20180119002354.

9 한국교육개발원, "교육기본통계", 2026년 1월 29일, 대학 개황, https://kosis.kr/statHtml/statHtml.do?orgId=334&tblId=DT_1963003_013&conn_path=I2.

10 한국교육개발원 교육통계분석자료집, 국가통계포털 "장래인구추계(전국 기준, 2023년 12월 공표)", 2026년 1월 29일, https://www.index.go.kr/unity/potal/main/EachDtlPageDetail.do?idx_cd=1520.

11 Orianna Rosa Royle, 김다린 편집, "'그래도 받아라' 전화 공포증 빠진 Z세대에게 건넨 조언", 포춘코리아, 2025년 7월 5일, https://www.fortunekorea.co.kr/news/articleView.html?idxno=48856.

12 떱, "인스타의 현실", 2025년 8월 30일, https://www.youtube.com/watch?v=fERBaXD9sI4.

13 탁지영, "서울 초·중·고 학급당 학생수 소폭 증가…학생은 줄어드는데 왜?", 경향신문, 2024년

7월 10일, https://www.khan.co.kr/article/202407101200001.

14 김아연, "[김아연의 일상의 분석] 104명 vs 37.5명…초등학교 학급당 학생수 변천사", 동아 일보, 2017년 2월 5일, https://www.donga.com/news/Society/article/all/20170205/ 82723401/1.

15 "뉴진스 다니엘 '혹독한 연습생 시절, 민희진 등장 후 완전히 달라져'", TV리포트, 2025년 3월 18일, https://tvreport.co.kr/star/article/890415/.

16 "사훈은 다 있으나…", 매일경제, 1985년 3월 29일, https://www.mk.co.kr/news/economy/680677?.

17 문유석, 《개인주의자 선언》, 2022년, 문학동네.

18 연지연, "'백화점이 여행사 해봤자?' 여행업계 움찔하게 한 비아신세계", 조선비즈, 2025년 9월 14일, https://biz.chosun.com/distribution/food/2025/09/14/HYRI5AOQXFCORHYRJEP-WGSJAWA/.

3부 메인세대를 읽으면 돈의 흐름이 보인다

1 박지영 외 1인, "이제 60대부터가 '인생 VIP'", 파이낸셜뉴스, 2025년 3월 3일, https://www. fnnews.com/news/202503031824103592.

2 이시한, "영포티, 칭찬에서 조롱으로… 변색된 40대의 이름", 메인타임스, 2025년 8월 29일, http://themaintimes.com/news/view.php?idx=2253.

3 이효정, "신사의 품격 '영포티' 시대", 이코노믹 리뷰, 2016년 11월 15일, https://www. econovill.com/news/articleView.html?idxno=302500.

4 대한민국 정책브리핑, "젊은 40대, '나는 영포티일까?'", 2017년 7월 28일, https://www.korea.kr/news/cardnewsView.do?newsId=148840347.

5 윤광은, "'영포티'라는 기만적 이데올로기", 미디어스, 2024년 2월 6일, https://www.mediaus. co.kr/news/articleView.html?idxno=307860.

6 송윤경, "비판 쏟아지는 '영피프티' 왜", 경향신문, 2024년 7월 13일, https://www.khan.co.kr/ article/202407130900061.

7 안가을, "'27세 여직원이 좋아하는 티 내는데'…40대 유부남 질문에 황석희 번역가 대답", 파이 낸셜뉴스, 2025년 8월 18일, https://www.fnnews.com/news/202508180629096045.

8 이동인, "'40대가 입는다면 그 브랜드는'…'영포티' 2030에 긁히다", 매일경제, 2025년 8월 31 일, https://www.mk.co.kr/news/society/11406988.

9 이선미, 《영 포티, X세대가 돌아온다》, 2021년, 앤의 서재.

10 김경화, "한층 젊어진 '영포티'… 영원한 청춘이냐, 젊게만 보이는 꼰대냐", 조선일보, 2025 년 9월 1일, https://www.chosun.com/national/weekend/2025/08/30/TQBOWMTD-6VB57AG274JTV5IRUY/.

11 최민수, "'요즘 누가 나이키 신나요' 조롱 당하더니…주가 뒤집혔다 [종목+]", 한경 코리아마켓, 2025년 8월 13일, https://www.hankyung.com/article/202508139108i.

12 정시우, "'챗GPT야, 지브리 스타일로 바꿔줘'…그런데 이거 문제 없을까?", 국제신문, 2025

년 4월 2일, https://www.kookje.co.kr/news2011/asp/newsbody.asp?code=1600&key=20250403.22014000469.

13 U.S. Securities and Exchange Commission, "DECKERS BRANDS REPORTS FOURTH QUARTER AND FULL FISCAL YEAR 2025 FINANCIAL RESULTS", https://www.sec.gov/Archives/edgar/data/910521/000091052125000013/deckex991pressrelease-3312.htm.

14 Bill McColl, "Roger Federer-Backed Sneaker Maker On Holding Raises Outlook as Sales Soar", Investopedia, 2025년 8월 12일, https://www.investopedia.com/roger-federer-backed-sneaker-maker-on-holding-raises-outlook-as-sales-soar-11789265.

15 SGB Executive, "EXEC: Deckers Shares Plunge on Weaker Hoka Growth in Q4 and Q1 Guide Miss", SGB MEDIA, 2025년 5월 23일, https://sgbonline.com/exec-deckers-shares-fall-on-weaker-hoka-growth-in-q4-weak-q1-guide/.

16 최민수, "'요즘 누가 나이키 신나요' 조롱 당하더니…주가 뒤집혔다 [종목+]", 한경 코리아마켓, 2025년 8월 13일, https://www.hankyung.com/article/202508139108i.

17 황교진, "미국 글렌너 타운 스퀘어(Glenner Town Square)", 디멘시아뉴스, 2024년 7월 30일, https://www.dementianews.co.kr/news/articleView.html?idxno=7383.

18 서승원, "치매환자 100만명 시대… 이제 남의 일이 아닙니다", 광주일보, 2025년 4월 17일, www.kwangju.co.kr/article.php?aid=1744892400782834006.

19 김나은, "치매노인 500만 시대 임박…정부, 공존의 길 모색", 이투데이, 2024년 10월 11일, https://www.etoday.co.kr/news/view/2408277.

20 社保審 - 介護給付費分科会, "認知症対応型共同生活介護(認知症グループホーム)", https://www.mhlw.go.jp/content/12300000/000647295.pdf.

21 김수진, "위고비, 동아시아인 허리둘레 12cm 줄였다", 한국경제TV, 2025년 9월 2일, https://www.wowtv.co.kr/NewsCenter/News/Read?articleId=A202509020436&t=NN.

22 국가데이터처, "2024년 혼인이혼 통계", 2025년 3월 20일, https://mods.go.kr/board.es-?act=view&bid=204&list_no=435601&mid=a10301010000.

23 손영하, "위고비·삭센다 가장 많은 이상반응은 구역·구토… 5년간 111만 건 처방", 한국일보, 2025년 9월 2일, https://www.hankookilbo.com/news/article/A2025090209240005666?-did=NA.

24 박수진 외 1인, "40대와 50대 성인의 샹그릴라 신드롬에 관한 연구 -영향 요인, 조건과 표현방법-", 2011년 2월, https://kiss.kstudy.com/Detail/Ar?key=2917708.

25 B. Barak 외 1인, "Cognitive Age: a Nonchronological Age Variable", 1981년, https://www.semanticscholar.org/paper/Cognitive-Age%3A-a-Nonchronological-Age-Variable-Barak-Schiffman/a02e442a78c2c676e0483ef68305911e252557b0.

26 David C. Rubin, "People over forty feel 20% younger than their age: Subjective age across the lifespan", Psychonomic Bulletin & Review, 2006년 10월, https://link.springer.com/article/10.3758/BF03193996.

27 Dana Kotter-Grühn 외 1인, "The Impact of Age Stereotypes on Self-perceptions of Aging Across the Adult Lifespan", GSA Journals, 2012년 2월 24일, https://academic.oup.com/psychsocgerontology/article-abstract/67/5/563/658968?redirectedFrom=PD-

F&login=false.

28 이금룡, "나이는 숫자에 불과한가?:인지연령과 차이연령 분석에 근거한 한국사회의 노년기 연령정체성 연구", 2008년, https://www.kci.go.kr/kciportal/ci/sereArticleSearch/ciSereArtiView.kci?sereArticleSearchBean.artiId=ART001256028.

29 류난영, "올리브영 상반기 결산, 체크슈머·시즌리스족·영포티가 휩쓸었다", 뉴시스, 2018년 7월 23일, https://www.newsis.com/view/NISX20180723_0000370779.

30 와이즈앱·리테일, "올리브영 결제금액, 앱 사용자 역대 최대!", 2021년 11월 2일, https://www.wiseapp.co.kr/insight/detail/93.

31 서유미, "세포랩, 김혜자 모델 TV 광고 온에어… 역대 최고령 화장품 모델", 패션비즈, 2025년 4월 30일, https://fashionbiz.co.kr/article/215878.

32 양현석, "2030세대 달리기 열풍… 신세계百, 리뉴얼로 '러너' 고객 노려 등", 녹색경제신문, 2024년, 10월 6일, https://www.greened.kr/news/articleView.html?idxno=319081.

33 나건웅 외 1인 "러닝 인구 천만 시대 '런심'의 경제학", 매경이코노미, 2025년 9월 11일, https://www.mk.co.kr/news/economy/11412106.

34 신용현, "'러닝'에 푹 빠진 2030세대…러닝코어 패션 거래 비중 72%", 한경닷컴, 2025년 8월 26일, https://www.hankyung.com/article/202508261675g.

35 Tyler Spraul, "100+ Yoga Statistics, Trends, + Facts for Yoga Professionals in 2026", 2024년 6월 21일, https://www.exercise.com/grow/yoga-statistics/.

36 대한민국 정책브리핑, "국민이 가장 많이 참여한 운동은?…2023년 국민생활체육조사 결과", 2024년 1월 12일, https://www.korea.kr/multi/visualNewsView.do?newsId=148924732.

37 윤순덕 외 1인, "도시민의 은퇴 후 농촌정주에 대한 수요분석", 2006년, https://scienceon.kisti.re.kr/srch/selectPORSrchArticle.do?cn=JAKO200604623659303.

38 이승녕, "작년 창업기업 118만개로 5년 연속 감소…60대 이상 창업만 늘어", 중앙일보, 2025년 2월 28일, https://www.joongang.co.kr/article/25317312.

39 공정거래위원회, "2024년 가맹사업 현황 통계 발표", 2025년 4월 23일, https://www.ftc.go.kr/www/selectBbsNttView.do?key=12&bordCd=3&nttSn=45987.

40 이지현, "외식업, 반등 끝에 직면한 현실…2024년, 성장 정체와 구조 변화의 전환점", 푸드아이콘, 2025년 5월 27일, https://www.foodicon.co.kr/news/articleView.html?idxno=29539.

41 이지원, "연돈 사태의 또다른 그림자, '짧은 교육기간'과 빨리빨리 증후군", 더스쿠프, 2024년 8월 1일, https://www.thescoop.co.kr/news/articleView.html?idxno=302755.

42 TRADING ECONOMICS, "Deposit Interest Rate in South Korea", https://tradingeconomics.com/south-korea/deposit-interest-rate.

43 황재하, "시기별 선호이름…1940년대 영수·영자에서 2010년대 민준·서연", 연합뉴스, 2015년 5월 9일, https://www.yna.co.kr/view/AKR20160507037800004?input=1195m.

44 김수빈, "2024년 신입사원 적정 나이는?…남성 30세, 여성 27.9세", 아시아에이, 2024년 12월 1일, https://www.asiaa.co.kr/news/articleView.html?idxno=195639.

1   국가데이터처, "2024년 초중고 사교육비 조사 결과", 2025년 3월 13일, https://www.kostat.go.kr/board.es?act=view&bid=245&list_no=435485&mid=a10301010000.

2   World Health Organization, "Collaborating Centres ANNUAL REPORT", 2023-2024년, https://www.nhis.or.kr/static/english/file/2024%20annual%20report%28KOR-109%29.pdf?utm_source.

3   손주부, "미국 주식을 30년간 투자하면?", 2022년 8월 19일, https://brunch.co.kr/@iksang-son/345.

4   Backtest, "Historical performance of the Bitcoin index", 2025년 12월, https://curvo.eu/backtest/en/market-index/bitcoin?currency=eur.

5   Dr. Mark Shore, "Why Bitcoin's Relationship with Equities Has Changed", OpenMarkets, 2025년 5월 20일, https://www.cmegroup.com/openmarkets/economics/2025/Why-Bit-coins-Relationship-with-Equities-Has-Changed.html.

6   최원철, "치솟는 재건축 아파트 분담금, 이제는 바꿔야 합니다", 한경닷컴 더 머니이스트, 2025년 2월 28일, https://www.hankyung.com/article/202502209414Q.

7   안상현, "식물도 '식구'… 쑥쑥 크는 '홈가드닝'", 조선일보, 2024년 1월 25일, https://www.chosun.com/economy/tech_it/2024/01/25/KE5K6T3DZ5C3JOLBOURZCPNZTE/.

8   조해빈, "'나만의 생태계 만들자', 힐링 취미로 부상한 '테라리움·비바리움'", 샐러던트리포트, 2023년 8월 11일, https://www.saladentreport.co.kr/news/articleView.html?idxno=1874.

9   이선정, "전국 한달 살기 열풍, 지자체 지원받고 한달 살기 해볼까?", 한경닷컴, 2025년 3월 17일, https://www.hankyung.com/article/202503179315K.

10   정현수 외 1인, "연봉 4000만원인데 신용카드 발급 거절, 왜?", 머니투데이, 2014년 6월 14일, https://www.mt.co.kr/finance/2014/06/14/2014061315102010536.

11   이성원, "은퇴 후 창업했지만…60·70대 자영업, 폐업이 창업 넘었다", 한국일보, 2025년 8월 27일, https://www.hankookilbo.com/news/article/A2025082714190002239.

12   구경우, "폐업 자영업자 98.6만명 역대 최대…2030 사장님 29만명 망했다", 서울경제, 2024년 12월 26일, https://www.sedaily.com/article/13999952.

13   성기호, "'편의점 대국' 日 넘어선 한국…점포수 '역전'", 아시아경제, 2024년 7월 1일, https://www.asiae.co.kr/article/2024062616010227595.

14   국가데이터처, "서비스업조사", 2023년, https://kosis.kr/search/search.do?query=%EC%B-B%A4%ED%94%BC&.

15   이동은, "전국 커피음료점 사업자 9만3069명… 평균 수명 3년 1개월", 식품외식경제, 2023년 5월 18일, https://www.foodbank.co.kr/news/articleView.html?idxno=63923.

16   이나영, "10년 만에 커피전문점 폐업률 역전…'단순 지원보다 경쟁력 강화해야'", 데일리안, 2025년 6월 13일, https://www.dailian.co.kr/news/view/1509665.

17   임송수 외 1인, "'65세 이상은 단독 입장 제한'… '노 시니어 존' 된 창업박람회", 국민일보, 2025년 7월 11일, https://www.kmib.co.kr/article/view.asp?arcid=1752131539.

18   김난도 외 4인, 《K뷰티 트렌드》, 2025년, 미래의창.

19 장한님, "창업은 20대? MIT 연구가 밝힌 충격 진실 - 진짜 성공 창업은 4050이 휩쓴다", 메인타임스, 2025년 6월 11일, http://themaintimes.com/news/view.php?idx=1193.

20 조성신, "'개업하면 뭐하나 2년도 못 버티는데'…'국민자격증'의 이유 있는 추락", 매일경제, 2024년 11월 2일, https://www.mk.co.kr/news/realestate/11157635.

21 정유진, "'한때는 국민 자격증' 공인중개사 인기 시들해진 이유", 매거진한경, 2025년 8월 24일, https://magazine.hankyung.com/business/article/202508248463b.

22 김덕준, "공인중개사 자격증 55만명, 개업 11만명…그나마 계속 감소", 부산일보, 2025년 7월 3일, https://www.busan.com/view/busan/view.php?code=2025070308504823966.

23 조성하, "'자격증 따면 계속 일할 수 있잖아요'…노량진으로 모인 5060", 뉴시스, 2024년 10월 15일, https://www.newsis.com/view/NISX20241014_0002919343.

24 한국산업인력공단, "2024년 국가기술자격 통계연보", 2024년 6월 26일, https://webzine.hrdkorea.or.kr/section/press/view?id=12597.

25 오석진, "'자격증 따서 또 일해야지'…책가방 멘 5060, 노량진에 모였다", 머니투데이, 2024년 9월 24일, https://www.mt.co.kr/society/2024/09/24/2024092322282598520.

26 자격증 다이어리, "50대 여성들의 인기 직업, 요양보호사! 그 이유와 전망은?", 다음채널, 2025년 3월 27일, https://v.daum.net/v/4bqo24dzb1.

요즘 메인세대

1판 1쇄 인쇄 2026년 2월 24일
1판 1쇄 발행 2026년 3월 3일

지은이 이시한

발행인 양원석 **편집장** 최두은 **책임편집** 김슬기
디자인 남미현, 김미선 **영업마케팅** 윤송, 김지현, 최현윤, 유민경, 김수윤

펴낸 곳 ㈜알에이치코리아
주소 서울시 금천구 가산디지털2로 53, 20층 (가산동, 한라시그마밸리)
편집문의 02-6443-8860 **도서문의** 02-6443-8800
홈페이지 http://rhk.co.kr
등록 2004년 1월 15일 제2-3726호

ISBN 978-89-255-6982-6 (03320)